Zwierzaki Wajraka

Adam Wajrak

Zwierzaki Wajraka

ILUSTRACJE
Anna Klonowska

Biblioteka
Gazety
Wyborczej

*Otwarte tereny, łąki, pola oraz bagna
na nizinach i w górach, skraje lasów
i małe zadrzewienia*

*EUROPA, czyli co u nas
nie mieszka, a warto
zobaczyć*

Wstęp

Niemal 20 lat temu jednym z moich stałych zajęć było opisywanie zwierzaków do „Komiksowa", dodatku do „Gazety Wyborczej" przeznaczonego dla najmłodszych. Była to praca urocza, ale niełatwa – musiałem kombinować, w jaki sposób zainteresować dzieci. Jak wiadomo, jest to czytelnik bardzo wymagający. Na dodatek był to początek mojej dziennikarskiej kariery i nie znałem aż tylu pisarskich sztuczek co teraz. „Komiksowo" i wydany przez Znak wybór w formie książki pod tytułem „Zwierzaki Wajraka" okazały się sukcesem. Świadczy o tym choćby to, że co chwila spotykam młodych, ale całkiem dorosłych przyrodników, którzy twierdzą, że na „Komiksowie" i „Zwierzakach" się wychowali. Słyszę, że dla wielu z nich był to pierwszy krok do wielkiej przygody, jaką jest podglądanie i badanie przyrody, i robi mi się ciepło na sercu.

Ponieważ wielu z tych czytelników ma już dzieci, a „Komiksowa", niestety, nie ma i również same „Zwierzaki" są niedostępne, pora na powtórne wydanie. Oto ono – z „komiksowymi" rysunkami Anny Klonowskiej. Bardzo rozbudowane, bo właściwie jest tu prawie wszystko, co się wtedy ukazało, nawet zwierzęta europejskie – bardzo ciekawe, ale szans na zobaczenie ich w Polsce raczej nie ma. Wyjąwszy „europejski" rozdział, który znajduje się na końcu książki, zwierzaki zostały podzielone ze względu na miejsce ich występowania w środowisku naturalnym: wody od małych rzeczek do mórz, tereny otwarte, czyli pola, łąki i łąki podmokłe, lasy gęste mniej lub bardziej oraz miasta i wsie. Za środowisko uznałem nie tylko miej-

żyją, ale takie, gdzie najłatwiej je zobaczyć, np. kruki mają gniazda w lesie, ale znacznie łatwiej jest je zobaczyć na otwartych przestrzeniach. Podobnie jest z orlikiem krzykliwym.

Dodałem jeszcze subiektywny podział zwierzaków na takie, które zobaczyć łatwo, nie tak łatwo, raczej trudno, i takie, które zobaczyć jest naprawdę trudno. Pamiętajcie jednak, że zwierzaki lubią zaskakiwać i czasami jest tak, że te, o których myśli się, że zobaczyć je trudno, widzi się od razu, a te, które zobaczyć miało być łatwo, wcale łatwo nie jest.

Teksty musiałem uaktualnić, bo trochę się zmieniło. Na przykład gołąb grzywacz nie jest już rzadki w miastach; wręcz przeciwnie – jest bardzo częstym ich mieszkańcem. Wiele lęgów i zalotów oraz powrotów z zimowisk odbywa się wcześniej. Coraz częściej ptaki takie jak kwiczoły albo strzyżyki zostają na zimę tu, gdzie mieszkam. A przecież to się nie zdarzało, bo na wschodzie Polski zimy zawsze były srogie. Poprawiając teksty, myślałem sobie, jak bardzo zmiany klimatu wpłynęły na naszą przyrodę i jak szybko to nastąpiło. Ciekawe było poczuć to na własnej skórze, a raczej na własnych tekstach. Była to dla mnie wielka poznawcza przygoda... Tak jakbym zajrzał do przyrodniczego notesu sprzed lat. Ale dość gadania – pora na nowe przyrodnicze przygody i nowe pokolenia młodych przyrodników. To dla was, dzieciaki, są te „Zwierzaki"!

Adam Wajrak

łatwo zobaczyć	nie tak łatwo zobaczyć	raczej trudno zobaczyć	naprawdę trudno zobaczyć

Zwierzaki Wajraka

Miasta i wsie,
parki i ogrody,
czyli obok człowieka

Kret europejski

Talpa europaea

Mówi się, że krety są ślepe. Ale to nieprawda – one po prostu sła-bo widzą. Zresztą po co im dobry wzrok, skoro większość życia spędzają pod ziemią?

W naszym kraju nie ma chyba lepszego kopacza i górnika niż kret. Gdybyście kiedyś mieli okazję mu się przyjrzeć, to zwróćcie uwagę na jego wielkie przednie łapki. To główne narzędzie pracy kreta – tymi łapkami z olbrzymimi pazurami kret kopie i odrzuca ziemię do tyłu. Zerknijcie też na futerko. Ma bardzo miękkie i krótkie włoski, które nie kładą się do tyłu jak u innych zwierzaków, tylko sterczą do góry. Takie włoski mogą się bez trudu wyginać na wszystkie strony i umożliwiają

KRET EUROPEJSKI

WAGA
od 60 do ponad 100 g

DŁUGOŚĆ CIAŁA
około 15 cm

kretowi poruszanie się w wąskich i ciasnych korytarzach zarówno do przodu, jak i do tyłu. A kret ma po czym łazić. Jego korytarze mogą mieć 50 m długości, niektórzy badacze twierdzą, że nawet 150 m. I w takiej sieci tuneli żyje tylko jeden kret – zwierzątka te bardzo nie lubią towarzystwa i jeżeli spotkają innego kreta w swym labiryncie, to bardzo się denerwują. Dochodzi nawet do poważnych bójek.

W krecim labiryncie najważniejsze są korytarze łowieckie, które zwierzę patroluje kilka razy na dobę w poszukiwaniu dżdżownic. Wyszukuje ich za pomocą doskonałego słuchu i węchu, świetnie wyczuwa nawet najmniejsze drgania ziemi. Oczywiście jeżeli do takiego korytarza trafi na przykład zabłąkana jaszczurka, żaba albo mysz, to kret nią nie pogardzi. Jednak najbardziej lubi dżdżownice – nawet je sobie składuje w specjalnej komorze. Żeby nie uciekły, spryciarz nadgryza im zwoje nerwowe w przedniej części ciała. Nie zabija ich w ten sposób, ale paraliżuje*.

Ważną częścią krecich podziemi jest komora wyścielona miękkimi, suchymi częściami roślin. W niej samica rodzi młode.

Zastanawiacie się pewnie, czym dla tego zwierzaka są kretowiska, czyli pagórki ziemi, które dość często można zobaczyć w ogródkach i na łąkach. To po prostu nadmiar ziemi, którą musi wypchnąć na powierzchnię, żeby móc swobodnie poruszać się po swoich korytarzach.

SŁOWNICZEK

* PARALIŻOWAĆ
to znaczy obezwładniać. Sparaliżowany to ktoś taki, kto z powodu choroby lub kontuzji (uszkodzenia układu nerwowego) nie może poruszać np. rękami lub nogami. Ale często tego słowa używa się w przenośni. Mówi się np., że strach kogoś sparaliżował. Znaczy to, że ktoś tak się przestraszył, że nie miał siły uciekać. Ale taki paraliż jest chwilowy. Albo że zimna woda sparaliżowała ręce rybakom, tzn. tak im zmarzły, że nie mogli nimi poruszać. Albo że korki sparaliżowały miasto.

Warto wiedzieć

Krety żyją niezbyt długo – około trzech lat. Ich sierść, która musi chronić ciało przed osuwającą się ziemią, jest bardzo gęsta. Na jednym milimetrze kwadratowym skóry kreta może rosnąć nawet 200 włosków.

Kaczka krzyżówka

Anas platyrhynchos

KACZKA KRZYŻÓWKA

WAGA
nawet do 1,5 kg

ROZPIĘTOŚĆ
SKRZYDEŁ
do 1 m

Można ją spotkać wszędzie – na każdym, nawet najmniejszym stawku czy jeziorku, i to w środku miasta.

Choć jest kaczką i świetnie pływa, to nurkuje tylko wtedy, gdy czuje się zagrożona. Pokarm zbiera najczęściej z ziemi lub z powierzchni wody. Czasami zanurza się tylko do połowy, tak że kuper niczym spławik wystaje nad wodę. Kwacze bardzo donośnie, a kiedy leci, słychać bardzo wyraźny świst skrzydeł.

Nie jest duża – może ważyć od kilograma do półtora. Samiczki są brązowo-szare. Za to samce w czasie godów wyglądają wspaniale. Główki mają ciemnozielone z granatowym połyskiem, a na brązowawej szyi – białą obrożę. Reszta ciała jest szara, ale z różnymi ozdobami. Na skrzydłach można zobaczyć niebieskofioletowe punkty – to tzw. lusterka. Gdy spojrzymy na ogon, dostrzeżemy śmieszne, zakręcone do przodu dwa piórka. Samiczka przy takim partnerze wygląda skromnie, bo jedyne, czym może się pochwalić, to wspomniane lusterka na skrzydłach. Te różnice w ubiorze mają jednak swój głęboki sens. Im piękniej ubarwiony samiec, tym bardziej atrakcyjnym partnerem jest dla samiczki. Samica natomiast ma kolory maskujące, bo to ona będzie musiała sama wysiadywać złożone w marcu lub kwietniu jaja i to ona będzie się opiekować młodymi.

60 lat temu krzyżówki zaczęły zamieszkiwać polskie miasta – zapewne dlatego, że odkryły, iż człowiek, który strzela do nich na moczarach, w mieście zachowuje się zupełnie przyjaźnie i nawet je dokarmia. Co ciekawe, te same kaczki, które w mieście dają się karmić niemal z ręki, poza miastem na widok ludzi uciekają, gdzie pieprz rośnie. Krzyżówki żywią się pokarmem roślinnym i zwierzęcym, więc w mieście odkryły różne smakołyki. Bardzo często można je spotkać w miejscach, w których do rzek wpadają nieoczyszczone ścieki. Choć wyda się nam to obrzydliwe, znajdują tam wiele pysznych rzeczy. Na zimę wędrują, ale na dość krótkich dystansach – do najbliższej niezamarzniętej wody albo do parku, gdzie są dokarmiane.

Warto wiedzieć

Samica krzyżówki może wysiadywać nawet kilkanaście jaj. Zwykle gniazdo zakłada na ziemi, ale zdarzają się też gniazda na drzewach, a w miastach nawet na dachach domów. Po 26 dniach wykluwają się młode żółto-brązowe kaczuszki. Maluchy po kilkunastu godzinach opuszczają gniazdo. Gdy jest ono na budynku, potrafią skoczyć nawet z wysokości kilku pięter, nie robiąc sobie krzywdy. Kiedy wylądują na ziemi, wędrują wraz z mamą do najbliższego zbiornika wodnego. Młode kaczki wychowują się poza gniazdem i od razu potrafią same jeść.

Jerzyk

Apus apus

S pędzacie wakacje w mieście? Nic straconego. W mieście też można zobaczyć wiele ciekawych zwierzaków. Zadrzyjcie głowy wysoko i popatrzcie, co nad wami lata. Na pewno zobaczycie jerzyki.

Nie ma mowy o pomyłce. Jerzyki to te ptaki o wąziutkich zagiętych skrzydłach i wciętych niczym u jaskółek ogonach. Bardzo przypominają jaskółki, więc czasami na wszystko, co zwinnie lata i ma takie wąziutkie skrzydła oraz wcięty ogon, mówi się jaskółki. Ale jerzyki niewiele mają z nimi wspólnego. I jerzyki, i jaskółki polują na latające owady. Dlatego, choć nie są spokrewnione, mają podobne skrzydła i ogon. Dzięki temu mogą bardzo szybko latać i dokonywać nagłych zwrotów, by złapać chociażby muchę, która też nieźle lata i jest nie lada pilotem. Czasami jerzyki i jaskółki polują razem. Wtedy jerzyki rozpoznacie od razu, bo są większe i mają o wiele dłuższe skrzydła.

Do niedawna sądzono, że z tak długimi skrzydłami jerzyki nie są w stanie wystartować z ziemi. Ale to nieprawda. Raczej nigdy na ziemi nie lądują, chyba że są bardzo chore. Twardego gruntu dotykają też wtedy, gdy muszą założyć gniazdo. Łapki jerzyków, nieprzystosowane do chodzenia, dzięki ostrym pazurkom świetnie nadają się do czepiania się nawet pionowej ściany. Gdy znajdą w niej jakąś szczelinę, znoszą trochę puszków albo ździebełek, które udało im się złapać w locie,

Warto wiedzieć

Jerzyki przylatują do nas w kwietniu i maju. Odlatują od połowy sierpnia do października. Pewien tropikalny gatunek jerzyka robi gniazda ze śliny – są one jadalne.

i w ten sposób powsta-
je gniazdo. Nie są to
arcydzieła konstruk-
cyjne. Dawniej je-
rzyki gnieździły
się wysoko w ska-
łach i dziuplach
drzew. A ponie-
waż ostatnio wię-
cej jest wysokich
domów niż skał
i drzew razem
wziętych, jerzyki
przeniosły się ma-
sowo do miast.

Para jerzyków wy-
chowuje od dwóch do
trzech młodych, które mają
jedną niezwykłą cechę. Otóż,
aby wykarmić młode, stare jerzyki muszą polować. Mogą to robić
tylko w locie, ale nawet jerzykowi trudno jest latać w czasie burz czy silnych wi-
chrów. Kiedy więc pogoda robi się fatalna,
a stare jerzyki są daleko, młode w gnieździe
popadają w stan odrętwienia, czyli coś takiego
jak bardzo krótki sen zimowy.

JERZYK

WAGA
30-58 g

DŁUGOŚĆ CIAŁA
około 16 cm

ROZPIĘTOŚĆ
SKRZYDEŁ
około 40 cm

Puszczyk

Strix aluco

PUSZCZYK

WAGA
do 0,5 kg

DŁUGOŚĆ CIAŁA
40 cm

ROZPIĘTOŚĆ
SKRZYDEŁ
około 1 m

Jak byłem mały i słyszałem w telewizji takie „huuu, huuu", to wiedziałem, że zaraz na ekranie pojawi się wiedźma albo wampir, i przechodziły mnie dreszcze. Tymczasem to nie głos wampira ani wiedźmy, tylko całkiem miłej sowy, a mianowicie puszczyka.

Więc gdy usłyszycie gdzieś w lesie taki głos, to nie spodziewajcie się duchów. To tylko nawoływanie samca puszczyka, czyli sowy średniej wielkości, który broni swojego terytorium przed innym samcem i stara się zwabić samiczkę. Najczęściej słychać je wczesną wiosną, kiedy mają okres godowy*, lub jesienią, kiedy zajmują terytoria. Ale może się zdarzyć, że puszczyk będzie hukał również latem. To znaczy, że rok obfituje w gryzonie, które są ulubionym pokarmem puszczyków. Gdy ptaki te mają pokarmu pod dostatkiem, mogą chcieć jeszcze raz mieć dzieci.

Puszczyk poluje nocą i jak wiele sów znakomicie widzi w ciemnościach. Poza świetnym wzrokiem ma też genialny słuch, który pozwala mu umiejscowić każdy szelest. Kiedy puszczyk już zlokalizuje ofiarę, nadlatuje bezszelestnie i chwyta ją długimi łapami zaopatrzonymi w długie i ostre pazury. Dość często puszczyki łapią też małe ptaki, a podstawą ich pożywienia w miastach są wróble śpiące w gęstych krzakach.

Nie sądzę, aby łatwo udało się wam dostrzec puszczyka na wolności, bo lata on wtedy, gdy ludzie śpią. Ale może kiedyś zobaczycie w jakiejś dziupli sowę. Jeżeli będzie szara albo ruda, na głowie nie będzie miała pęczków piór błędnie zwanych uszami i będzie miała wielkie, niemal zupełnie czarne oczy, to będzie to puszczyk.

SŁOWNICZEK

* OKRES GODOWY
– czas, gdy zwierzęta łączą się w pary, by wydać na świat dzieci. Najczęściej jest to wiosna, czyli pora roku, gdy wszystko budzi się do życia.

┌ *Warto wiedzieć* ───

Puszczyki, które mieszkają w miastach, składają jaja w różnych zakamarkach starych domów, a nawet w kominach. Są one kuliste i – podobnie jak u wszystkich ptaków gnieżdżących się w dziuplach – białe. Młode szybko opuszczają dziuple, choć nie potrafią jeszcze latać. Zwykle czekają gdzieś na gałęziach drzew, aż rodzice przyniosą im pokarm.

Pustułka

Falco tinnunculus

Te ptaki drapieżne możecie zobaczyć prawie wszędzie, nawet w mieście. Wystarczy się dobrze rozejrzeć.

Jeżeli w mieście śmignie nad wami coś o wąskich, ostro zakończonych skrzydłach i długim, wąskim ogonie, to może to być tylko pustułka. Co robi w mieście? Ano zakłada gniazdo. Wysokie budowle pełne różnych otworów przypominają jej skały. Dla pustułki nie ma różnicy, czy „skała" to budowla, czy wytwór natury. Podobne upodobania ma też sokół wędrowny, znacznie większy od naszej bohaterki. Niestety, te ptaki niemal wyginęły, gdy zaczęto stosować na świecie środek przeciw owadom DDT*. Dziś w polskich miastach, a dokładnie w Warszawie, Toruniu i we Włocławku żyje przynajmniej kilka par sokołów. Pustułek DDT nie ruszyło i dzięki temu jest ich bez liku. W miastach polują na wróble, czasami zdarza się im ubić młodego gołębia. Wiele z nich lata jednak na polowania na łąki, bo głównym ich pokarmem są wszelkiego rodzaju gryzonie. Polującą nad łąkami pustułkę też bardzo łatwo rozpoznać, ponieważ gdy wypatruje ofiary, zwisa w powietrzu, szybko machając skrzydłami. Przypomina wtedy albo olbrzymią ważkę, albo maleńki helikopter. Miejskie pustułki można właściwie obserwować przez cały rok, ale najłatwiej w marcu i kwietniu, kiedy wykonują miłosne loty przypominające szalone gonitwy wokół wysokich budynków. Co ciekawe, pustułki przywiązują się do miejsc. Na przykład zakładają gniazda w otworach wentylacyjnych i zajmują je przez całe lata. Właściwie trudno je nazywać gniazdami, bo nie są niemal niczym wysłane. Ot, wystarczy jakieś zagłębienie, parę śmieci i tyle. Pustułki żyjące poza miastami zajmują stare gniazda wron lub srok. Na przełomie kwietnia i maja składają około pięciu jaj. Każdemu z rodziców przypada inne zadanie: mama wysiaduje jaja i karmi pisklęta, a tata poluje i przynosi jedzenie dla całej rodziny.

SŁOWNICZEK

* **DDT, czyli azotox** – silny środek owadobójczy stosowany w rolnictwie. Ponieważ może gromadzić się w organizmach zwierząt i człowieka, nie powinno się go stosować w uprawach przeznaczonych na paszę lub do bezpośredniej konsumpcji.

Warto wiedzieć

Samiec pustułki ma popielatą głowę, grzbiet rudawy z ciemnymi plamkami. Natomiast samica jest cała jasnorudawa i pokryta podłużnymi plamkami. Młode z wyglądu przypominają samicę, lecz są nieco mniejsze.

Bocian biały

Ciconia ciconia

W Polsce mieszka najwięcej boćków w Europie – ponad 40 tys. par! Z młodymi jest ich grubo ponad 150 tys.

Każdy wie, jak wygląda bocian: czerwone nogi, czerwony dziób i czarne końce skrzydeł, a cała reszta biała. Ale młode boćki z początku mają dzioby czarne. Intensywnie czerwone, pozbawione jakiejkolwiek czerni, robią im się dopiero około trzeciego roku życia, gdy stają się zupełnie dorosłe. Podobnie z nogami. Takie naprawdę czerwone mają dopiero bociany dorosłe. Młode mają nogi bladopomarańczowe.

Dziób bociana służący do zbierania pokarmu działa jak szczypce. Każdy słyszał, że boćki jedzą żaby. Ale po pierwsze, nie tylko żaby, a po drugie, żaby to niewielka część pokarmu. Za pomocą dzioba-szczypiec bocian chwyta wszystko, co się przed nim poruszy i da połknąć. Obserwowałem boćki, które napychały się pasikonikami, pszczołami, różnymi chrząszczami, widywałem takie, które znakomicie łapią gryzonie, i takie, które nie gardzą jaszczurkami lub wężami. Od czasu do czasu zdarza się im również jeść pisklaki ptaków zakładających gniazda na ziemi, np. czajek.

Warto wiedzieć

Bocian gniazdo zakłada najczęściej na dachach, drzewach i słupach elektrycznych w pobliżu ludzkich siedzib. Potem kolejne pokolenia z tej rodziny poprawiają je; takie gniazdo może ważyć nawet dwie tony. W Polsce mieszka też inny bocian – czarny (Ciconia nigra). Jest niemal cały czarny i tylko pierś i podbrzusze ma białe, a dziób i nogi czerwone. Jest nieco mniejszy i smuklejszy niż jego biały kuzyn. Nie lubi towarzystwa ludzi i gniazda zakłada najczęściej w gęstych lasach.

Bocian może zjeść nawet pół kilograma różnych zwierzątek dziennie, a jeszcze musi nałapać jedzenia dla swoich młodych. Teraz już rozumiecie, dlaczego boćki niemal bez przerwy łażą po łące?

W gnieździe wychowuje się od dwóch do czterech piskląt. Bardzo rzadko siedzi w nim tylko jedno młode. Równie rzadko – więcej niż cztery młode. Rekord to sześć piskląt.

Maluchy, które wykluwają się w maju, przebywają w gnieździe do drugiej połowy lipca. Zanim wylecą z gniazda, bardzo intensywnie trenują, wymachując skrzydłami i podskakując. Dom rodzinny opuszczają w drugiej połowie lipca lub na początku sierpnia. Najpierw zbierają się w wielkie stada i trenują loty przed wspólną podróżą do Afryki. Niektóre polecą do południowej Afryki – aż 10 tys. km – te z Polski przez Bałkany, Izrael, Egipt, Sudan i wzdłuż wschodnich wybrzeży Afryki na południe. Natomiast boćki z Europy Zachodniej podróżują do Afryki nad Gibraltarem.

Bociany do latania wykorzystują ciepłe masy powietrza, które powstają nad lądami – mogą dzięki nim szybować godzinami bez machania skrzydłami. Dlatego starają się nie latać nad morzem, nad którym jest więcej chłodnego powietrza. W Afryce bociany jedzą głównie różne duże owady, np. szarańcze. Z zimowania wracają w marcu lub kwietniu, dlatego dość często można je zobaczyć, jak stoją na zasypanych śniegiem gniazdach.

BOCIAN BIAŁY

WAGA
3-4 kg

ROZPIĘTOŚĆ SKRZYDEŁ
do 2 m

Płomykówka

Tyto alba

PŁOMYKÓWKA

WAGA
od 280 do 450 g

ROZPIĘTOŚĆ
SKRZYDEŁ
do 90 cm

Jeżeli gdzieś na strychu zobaczycie sowę, bardzo jasną, o twarzy w kształcie serca, to będziecie niesamowitymi szczęściarzami. Ta sowa to płomykówka, ptaszek dziś już bardzo rzadki.

Dawno, dawno temu płomykówki żyły w każdej polskiej wsi i niemal w każdym mieście. Wybierały stare niezamieszkane strychy, wieże kościelne, spichlerze, stodoły, gdzie mogły zakładać gniazda. Poza tym miejsca te znakomicie nadawały się do polowań. Chodziło szczególnie o polowanie zimą, bo ta sowa nie za bardzo potrafi łapać myszy w śniegu, a w stodołach nawet zimą śniegu nie ma. Poza tym do przechowywanego tam ziarna przychodziły masy gryzoni, które są głównym pożywieniem tego ptaka. Płomykówka, która upatrzyła sobie jakąś stodołę, potrafiła nie wylatywać z niej tygodniami. Stąd też zapewne jej angielska nazwa, którą można przetłumaczyć jako „sowa stodołowa”.

Niestety, coraz mniej u nas stodół i strychów oraz spichlerzy, w których trzyma się ziarno i w których szaleją myszy, i coraz mniej też płomykówek. Skąd polska nazwa tego ptaszka? Na piórach skrzydeł można dostrzec rysunek, który bardzo przypomina płomyczek.

Płomykówki są tak bardzo uzależnione od gryzoni, że gdy jest ich mało, same wychowują znacznie mniej młodych. W marcu i kwietniu można usłyszeć ich głos, który przypomina charczenie bardzo chorego człowieka. Oczywiście, jeżeli głos ten dobiega gdzieś z wysoka, możemy być pewni, że to ten ptak, a nie człowiek.

Składają od czterech do siedmiu jaj. Kilka dni po złożeniu pierwszego pojawia się następne i następne... Składanie ich w odstępach powoduje, że młode są różnej wielkości. Jeżeli jedzenia jest pod dostatkiem, to płomykówki mogą dwa razy w ciągu jednego roku złożyć jaja i wychować młode.

Na koniec jeszcze wspomnę o sercowatej twarzy płomykówek. Tak naprawdę ta twarz, choć bardzo piękna, nie służy jako ozdoba. Naukowcy sądzą, że zbiera dźwięki. Jak to możliwe? Twarz płomykówki spełnia być może tę samą funkcję co nasze małżowiny uszne. Zresztą przyjrzyjcie się twarzy jakiejkolwiek sowy – jest wklęsła niczym antena satelitarna. Kiedy sowa chce coś lepiej usłyszeć, to kieruje się frontem do źródła szmerów, a nie tak jak my bokiem. No i nie przykłada ręki do ucha.

Warto wiedzieć

Płomykówki potrafią obrócić głowę o 270 stopni. Samice są nieco większe niż samce.

Karlik malutki

Pipistrellus pipistrellus

Jeżeli ktoś będzie wam opowiadał, że nietoperze wplątują się we włosy, to nie wierzcie w te bajki, tylko postukajcie się w głowę. I już więcej nie rozmawiajcie z nim o nietoperzach.

Nie wiadomo, skąd to się wzięło, ale w tę bajkę wierzy jeszcze wielu dorosłych. Być może dlatego, że czasami nietoperz w pogoni za jakimś owadem może przelecieć nam dość nisko nad głową. Ale wplątywanie się we włosy? Żaden nietoperz tego nie robi. Nie ma takich zamiarów również karlik malutki z rodziny mroczkowatych – nasz najmniejszy nietoperz.

Na świecie żyje wiele nietoperzy. Niektóre żywią się owocami, są takie, które łapią ryby, południowoamerykański wampir wypija kilka kropelek krwi krów lub koni. Wszystkie polskie nietoperze polują na owady. Lokalizują je za pomocą specjalnego radaru. Nietoperz wysyła ultradźwięki, które po odbiciu się od obiektu wracają do niego w postaci echa. Dlatego ten sposób orientowania się w terenie nazywamy echolokacją. Echolokacja służy zarówno do omijania przeszkód, jak i do określania pozycji ofiary.

Karliki malutkie też tak polują. Po zmierzchu opuszczają kryjówki. W lecie te maleńkie nietoperze przeczekują dzień w szparach starych domów, na ich strychach, czasami w dziuplach. Pojawiają się na zewnątrz jakieś 20-30 minut po zachodzie słońca. Latają i za pomocą

Warto wiedzieć

Młode po urodzeniu w lipcu ważą tylko 1,4 g. Karliki żyją zwykle około czterech lat. Ale był taki karlik, który żył aż 17 lat i siedem miesięcy.

swoich radarów lokalizują owady, które chwytają w locie i zjadają. O tym, jak dobrymi są myśliwymi, świadczyć może to, że w ciągu nocy potrafią upolować nawet 3 tys. różnych owadów. Oczywiście owadów nie można łapać zimą. Dlatego karliki, kiedy tylko robi się chłodniej, chowają się w domach lub dziuplach, a czasami grotach. Tam hibernują, co oznacza, że temperatura ich ciała jest niemal taka sama jak otoczenia, zwykle wynosi kilka stopni powyżej zera. Nie jest to jednak odrętwienie trwające całą zimę. Naukowcy odkryli, że nawet zimą karliki potrafią zmieniać kryjówki. Zwykle zimują w grupach od kilku do kilkudziesięciu osobników, ale w pewnej rumuńskiej grocie zimuje aż 100 tys. tych małych nietoperzy.

KARLIK MALUTKI

WAGA
od 3,5 do 8,5 g

DŁUGOŚĆ CIAŁA
do 5 cm

ROZPIĘTOŚĆ
SKRZYDEŁ
od 18 do 24 cm

Gawron

Corvus frugilegus

GAWRON

WAGA
do około 400 g

DŁUGOŚĆ CIAŁA
47 cm

ROZPIĘTOŚĆ
SKRZYDEŁ
około 1 m

Zastanawiacie się, co to za czarne ptaszyska przelatują wam nad głowami w olbrzymich gromadach? Niektórzy dorośli pokazują je i mówią: „To kruki", albo: „To wrony". Tylko że nie są to kruki ani wrony, tylko gawrony.

Wiem, co mówię, bo wrony u nas są szaro-czarne (zupełnie czarne wrony mieszkają na zachodzie Europy), a kruki są o wiele większe. Poza tym kruki kraczą jakoś tak dźwięcznie, a gawrony nieco ochryple. No i kruki nie latają w tak wielkich stadach jak gawrony.

Nigdy nie zapomnę pewnego wczesnego ranka, kiedy stałem w Warszawie na przystanku i czekałem na pierwszy autobus. Czekam sobie tak, czekam i słyszę, jak coś kapie. Plask. Na początku tak nieśmiało, jedno plaśnięcie, drugie plaśnięcie. Potem plask, plask – cała masa plaśnięć. Deszcz po prostu. Ale nie był to zwykły deszcz z chmury, tylko deszcz rzadkich gawronich kupek. Gawrony właśnie wylatywały z pobliskiego lasu na poszukiwanie jedzenia na warszawskich śmietnikach. Leciały ich setki tysięcy. Niebo zrobiło się niemal czarne, a od krakania aż pękały uszy. Widok był niesamowity. Takie stada gawronów, którym dość często towarzyszą kawki, możecie zobaczyć jesienią i zimą. Ptaki zbijają się w stada, bo tak łatwiej się obronić przed drapieżnikami. Poza tym naukowcy przypuszczają, że takie wspólne latanie i wspólne nocowanie ułatwia gawronom szukanie pożywienia. Choć gawron jest wszystkożerny i równie dobrze może jeść owady, ich larwy, dżdżownice i ziarno, to jednak zimą wcale nie jest o jedzenie łatwo. Jako pierwsze opuszczają drzewa noclegowe te gawrony, które poprzedniego dnia coś znalazły. Reszta leci za nimi. Nie wiadomo, czy w takich gigantycznych stadach są jacyś dowódcy, może są. Nie wiem, czy zauważyliście, że takie stada dokonują różnych ewolucji, na przykład skręcają jak na komendę.

Te gawrony, które teraz gościmy w miastach, to przybysze z północnego wschodu i wschodu Europy. Dla nich nasz klimat jest w sam raz. Nasze gawrony lecą zimą na zachód Europy i tam spędzają tę ciężką porę roku. Wrócą do nas w lutym lub w marcu i od razu zabiorą się do poprawiania swoich gniazd. W przeciwieństwie do innych ptaków krukowatych, takich jak kruk, wrona czy sroka, gawrony zakładają gniazda w koloniach. Na jednym drzewie może być nawet do kilkunastu gniazd.

Warto wiedzieć

Młode gawrony opuszczają gniazdo po czterech-pięciu tygodniach. Od dorosłych różnią się tym, że mają otwory nosowe na dziobie przykryte „włoskami", przez co trochę przypominają kruki, choć są od nich o wiele mniejsze.

Jemiołuszka

Bombycilla garrulus

Pamiętam, że dawno, dawno temu stado jemiołuszek usiadło na drzewie przed blokiem, w którym mieszkałem. Razem z moim przyjacielem zaczęliśmy wmawiać naszemu młodszemu koledze, że jemiołuszki to tropikalne ptaki, które uciekły z zoo. I wiecie co? Dał się nabrać!

Wcale mu się nie dziwię, bo te niewielkie ptaki są bardzo, ale to bardzo kolorowe. Nie dość, że na ich skrzydełkach widać czarno-czerwono-białe pióra z żółtym elementem, to jeszcze na głowach noszą śmieszny czubek, który trochę przypomina czubki australijskich papug. Aż trudno sobie wyobrazić, że jemiołuszki nie są ani trochę związane z tropikami i w ogóle za ciepłem nie przepadają. Wręcz przeciwnie – są to ptaki typowo północne. Do Polski przylatują na zimowe wakacje z przekonaniem, że lecą w całkiem ciepłe strony.

Jest bardzo prawdopodobne, że podróże jemiołuszek związane są z tym, że zimą daleko na północy Rosji lub w Skandynawii jest za mało owoców. A jemiołuszki zimą całymi stadami potrafią obsiadać na przykład jabłonki, na których jeszcze wiszą jabłka, i ze smakiem je objadać. Uwielbiają jarzębinę. Nie gardzą również owocami jemioły i stąd zapewne ich nazwa. Kiedy drzewo lub krzew jest już ogołocone, całe stado przenosi się na kolejne drzewo, wydając śmieszny odgłos „tri-tri-tri". Nie wiem dlaczego, ale jemiołuszki zawsze tak sobie gadają, gdy gdzieś lecą. Być może te cichutkie trele jakoś ułatwiają im utrzymanie się razem w jednym stadzie.

Na ogół stadka jemiołuszek nie zlatują na ziemię, tylko siedzą na drzewach. Można je jednak czasami zobaczyć, kiedy biorą kąpiel w kałuży wśród kawałków lodu i śniegu. Wtedy dopiero widać, że niestraszne im nasze zimno. W marcu jemiołuszki znikną. Pojedyncze mogą się jeszcze włóczyć u nas niemal do maja, ale większość odlatuje na północ. Tam w dalekiej tajdze budują gniazda z mchu i gałązek gdzieś w świerkowej gęstwinie. Często wyściełają je potem porostami i włosem reniferów. Co ciekawe, te same śmieszne ptaszki, które u nas niemal nie boją się ludzi i są mało płochliwe, gdy tylko zaczynają budować gniazdo, stają się bardzo skryte. No i zmieniają dietę. Nie jedzą już tak dużo owoców, tylko gustują w owadach, których w trakcie krótkiego polarnego lata jest na północy bardzo dużo.

JEMIOŁUSZKA

WAGA
50-60 g

ROZPIĘTOŚĆ
SKRZYDEŁ
około 30 cm

Warto wiedzieć

Jemiołuszki znoszą cztery-pięć jaj, które wysiaduje samica. Samiec zaopatruje ją w pokarm.

Sierpówka

Streptopelia decaocto

Każdy zna tego miłego ptaka i aż trudno sobie wyobrazić, że jeszcze niedawno sierpówek nazywanych synogarlicami wcale w Polsce nie było.

Kiedy mieszkałem w Warszawie, zawsze sypałem okruszki na parapet okna. Od razu zlatywała się masa gołębi, które bez pardonu przepychały się między sobą i zjadały, ile wlezie. Bardzo mi się to nie podobało, tym bardziej że na pobliskich drzewach czekały sierpówki. Te kuzynki naszych zwykłych gołębi zachowywały się zupełnie inaczej niż

SIERPÓWKA

WAGA
200 g

ROZPIĘTOŚĆ
SKRZYDEŁ
53 cm

towarzystwo tłoczące się na parapecie. Nie dobijały się o jedzenie, tylko dyskretnie i w spokoju czekały, aż gołębi motłoch się napcha i sobie poleci. Co tu dużo gadać – właśnie dzięki takiemu zachowaniu, które nam, ludziom, od razu kojarzy się z dobrym wychowaniem, sierpówki budzą naszą sympatię. Na dodatek te popielate ptaki o białych ogonach i charakterystycznej czarnej półobroży na szyi wyglądają o wiele ładniej niż zwykły miejski gołąb. Ich sylwetka też jest znacznie delikatniejsza.

Można je spotkać niemal w całym kraju, ale o wiele mniej ich jest na północy i na wschodzie. Co ciekawe, prawie w ogóle nie ma ich też na wsiach, a jeżeli są, to najczęściej tylko na południu i zachodzie Polski. Zastanawiacie się dlaczego? Otóż ten ptak, który już jest stałym elementem naszego krajobrazu, wcale nie mieszkał w Polsce od zawsze. Co więcej, jeszcze dwa wieki temu nie było go niemal w Europie. Sierpówka to przybysz z Indii. Właśnie stamtąd rozpoczęła się jej wędrówka na zachód. Kilka wieków temu zasiedliła Stambuł, a na początku XIX w. pojawiła się w Bułgarii. Ponieważ inwazja sierpówek na Europę zaczęła się od Turcji, dość często jest ona nazywana synogarlicą turecką. U nas pierwsze lęgi sierpówek stwierdzono w Lublinie w 1943 roku, czyli zaledwie 80 lat temu. Skąd taka nagła wędrówka? Otóż sierpówki są bardzo związane z człowiekiem, a przede wszystkim z tym, że je dokarmiamy. Wędrując na zachód, odkrywały coraz lepsze miejsca do życia. Co więcej, okazywało się, że w europejskich miastach wcale nie jest tak zimno, a poza tym ludzie uwielbiają tu dokarmiać ptaki.

Co mnie jednak najbardziej dziwi w sierpówkach, to sposób, w jaki wychowują młode w gniazdach. Zresztą trudno to coś nazwać gniazdem. To po prostu patyczki niedbale rzucone na jakąś gałąź. Na takiej platformie, która nie powinna wytrzymać żadnego ciężaru, pani sierpówka składa dwa białe jaja, a następnie przez dwa tygodnie je wysiaduje. Młode siedzą w tym niby-gniazdku 20 dni, a ono się nie sypie. Jak to się dzieje, nie wiem – i jest to tajemnica sierpówek. Być może jednak nie zawsze wysiadywanie i wychowywanie młodych w czymś takim kończy się sukcesem, bo ptaki te mogą mieć aż od trzech do czterech lęgów rocznie. W krajach Europy Zachodniej, gdzie jest nieco cieplej, nawet sześć lęgów, w tym niektóre zimą.

Szczur wędrowny i szczur śniady

Rattus norvegicus i *Rattus rattus*

Nikt nie lubi szczurów, bo zjadają nasze zapasy i mogą przenosić różne choroby. Ale poza tym to szalenie inteligentne zwierzaki.

Szczury można spotkać wszędzie. Na wsiach i w miastach. Żyją tam, gdzie mają co jeść i mają dostęp do wody. Są miasta, gdzie (jak twierdzą niektórzy) szczurów żyjących w kanałach i na śmietniskach jest nawet więcej niż ludzi.

Szczury pojawiły się w Europie wraz z rozwojem miast. Najpierw przybył całkiem nieduży, ważący do 200 g szczur śniady. W czasach starożytnych przywędrował on do nas z Indii przez Afrykę. Jakiś czas później pojawił się szczur wędrowny, który pierwotnie zamieszkiwał wschodnią Azję. Ten dużo większy zwierzak (ważący nawet pół kilograma) zaczął wypierać mniejszego kuzyna. W miejscach, gdzie występują oba gatunki, szczury mają swoje strefy wpływów. Mniejszy szczur śniady zajmuje strychy, natomiast szczur wędrowny okupuje piwnice i kanalizację. U obu gatunków bardzo silnie rozwinięte są więzi rodzinne. Szczury z jednej rodziny poznają się po zapachu i zwykle nie są agresywne w stosunku do siebie. W takiej szczurzej rodzinie obowiązuje ścisła hierarchia – do podejrzanego jedzenia, które może być zatrute, zabierają się najczęściej szczury najniżej w niej stojące. Przeciętna samica szczura rodzi od pięciu do siedmiu razy w roku po mniej więcej 10 młodych. Młode stają się samodzielne po sześciu tygodniach.

SZCZUR WĘDROWNY

WAGA
170-450 g

DŁUGOŚĆ CIAŁA
18-30 cm

DŁUGOŚĆ OGONA
13-20 cm

SZCZUR ŚNIADY

WAGA
175-200 g

DŁUGOŚĆ CIAŁA
16-23 cm

DŁUGOŚĆ OGONA
18-25 cm

Kawka

Corvus monedula

Kawki na pewno znacie. To te niewielkie wrzaskliwe czarne pta-ki o szarych głowach, które latają całymi stadami nad głowami mieszkańców miast i zajmują się wybieraniem różnych smakołyków ze śmietników.

Niektórym kawki tak się opatrzyły, że nie widzą w nich nic cie-kawego. Są też tacy, którzy nawet za nimi nie przepadają, bo potrafią być hałaśliwe, a czasami robią niesympatyczne dowcipy. Pamiętam, że moja mama postanowiła kiedyś wywiesić na balkonie kożuch, aby go wywietrzyć. Po jakimś czasie zorientowała się, że mieszkające w na-szym domu kawki regularnie wyskubują z niego włosie, aby wyścielić sobie tym gniazda.

Oczywiście nie zawsze kawki mieszkały w miastach. Bardzo daw-no temu zasiedlały skały i dziuple, ale widać w końcu stwierdziły, że w miastach jest znacznie więcej ciekawych dziur do zasiedlenia i wię-cej pokarmu. W przeciwieństwie do wielu swoich kuzynów, takich jak wrony, sroki czy kruki, które żyją w pojedynczych parach i bro-nią swojego terytorium, kawki są niezwykle towarzyskie i mieszkają w koloniach. A taka kolonia to maleńkie społeczeństwo z odpowied-nią hierarchią. Są w niej i kawczy arystokraci, i kawczy biedacy. Kaw-ki, podobnie jak ludzie w dawnych czasach, dziedziczą swoją pozycję społeczną po rodzicach, a im wyżej w niej stoją, tym lepsze gniazda będą miały i łatwiejszy dostęp do pokarmu. Ale to nie wszystko. Każda kawcza kolonia ma swój dialekt, a o większych grupach kawek można nawet powiedzieć, że mają coś w rodzaju języka. Dlatego właśnie kawki wychowane przez ludzi dość często nie potrafią sobie poradzić w życiu. Po prostu nie potrafią się dogadać.

KAWKA

WAGA
220-270 g

DŁUGOŚĆ CIAŁA
30-33 cm

ROZPIĘTOŚĆ
SKRZYDEŁ
67-74 cm

Wróbel i mazurek

Passer domesticus i *Passer montanus*

Może pomyślicie, że już nie mam o czym pisać, skoro zabieram się za takie pospolite ptaszę jak wróbel. Otóż nie. Mam o czym pisać, a wróbel i jego kuzyn mazurek wydają mi się szalenie ciekawymi ptakami.

Najlepsze jest to, że oba te gatunki, choć z pozoru niewiele się różnią, mają inne gusta, jeśli chodzi o miejsce zamieszkania. Ale najpierw o różnicach, które widać na pierwszy rzut oka. Mazurek

**WRÓBEL
I MAZUREK**

WAGA
24-32 g

DŁUGOŚĆ CIAŁA
14,5 cm

ROZPIĘTOŚĆ
SKRZYDEŁ
22 cm

ma plamkę na policzku oraz całą brązową główkę. Wróbel nie ma plamki, a głowę ma brązowoszarą. Ale jest coś jeszcze, co różni obydwa te gatunki. Wróbel to mieszczuch, a mazurek jest raczej ptakiem wiejskim. Wystarczy spojrzeć na Warszawę. W tym wielkim mieście żyje do 150 tys. par wróbli, podczas gdy liczba mazurków jest 15-krotnie mniejsza. Dlaczego tak jest? Otóż wróble uwielbiają towarzystwo człowieka, zakładają gniazda w szczelinach domów, w otworach wentylacyjnych, w rynnach, a raz nawet widziałem gniazdo wróbli w latarni, która cały czas świeciła. Znane są przypadki całych wróblich społeczności, których pokolenia żyły i umierały w wielkich pomieszczeniach, takich jak dworce, wielkie magazyny czy piekarnie.

Mazurki nie lubią zgiełku wielkiego miasta. Jeżeli je w nim spotykamy, to głównie w ogrodach i sadach. Lubią dziuple albo drewniane budki lęgowe, do których podobnie jak wróble znoszą wszystko, co jest miękkie. Gniazdo wróbli i mazurków to po prostu kula trawy, piórek i tym podobnych materiałów.

Wróble mogą tworzyć coś w rodzaju małych kolonii. W mojej wsi taka kolonia jest w pewnym bocianim gnieździe. Pary mazurków tymczasem niemal przez całe życie mieszkają w tej samej dziupli lub budce lęgowej, która oprócz tego, że służy im za dom dla młodych, jest też schronieniem na zimę. Właśnie zimą można dostrzec różnice między wróblami i mazurkami, bo ptaki te latają dość często w przemieszanych stadkach. Więc jeżeli zobaczycie kiedyś dziwnego wróbla w takim stadku, będzie to pewnie mazurek.

I na koniec jeszcze jedna informacja. Wróble i mazurki to ziarnojady. Dlatego ludzie dość często nie przepadają za tymi ptakami. Były czasy, gdy zawzięcie je tępiono. Największą taką akcję przeprowadzono w Chinach. Grupy Chińczyków biegały za wróblami, płoszyły je i nie pozwalały im odpocząć. Biedne ptaki padały z wycieńczenia. Wkrótce wróbli w Chinach nie było, a tamtejsze władze bardzo to cieszyło, bo uznały wróbla za głównego szkodnika na polach ryżowych. Jednak uprawy niebawem zostały zniszczone przez miliony owadów. Skąd się one wzięły w takich ilościach? Nie było już wróbli i nie miał kto karmić swoich młodych owadami.

Pójdźka

Athene noctua

O j bardzo, bardzo zazdroszczę jednemu mojemu znajomemu. Otóż na jego balkon przyleciała pójdźka. Przyjrzał się jej dokładnie. A ja tego ptaszka widziałem tylko raz, i to tylko jego sylwetkę siedzącą o zmroku na jakimś płocie. Nagle zerwał się do lotu i już nie wrócił.

Później wiele razy czatowałem na pójdźki o zmierzchu, bo tę porę najbardziej lubią na polach i łąkach, ale nigdy nie udało mi się ich zobaczyć.

Te szalenie sympatyczne i niewielkie sowy są bardzo związane z człowiekiem, a raczej ze środowiskiem, jakie kiedyś wokół niego powstało. Otóż pójdźki to ptaki wiejskie w pełnym tego słowa znaczeniu. Trzymają się pól, na czatownie wykorzystują płoty albo słupy elektryczne czy telefoniczne. Często też zdarza im się usiąść na dachu domu lub stodoły. Niestety, człowiek jeszcze do niedawna za pójdźką nie przepadał. Jak głosiły przesądy, wróżyła śmierć i nieszczęście. Co??? – zapytacie – taka miła, malutka sówka? Toż to bzdury. Oczywiście, że bzdury, ale kiedyś ktoś sobie wymyślił, że głos godowy tej sowy, który raz jest głuchy i stłumiony, a raz wysoki i czysty, przypomina słowa: „Pójdź, pójdź w dołek pod kościółek" lub „na cmentarz". Ludzie święcie wierzyli, że pójdźki wyciągają z chorych resztki sił. Tymczasem nie dość, że ta sympatyczna sowa nikogo nigdzie nie wyciąga, to jeszcze jest szalenie pożyteczna. Łapie gryzonie, owady, choć zdarza jej się złapać też drobne ptaki lub nietoperze. Poza tym, choć przez ludzi nie była lubiana, to nie boi się człowieka i najwyżej bardzo się dziwi na jego widok. Wygląda to dość zabawnie, bo wtedy charakterystycznie raz się wyciąga, a raz kurczy. Niestety, wcale nie będzie wam łatwo wypatrzyć pójdźkę. Ptak ten jest coraz rzadszy. Coraz mniej jest starych stodół i strychów, gdzie mógłby się schronić. Brakuje też starych polnych wierzb, w których były dziuple – ulubione miejsce pójdźki na złożenie jaj i założenie rodziny. Samica, gdy już zacznie wysiadywać (dzieje się to w kwietniu), nie da się spędzić z jaj żadną siłą. Młode wykluwają się po blisko miesiącu i w przeciwieństwie do wielu sów są tej samej wielkości. Oznacza to, że samica, która składa około czterech jaj, zaczyna wysiadywanie, gdy złoży ostatnie jajo. Tym samym wszystkie młode mają szansę przetrwać. Młode sówki karmione są przez oboje rodziców i zwykle już w lipcu są poza gniazdem. Dlatego pójdźki dość często jeszcze raz pozwalają sobie na dzieci.

PÓJDŹKA

WAGA
około 170 g

ROZPIĘTOŚĆ
SKRZYDEŁ
około 50 cm

┌─ *Warto wiedzieć* ─

Czy zauważyliście coś ciekawego w nazwie łacińskiej pójdźki? Ależ tak, chodzi o Atenę, boginię wojny i mądrości. Starożytni Grecy uznali pójdźkę za ptaka właśnie tej bogini, bo wydawało im się, że skoro ma tak bardzo ludzki wyraz twarzy, musi być mądra. Ale choć pójdźka ma dużą głowę i wielkie oczy, to nawet wśród ptaków nie zalicza się do wielkich inteligentów. Daleko jej do kawki, wrony czy sroki, o kruku już nie wspominając.

Gacek brunatny
i gacek szary

Plecotus auritus i *Plecotus austriacus*

Dawno temu coś mnie podkusiło i zajrzałem do dziupli w starej lipie. Zajrzałem i zdębiałem, bo znalazłem się oko w oko z bardzo dziwnym nietoperzem o wielkich uszach. Choć byłem jeszcze wtedy zupełnie małym chłopcem, od razu wiedziałem, z kim mam do czynienia. To był gacek.

Oczywiście poznałem go właśnie po tych olbrzymich uszyskach, których nie sposób nie zauważyć. Nie wiedziałem tylko, z jakim gackiem mam do czynienia, ponieważ w Polsce żyją dwa gatunki tych nietoperzy. Jeden nazywa się gacek brunatny albo wielkouchy, a drugi – szary. Niestety, to, że jeden ma przydomek „wielkouchy", wcale nie świadczy o tym, że „szary" ma uszy mniejsze. Jest wiele cech pozwalających rozróżnić te gatunki, ale akurat uszy do nich nie należą. Inne cechy to różnice w uzębieniu, ale kto będzie zaglądał mu do paszczy... Różna jest też długość pazurka na kciuku, ale jest ona tak minimalna, że tylko wprawny naukowiec potrafi ją dostrzec. Oczywiście są różnice w futerku. Jeden gacek ma je trochę bardziej szarawe, a drugi trochę bardziej rudawe.

Wróćmy jednak do uszu, które są tak wielkie, że stanowią około trzech czwartych długości ciała całego nietoperza. Po co gackom takie olbrzymie uszyska? Otóż, jak wiecie, nietoperze bardzo słabo widzą, a ich głównym zmysłem jest echolokacja, czyli nietoperz wysyła jakiś dźwięk i na podstawie jego echa wyłapywanego właśnie przez uszy określa, czy na jego drodze znajduje się jakaś przeszkoda albo czy ma szansę upolować ofiarę. Uszy to po prostu taki radar – im większy, tym bardziej dokładny. Tak się składa, że gacki takiego radaru potrzebują, bo polują, latając między gałęziami. Są bardzo zwrotne, co zawdzięczają również dość krótkim skrzydłom. Potrafią, dzięki tym wielkim uszom, zlokalizować i zebrać owady siedzące na liściach, na gałęziach albo na ścianach budynków, ale gdy te gdzieś sobie siedzą, to echolokacja na nic. Wtedy lepiej je namierzyć po delikatnych odgłosach, które wydają, jedząc lub chodząc, i do tego przede wszystkim przydają im się wielkie uszy. Mogą też chwytać owady w powietrzu.

Oczywiście takie wielkie radary to kłopot, bo w powietrzu działają jak hamulec, dlatego gacka w locie poznać można również po tym, że jest dość wolny.

Ale to nie koniec kłopotów z wielkimi uszami. Jak wiecie, na zimę nietoperze zasypiają. Gacki chowają się przed zimą w piwnicach, fortach, jaskiniach. Temperatura ich ciała spada niemal do temperatury otoczenia. Poza chłodem nietoperz ma jednak problem z tym, jak się nie odwodnić. Przecież nawet gdy jest bardzo zimno, woda paruje, ucieka z organizmu, a przez tak wielkie uszy, na których skóra jest goła, delikatna i ukrwiona, ucieka jeszcze szybciej. Co więc robią gacki? Otóż składają uszy pod skrzydła. Być może kiedyś zobaczycie wiszącego gacka. Powiem wam, że można je poznać po tym, że są raczej samotnikami i w przeciwieństwie do wielu innych nietoperzy nie zbijają się w ciasne grupy. Zresztą kolonie gacków nie są zbyt wielkie i rzadko przekraczają kilkadziesiąt osobników.

Jaskółka dymówka

Hirundo rustica

U wielbiam jaskółki dymówki. Kiedyś nawet wychowałem w czasie wakacji dwójkę jaskółczych piskląt.

A było to tak. Byłem mały i już miałem fioła na punkcie ptaków. To wariactwo rozwijało mi się coraz bardziej i bardziej. Z kimkolwiek się spotkałem, to gadałem o ptakach. Gadać musiałem też na wczasach w Bułgarii, na które pojechałem z rodzicami, bo przez to gadanie ktoś nam zrobił bardzo głupi dowcip. Otóż kiedy poszliśmy na śniadanie i chcieliśmy sobie nalać kawy, okazało się, że w naszych filiżankach siedzą sobie pisklaki jaskółki dymówki. Dowcip był bardzo głupi. Nawet nie chodziło o to, że nie ma nic przyjemnego w znalezieniu jaskółki w filiżance, ale o to, że ktoś podebrał te maluchy rodzicom. Co było robić! Ponieważ nie wiedziałem, z którego gniazda zostały wybrane, musiałem zostać jaskółczym tatusiem. Wiedziałem, że jaskółki żywią się owadami, które chwytają w locie. No i zamiast opalać się i pluskać w Morzu Czarnym, całe wakacje spędziłem na łapaniu much. Łapałem ja, moja rodzina oraz kilku znajomych z turnusu. Jaskółki jadły jak szalone i zawsze były głodne. Ledwo nastarczyliśmy. Ale w końcu znakomicie wyrosły i poleciały. Skąd wiedziałem, że to akurat jaskółki dymówki? Odpowiedź jest bardzo prosta. Otóż nawet najmniejsze i najmłodsze jaskółki dymówki mają coś w rodzaju czerwonego śliniaczka, który znakomicie odróżnia je od innych jaskółek. Ale to nie wszystko. Jeśli spojrzeć na nie, gdy lecą, od razu widać dość długi rozwidlony ogon. To chyba najbardziej charakterystyczna cecha tych ptaków.

Dymówki, gdy tylko do nas przylecą, od razu zaczynają się kręcić przy oborach i stajniach. Nie ma innego ptaka, który by tak się interesował tym, co pobudował człowiek. Co więcej, jaskółki dymówki, kiedy stwierdzą, że jakaś stajnia albo obora im odpowiada, od razu wlatują do środka i zabierają się do budowania miseczkowatego gniazda z gliny pomieszanej z ich śliną. Gniazdo zazwyczaj przyczepione jest do belki. Nie przeszkadza im to, że muszą dzielić pomieszczenie z drobiem, krowami albo końmi. Wystarczy, żeby mogły wylecieć na zewnątrz i wlecieć do środka, kiedy tylko przyjdzie im na to ochota. Skąd takie zainteresowanie budynkami u jaskółek dymówek? Otóż, jak sądzą naukowcy, dawno temu jaskółki dymówki gnieździły się tylko na południu Europy i w północnej Afryce. Tam swoje miseczki przylepiały do skał, ale jak każde dziecko wie, co innego klimat na południu Europy, a co innego na północy i wschodzie. Gdyby nie człowiek, z którym prawdopodobnie jaskółki dymówki tu przywędrowały, nic nie byłoby z ich lęgów. A tak, skoro gniazda mają pod dachem, to niestraszny im chłód i zimne deszcze. Mogą spokojnie wysiadywać i wychowywać pisklęta, które miewają dwa-trzy razy do roku.

JASKÓŁKA DYMÓWKA

WAGA
16-21 g

WCIĘCIE W OGONIE
nawet 7 cm

ROZPIĘTOŚĆ SKRZYDEŁ
33 cm

┌ *Warto wiedzieć* ─

Jaskółki dymówki składają od czterech do sześciu jaj, po dwóch tygodniach wykluwają się młode, które zostają w gnieździe przez trzy tygodnie. Można je zobaczyć, jak siedzą na drutach i domagają się owadów od rodziców. Młode można poznać po znacznie krótszym niż u dorosłych ogonie. We wrześniu jaskółki dymówki opuszczają nas i odlatują do południowej Afryki. No cóż, zimy u nas są tak ostre, że dymówka nie przetrwałaby ich nawet w oborze.

Pliszka siwa

Motacilla alba

PLISZKA SIWA

WAGA
21 g

DŁUGOŚĆ CIAŁA
19 cm

ROZPIĘTOŚĆ
SKRZYDEŁ
30 cm

Ten ptaszek, którego nie sposób pomylić z żadnym innym, to najpewniejszy i najwcześniejszy znak wiosny. Kiedy po moim podwórku spaceruje sobie pliszka, od razu wiem, że nadeszła wiosna.

Oczywiście, że każdy kiedyś widział pliszkę. Bardzo łatwo ją rozpoznać. To ten ptaszek z długim czarno-białym ogonkiem poruszającym się ciągle z góry do dołu. Biało-czarna główka, czarny śliniak, a reszta ciała szaro-biała. Mało który z naszych ptaków ma takie kontrastowe ubarwienie jak pliszka, a szczególnie jej samce, gdyż samice mają kolory nieco bardziej stonowane.

Jednak nie o tym chciałem wam napisać. Zacznijmy od tego, o czym już wspomniałem. Pliszki są znakiem wiosny i nawet mamy tego odzwierciedlenie w różnych przesądach. Otóż kiedyś, dawno temu, ludzie wierzyli, że gdy nad rzekami pojawiają się pliszki, to następnego dnia z rzek zniknie lód. Sam nigdy nie wiązałem pliszek z lodem, ale chyba coś w tym jest. Pliszki, które uwielbiają bywać nad wodą, polują przecież na owady, a te pojawiają się w dużych ilościach dopiero wtedy, gdy zaczyna się robić ciepło. Może więc tak naprawdę to owady wyczuwają ocieplenie, a nie pliszki? Zupełną zagadką jest dla mnie jednak coś innego. Otóż myśliwi twierdzą, że kiedy na podwórkach pojawia się pliszka, to w lesie zjawia się słonka. A jakie są związki pliszki, która mieszka w pobliżu człowieka, ze słonką – ptakiem leśnym? Nie mam pojęcia. Jednak rzeczywiście – jak pliszki są na podwórku, to słonki są w lesie.

Napisałem o pliszkach na podwórku, a to oznacza, że są one bardzo związane z człowiekiem. Ten związek trwa od dawna i polega na tym, że te ptaszki zakładają gniazda w zakamarkach budynków. Lęgi zaczynają się w kwietniu. Z czterech-sześciu jaj po dwóch tygodniach wykluwają się młode. Po kolejnych dwóch małe pliszki opuszczają gniazdo. Para może mieć młode dwa, a nawet trzy razy w roku.

U mnie pliszki mieszkają w stodole i chyba gdzieś w chlewikach, a być może pod samym dachem domu. Wiją tam bardzo starannie swoje konstrukcje z traw wysłane włosiem i piórami. Czasami miejsca, które wybierają na wysiedzenie jaj i wychowanie młodych, są zupełnie dziwaczne. Słyszałem o parze pliszek, która założyła gniazdo w zakamarkach rolniczej przyczepy i wcale jej nie przeszkadzało, że co jakiś czas przyczepa wyjeżdżała w pole. Pliszki wędrowały za nią jakby nigdy nic. Myślicie, że one się boją człowieka? O nie. Wystarczy je trochę poobserwować, by zobaczyć, że gdy są zaaferowane polowaniem na owady, potrafią przemaszerować tuż przed naszym nosem. Z pliszkami żegnamy się we wrześniu. Wtedy odlatują na zimowiska do Afryki.

Jaskółka oknówka

Delichon urbica

K tóż ich nie zna... To najbardziej znane jaskółki, bo żyją najbliżej człowieka. Jak sama nazwa wskazuje, zakładają gniazda w pobliżu okien.

Dla jaskółek oknówek mieszkających na naszym domu wyjątkowo sprzyjający był rok, w którym pękła rura doprowadzająca do niego wodę. Zwykle było na nim pięć, sześć gniazd, a jest 21. To spowodowało, że na podwórku była błotnista kałuża, a właśnie błotka wymieszanego ze śliną jaskółki potrzebują do lepienia gniazd. I być może właśnie dlatego w miastach i wsiach zachodniej Europy, które są szalenie czyste, a na podwórkach są albo trawniki, albo chodniki, te jaskółki giną. Dochodzi nawet do tego, że aby je ratować, niektórzy zachodnioeuropejscy miłośnicy ptaków specjalnie robią błotne kałuże.

Ich gniazdo, które najczęściej u nas budują tuż pod okapem i tuż nad oknami, różni się od gniazda jaskółek dymówek, o których wcześniej wam pisałem. Otóż jest ono całe zabudowane, poza jednym małym otworkiem. W tym gniazdku samica znosi od czterech do sześciu białych jaj. Wysiadują je na zmianę oboje rodzice, a już po dwóch tygodniach wykluwają się młode. Siedzą one w gniazdku i są karmione przez rodziców. Dopiero po miesiącu wylatują. Jeszcze trochę są dokarmiane, ale bardzo szybko zaczynają same polować.

Zresztą sama jaskółka oknówka różni się od dymówki. Po pierwsze, jest mniejsza, po drugie, nie ma czerwonego śliniaczka, a po trzecie, ma krótszy i nie tak bardzo rozwidlony ogon. Mówi się, że jeśli jaskółki nisko latają, to będzie padać. Dotyczy to właśnie oknówek, bo człowiek mógł je z łatwością obserwować. W tym powiedzeniu jest dużo prawdy. Otóż oknówki, podobnie jak inne jaskółki, polują na drobne owady latające w powietrzu. Oznacza to, że ptaszki te są tam, gdzie owady, a przed deszczem owady zniżają lot, żeby szybko wylądować na ziemi i gdzieś się schować, gdy zacznie padać. Oczywiście człowiek nie mógł wypatrywać maleńkich owadów, za to znakomicie widział, na jakiej wysokości latają jaskółki.

Wróćmy jednak na chwilę do gniazd. Otóż jaskółki nie lepią ich podobno na byle jakim domu. Kiedy bardzo się bałem, że dom, który kupiliśmy, się zawali (jest bardzo stary), pewien inżynier zapytał mnie, czy są na nim jaskółcze gniazda. „Są" – odpowiedziałem. Wtedy zapewnił mnie, że w takim razie nic mi nie grozi i mogę spać spokojnie.

Pod koniec sierpnia, tuż przed odlotem, jaskółki zbierają się na drutach telefonicznych. Siadają obok siebie i szczebiocczą, co przypomina jakieś dyskusje parlamentarne. Dlatego na takie zebrania mówi się sejmikowanie. Jaskółki odlatują od nas do Afryki. Wracają w maju.

JASKÓŁKA
OKNÓWKA

WAGA
20 g

DŁUGOŚĆ CIAŁA
13-15 cm

ROZPIĘTOŚĆ
SKRZYDEŁ
30 cm

Sokół wędrowny

Falco peregrinus

**SOKÓŁ
WĘDROWNY**

WAGA
**samica
ponad kilogram,
samiec do 700 g**

ROZPIĘTOŚĆ
SKRZYDEŁ
około 1 m

To szalenie rzadki ptak. Do niedawna byłem przekonany, że raczej go nigdy nie zobaczę. Ale w końcu zobaczyłem, i to w miejscu, w którym mało kto spodziewałby się jakiejś ornitologicznej rzadkości.

To nasze spotkanie nastąpiło w okolicach Dworca Centralnego w Warszawie. Hałas jak nie wiem co, setki, a może tysiące samochodów, oszklone wieżowce… Wydawałoby się, że nic tu nie może żyć poza szczurami, karaluchami, no i oczywiście gołębiami. Stałem przed dworcem, czekałem na pociąg, nudziłem się bardzo i co chwila zerkałem w górę. Nagle gdzieś w okolicach Pałacu Kultury śmignęła sylwetka ptaka drapieżnego o wąskich, lekko zagiętych skrzydłach i dość krótkim, prostym ogonem. To był on – najlepszy łowca powietrzny, jaki żyje na ziemi: sokół wędrowny. Oniemiałem ze szczęścia, bo zobaczyć tego ptaka to nie lada gratka. Dlaczego? Sokoły wędrowne jeszcze 20 lat temu znajdowały się na granicy zagłady. Stosowane w rolnictwie w latach 50., 60. i 70. środki owadobójcze, a w szczególności DDT, spowodowały, że podobnie jak wiele innych ptaków drapieżnych nie były w stanie wysiadywać swych jaj. Ich skorupka była tak cienka, że gdy tylko samica siadała na nich, pękały pod jej ciężarem. Sokoły niemal zniknęły z Europy i Ameryki Północnej. Na szczęście ludzie zorientowali się w porę dlaczego i zakazano stosowania DDT, a same sokoły zaczęto hodować i wypuszczać na wolność. Co ciekawe, prawdopodobnie takiego ptaka widziałem w Warszawie, gdzie na powrót w połowie lat 90. osiedlono sokoły. Dziś w stolicy mieszkają już na pewno dwie pary. Poza tym wypuszczane są one jeszcze w Krakowie (dziś w Polsce mieszka do 20 par). No dobrze, ale co sokoły robią w mieście? Otóż miasto to jedno z ich ulubionych miejsc życia. Owszem, sokoły zajmują stare gniazda różnych ptaków drapieżnych w lasach. Mieszkają w górach na skałach, no i w miastach, które te skały im przypominają. W XIX w. podobno można było zobaczyć polujące sokoły na warszawskim Krakowskim Przedmieściu.

Sokołom w mieście jest bardzo dobrze. Nie dość, że na wysokich budynkach niczym na skałach mają znakomite miejsca do zakładania gniazd, to jeszcze jedzenia jest w bród. Pełno jest przecież gołębi, na które te ptaki polują. I teraz ciekawostka. To właśnie sokół jest najszybszym zwierzęciem. Gdy spada na gołębia z góry lotem pikującym, może osiągnąć nawet zawrotną prędkość około 300 km na godz. Co więcej, ma oczywiście bardzo dobry, czyli sokoli wzrok, i może wypatrzyć gołębia z odległości 1,5 km. Myślicie, że ptaki, w tym gołębie, nie mają szansy na ucieczkę przed takim znakomitym myśliwym? Owszem, mają. Tylko jeden na kilka ataków sokoła kończy się powodzeniem.

Warto wiedzieć

Pod koniec marca samica składa do czterech jaj. Wysiaduje tylko samica, której samiec dostarcza jedzenie. Po miesiącu wykluwają się młode. Kiedy podrosną, są karmione przez oboje rodziców na zmianę. Sokoły łączą się w pary na całe życie.

Kos

Turdus merula

Chociaż kos to jeden z najczęściej spotykanych przez ludzi ptaków, to cały czas mylę go – nie wiedzieć czemu – z innym równie często spotykanym ptakiem, a mianowicie szpakiem.

A tymczasem te dwa gatunki bardzo łatwo rozróżnić. Szczególnie trudno pomylić ze szpakiem samca kosa, który jest cały czarny jak węgiel, tylko dziób ma ciemnożółty. Samica jest ciemnobrązowa i lekko nakrapiana na piersi. Poza tym kos zajmuje się głównie bieganiem, a raczej skakaniem u podnóża różnych krzewów, gdzie wyszukuje owadów i dżdżownic, a zimą różnych drobnych owoców, natomiast szpak lubi łazić po otwartych terenach, takich jak trawniki lub łąki. Poza tym samce szpaków śpiewają przy swych budkach od rana do wieczora. Natomiast samce kosów, owszem, wzlatują na czubki drzew, by zaśpiewać, ale robią to o zmierzchu lub o świcie.

Skąd więc biorą się te pomyłki? Otóż może stąd, że oba gatunki mieszkają blisko ludzi. Oczywiście nie zawsze tak było – kosy w rzeczywistości są ptakami leśnymi. W śródmieściu Warszawy pierwsze kosy pojawiły się pod koniec lat 40., czyli 70 lat temu. Bardzo szybko opanowały nowe środowisko i obecnie tylko w centrum stolicy jest ich około tysiąca. Zastanawiacie się, dlaczego kosom tak spodobało się w mieście? Otóż ten niezbyt wielki ptak w lesie musiał obawiać się drapieżników, takich jak chociażby krogulce. Naukowcy zauważyli nawet, że w mieście przeżywa wiele kontuzjowanych kosów, które w lesie nie miałyby szans.

Co ciekawe, obyczaje kosów miejskich różnią się od obyczajów kosów leśnych. Po pierwsze, kosa w mieście możecie spotkać nawet zimą. Całkiem spora część tych ptaków, które teoretycznie powinny odlatywać, zostaje. Dlaczego? Bo w mieście jest nieco cieplej. Ta betonowa pustynia łatwo się nagrzewa i oddaje ciepło. Poza tym budynki to znakomita osłona od wiatrów. Inną ciekawą zmianą jest to, że kosy miejskie potrafią zakładać gniazda, znosić jaja i wychowywać młode dwa razy w tym samym miejscu, czego kosy leśne nie robią. Dzieje się tak z dwóch powodów. Otóż zmiana miejsca lęgowego przez kosa leśnego zwiększa szansę na uratowanie potomstwa przed atakiem drapieżnika, a kos miejski wcale nie musi się go tak obawiać. Ale jest też inny powód. Kosy zakładają gniazda w gęstych krzewach i na drzewach, w złamanych pniach lub w dziuplach, które nazywa się półotwartymi, bo mają bardzo duży otwór. Takich miejsc akurat w mieście wcale nie jest dużo i być może kosy miejskie nie mają zbyt wielkiego wyboru. Miasto więc to nie tylko atrakcje, lecz także problemy. I tu kolejna ciekawostka: stwierdzono, że samce kosów miejskich są o wiele bardziej agresywne niż ich leśni kuzyni. Wszystkie kosy się tłuką, gdy zobaczą intruza na swym terytorium, ale te w mieście robią to wyjątkowo często i zaciekle.

A dlaczego? Bo tam, gdzie nie ma zbyt wielu odpowiednich miejsc do założenia gniazda, muszą żyć w o wiele większym zagęszczeniu i znacznie częściej trafiają na rywali. Cztery--sześć jaj, z których po dwóch tygodniach wykluwają się pisklęta, wysiaduje głównie samica.

KOS

WAGA
100 g

ROZPIĘTOŚĆ
SKRZYDEŁ
40 cm

Drozd kwiczoł

Turdus pilaris

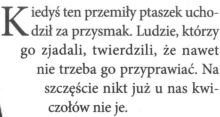

Kiedyś ten przemiły ptaszek uchodził za przysmak. Ludzie, którzy go zjadali, twierdzili, że nawet nie trzeba go przyprawiać. Na szczęście nikt już u nas kwiczołów nie je.

Spotkacie go wszędzie – na wsi i w mieście, są także w lesie. To jeden z najbardziej rozpowszechnionych gatunków drozda. Kwiczoła od paszkota najłatwiej odróżnić po piersi, która u tego pierwszego nie jest zbyt mocno nakrapiana. Paszkot ma ją całą w cętkach. Poza tym zarówno pierś, jak i grzbiet kwiczoła są mocno rdzawe.

Gdy nadchodzi zima, ptaki te szukają sobie krzaków z owocami. Lubią siedzieć na jarzębinie, nie gardzą też jemiołą. Podobno drozd kwiczoł broni przed innymi drozdami takiego krzaka-spiżarni, który może mu ułatwić przetrwanie zimy. Czasami jednak można zobaczyć, jak drozdy pożywiają się owocami w większych gru-

DROZD KWICZOŁ

WAGA
do 150 g

ROZPIĘTOŚĆ
SKRZYDEŁ
43 cm

pach, i robią to zupełnie zgodnie. Przez to, co jedzą, czyli właśnie przez różne jagody, w tym aromatyczne jagody jałowca, kiedyś drozdy były uznawane za przysmak. Te czasy jednak minęły, a poza tym drozdy jedzą owoce głównie tylko zimą i jesienią. Wiosną i latem zajadają się w najlepsze dżdżownicami i ślimakami. Możecie je zobaczyć na trawnikach, jak próbują wyciągnąć spod ziemi dżdżownicę.

Drozdy mają bardzo ciekawe życie rodzinne. Otóż na wiosnę, kiedy przystępują do zakładania rodziny, budują gniazda na wysokich drzewach, ale bardzo blisko siebie, w czymś w rodzaju kolonii. Gdy pojawia się drapieżnik, mieszkańcy kolonii atakują go wspólnie, dziobiąc, ale też, jak powiedział mi znakomity specjalista od ptaków dr Andrzej Kruszewicz, atakują chemicznie. Po prostu starają się trafić intruza własną kupą. Czasami to bombardowanie jest tak intensywne, że drapieżny ptak ma zlepionc pióra i nie jest w stanie wzbić się w powietrze. Drozdy jednak nie cały czas mieszkają w kolonii. Kolejne gniazdo, już późną wiosną, zakładają oddzielnie, z dala od siebie. Dlaczego tak się dzieje? Otóż pierwsze gniazdo jest przygotowywane, gdy nie ma zbyt wiele liści i drapieżnik łatwiej może je wypatrzyć. W takim wypadku lepiej bronić się całą grupą. Później, gdy są już liście, lepiej ukrywać się oddzielnie.

Na koniec ważna sprawa. Młode drozdy wszystkich gatunków po opuszczeniu gniazd nie latają zbyt dobrze. Nie oznacza to, że są pozbawione opieki – rodzice cały czas je obserwują i karmią. Nie zabierajmy ich więc i nie opiekujmy się nimi, bo to nie sierotki. Tylko gdy zobaczymy, że młody ugania się po ulicy, przenieśmy go na trawnik.

Warto wiedzieć

Drozdy czasami odlatują na zimę, a czasami nie. Wszystko zależy od tego, czy jest sroga. Samica ma brunatne pióra w ogonie, samiec czarne. Samica składa pięć-sześć jaj, które wysiaduje około dwóch tygodni.

Mysz domowa

Mus musculus

Mysz domowa, czyli po prostu mysz, jest chyba najczęściej spotykanym przez człowieka ssakiem. Oczywiście poza psem i kotem.

Wcale to nie oznacza, że psów i kotów jest więcej niż myszy. Myszy mają bardzo wiele powodów, by przed człowiekiem chować się w dziurach. Przecież strasznie nie lubimy ich towarzystwa. Trujemy je, łapiemy w pułapki. Nic więc dziwnego, że starają się nam nie pokazywać. Ale choć je tępimy, to bez człowieka mysz nie byłaby myszą domową, tylko mało znanym gryzoniem mieszkającym sobie spokojnie w norkach na stepach i pustyniach Azji i Afryki Północnej. Jakieś 10 tys. lat temu, gdy na terenie Bliskiego Wschodu człowiek zajął się rolnictwem i rozpoczął uprawy pierwszych zbóż, przodkowie myszy stwierdzili, że jest to niebywała okazja do zmiany stylu życia. Człowiek, który nie dość, że uprawia i produkuje żywność, to jeszcze ją magazynuje. A to oznacza, że jest ona dostępna przez cały rok. To było coś. Na dodatek domostwa człowieka uprawiającego rolę znakomicie nadawały się na drążenie w nich różnych korytarzy i zakładanie mysich gniazd. Mysz przylgnęła do człowieka i wraz z nim opanowała całą Europę, Azję i obie Ameryki. Trafiła nawet na najbardziej oddalone wyspy i jedynym miejscem, w którym jej nie ma, jest chyba Antarktyda. Są myszy, które cały czas żyją z człowieka, ale są też takie, które do naszych domostw sprowadzają się tylko na zimę, a kiedy jest ciepło, udają się do parków i ogrodów. Zapewne zastanawiacie się, co sprawiło, że mysz tak szybko się z nami zaprzyjaźniła. Otóż ten gatunek jest wszystkożerny. Nie pogardzi ziarnem i wyrobami z niego, produktami mlecznymi typu ser, mięsem. Poza tym myszy potrafią się bardzo szybko rozmnażać. Samica może mieć po trwającej około 20 dni ciąży nawet do 20 młodych. Przychodzą one na świat w kulistych gniazdach ze słomy lub drobno pogryzionego papieru czy materiału. Takie gniazdo znajduje się na ogół w dobrze ukrytym miejscu. Młode są dojrzałe już po miesiącu.

Na dodatek te zwierzątka świetnie się wspinają, skaczą i choć nie lubią wody, to potrafią pływać. To wszystko sprawia, że choć je tępimy, to one się wytępić nie dają.

Wędrówka z człowiekiem przez lądy i oceany, krzyżowanie się lub jego brak spowodowały, że mysz domowa myszy nierówna. Oczywiście, są do siebie podobne. Jedne są szare, inne ciemne, prawie czarne, jeszcze inne białe, ale wszystkie mają długie łyse ogonki i ostre pyszczki. To podobieństwo jest jednak podobieństwem na pierwszy rzut oka. Genetycy wiedzą, że na świecie występuje wiele różnych podgatunków oraz odmian jednej i tej samej myszy, i zastanawiają się, kiedy wyodrębnią się z nich oddzielne gatunki. To oznacza, że nasza mysz może być zupełnie inna niż ta z Łodzi lub Krakowa, nie mówiąc już o angielskiej, niemieckiej lub amerykańskiej.

MYSZ DOMOWA

WAGA
do 25 g

DŁUGOŚĆ CIAŁA
około 10 cm

DŁUGOŚĆ OGONA
do 9 cm

Warto wiedzieć

Ponieważ myszy mają wielu wrogów w naturze, żyją bardzo krótko – około trzech miesięcy. Za to w hodowli mogą dożywać nawet sędziwego wieku czterech lat.

Muchołówka szara

Muscicapa striata

MUCHOŁÓWKA SZARA

WAGA
15 g

ROZPIĘTOŚĆ
SKRZYDEŁ
25 cm

C hoć szare i niepozorne są te ptaszki, bardzo je lubię i nie mogę się doczekać, gdy wreszcie przylecą.

Jak sama nazwa wskazuje, muchołówka szara jest szara. I przez tę szarość może być mylona z wróblami, choć ma znacznie smuklejszą sylwetkę. Przynajmniej mnie się to czasami zdarza, do czego przyznaję się ze wstydem. Wstyd jest tym większy, że bardzo lubię te małe ptaszki, które pojawiają się na naszym podwórku w maju i jak przystało na muchołówki, zaczynają od polowania na wszelkie latające owady. Wygląda to przezabawnie, bo muchołówka siada na gałązce lub na płocie i czatuje. Gdy tylko jakiś owad latający pojawi się w pobliżu, muchołówka zlatuje i chwyta go w locie z niezwykłym wdziękiem, po czym wraca na swoją gałązkę, by poczekać na następną ofiarę. Czasami ptaszki są tak pochłonięte łowami, że zupełnie nie zwracają uwagi na człowieka i można je obserwować nawet z bardzo niewielkich odległości. Ale to nie wszystko. Muchołówka szara zamieszkuje lasy, parki, ogrody i sady i bardzo często jest spotykana w pobliżu ludzkich siedzib. Lubi zakładać gniazda we wpółotwartych dziuplach, które powstają na przykład po odłamaniu się dużych gałęzi, ale ponieważ tych brakuje, często korzysta z różnych ludzkich budowli. Kiedyś widziałem na przykład gniazdko w przewodzie wentylacyjnym ubikacji znajdującej się na zapleczu baru. Muchołówkom wcale nie przeszkadzało, że co chwila jakiś człowiek wchodził lub wychodził, gasił lub zapalał światło. Jak szalone karmiły swe pisklaki. Moje muchołówki nie muszą znosić takiego ruchu i mam dla nich zawieszone specjalne półotwarte budki. Co ciekawe, te ptaszki co roku wychowują swe młode w innej budce. Czym to jest spowodowane, nie wiem, ale raz jest to budka na domu, innym razem na garażu, a jeszcze innym na chlewiku.

Ponieważ ptaki te są mało strachliwe, można sobie bez problemu patrzeć, jak rodzice z wielkim poświęceniem karmią swe pociechy i wreszcie jak młode rosną. Maluchy dostają nie tylko owady latające, ale również całkiem sporą ilość gąsienic i larw różnych innych owadów. Obserwowanie tego, co rodzice wtykają do dziobów pociech, nie trwa, niestety, zbyt długo, bo muchołówki wysiadują jaja przez dwa tygodnie, a młode wylatują z gniazda po kolejnych dwóch. Co prawda ten gatunek może mieć dwa lęgi w roku, ale u mnie w ogrodzie się to jeszcze nie zdarzyło. Muchołówki przylatują w kwietniu lub na początku maja, odlatują w sierpniu. Zimują w Afryce.

Mroczek posrebrzany

Vespertilio murinus

Nie ma chyba nietoperza, który by miał dziwniejsze i piękniejsze futerko niż mroczek posrebrzany.

Przez wiele lat byłem przekonany, że nazwanie nietoperza mroczkiem posrebrzanym to jakaś przesada. No bo gdzie niby ten nietoperz ma być posrebrzany – na pyszczku, na uszach, a może ma mieć posrebrzane futerko? Toć to jakaś bzdura na resorach! Myślałem tak sobie, bo do niedawna na oczy nie widziałem mroczka posrebrzanego. Ale nie tak dawno nasza suczka Antonia zaczęła na coś bardzo szczekać. Wybiegłem z domu i zobaczyłem, że pod drzwiami leży nietoperz, ale jakiś taki strasznie dziwny. Jakby na grzbiecie ubrudził się w szarym, a może srebrnym pyle. Przyjrzałem mu się lepiej. Wcale nie był brudny, a włoski na grzbiecie wyglądały na srebrne naturalnie. Zadzwoniłem do znajomych, którzy się na nietoperzach znają, i już nie miałem wątpliwości – mam przed sobą mroczka posrebrzanego. Tylko skąd on się wziął pod moim domem w biały dzień? Wkrótce okazało się, że to młody osobnik, który musiał wypaść z jakiejś szczeliny w dachu.

Warto wiedzieć

Młode rodzą się w czerwcu. Na ogół jednak w lecie samce przebywają w innych koloniach niż samice z młodymi. Nie oznacza to, że mroczki są mało towarzyskie, o nie. Mieszkają bez kłopotu wraz z innymi gatunkami, głównie karlikami malutkimi i większymi. Żyją 5-10 lat. We wschodniej Polsce są gatunkiem dość często spotykanym.

W takich miejscach, tu, w Puszczy Białowieskiej, mroczki dość często mają swoje kolonie rozrodcze, można je także znaleźć w szczelinach skał, czasami w dziuplach. Dość często zdarza się jednak, że wpadają do miejskich mieszkań, i to tych bardzo wysoko położonych – w wielu miastach nawet do bloków na wysokości powyżej 15. piętra. W Warszawie jednego z pierwszych mroczków posrebrzanych znaleziono na Pałacu Kultury. Może nasze miasta kojarzą się tym nietoperzom z wąwozami, a otwarte okna lub przewody wentylacyjne – ze szczelinami w skałach? To, że te nietoperze są odnajdywane na takich wysokościach, świadczy o tym, że aby zapolować, muszą latać dość wysoko i chwytać wszelkie drobne owady w powietrzu. To jednak nie wszystko. Na pewno co najmniej część mroczków odbywa jesienią dość długie wędrówki na zimowiska. Podobno kiedyś jeden mroczek wywędrował z Estonii do Austrii, a to około 1500 km. Czy wszystkie tak robią – nie wiadomo, bo to bardzo słabo poznany gatunek. Wiadomo natomiast, że jesienią odbywają się loty godowe, w czasie których mroczki charakterystycznie cykają niczym świerszcze.

MROCZEK POSREBRZANY

WAGA
do 16 g

ROZPIĘTOŚĆ SKRZYDEŁ
do 30 cm

Mroczek późny

Eptesicus serotinus

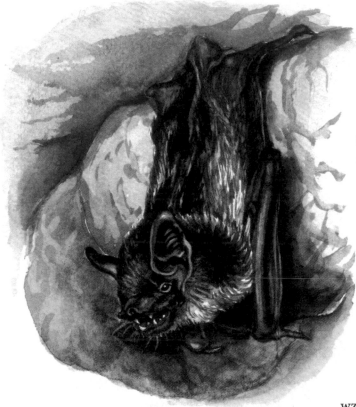

Kiedy robi się ciepło, nad naszymi głowami wieczorami latają nietoperze. Myślę, że większość z nich to właśnie mroczki późne. Ten gatunek najbardziej jest związany z ludźmi, a raczej z ludzkimi siedzibami.

Zanim zajmiemy się tym, dlaczego mroczki późne tak lubią ludzi, warto wyjaśnić, skąd się wzięła ich nazwa. Otóż wcale nie wylatują na łowy późno, ale dość wcześnie, bo kiedy tylko zaczyna zapadać zmrok. Stąd pierwszy człon ich nazwy. Drugi natomiast wziął się stąd, że kiedyś ludzie znacznie wcześniej kładli się spać – nie było przecież elektryczności i nikt nie siedział w domu po ciemku. I choć teraz ludzie kładą się spać o wiele później, to nazwa mroczków została.

W dzień mroczki grupują się w koloniach, czyli takich nietoperzowych stadkach, gdzieś na strychach, pod pokryciami dachów lub w innych szparach budynków. Taka kolonia, w której może przebywać od kilkudziesięciu do kilkuset nietoperzy, nie składa się wyłącz-

MROCZEK PÓŹNY

WAGA
do 33 g

DŁUGOŚĆ CIAŁA
do 8 cm

ROZPIĘTOŚĆ SKRZYDEŁ
do 38 cm

nie z mroczków. Mogą im towarzyszyć nietoperze innych gatunków. O zmierzchu mroczki opuszczają kryjówki i wylatują na polowanie. Ich główny zmysł służący do określania położenia ofiary to echolokacja. Mroczek lata wolno, do 30 km na godzinę, i niezbyt wysoko, do 10 m nad ziemią. Emituje ultradźwięki, których echo pozwala mu zlokalizować w locie ćmy, muchówki i chrząszcze. Potrafi też zbierać z gałęzi, pni drzew i ścian budynków pająki oraz różne owadzie larwy. Wtedy posługuje się wzrokiem i zwykłym słuchem. Schwytane owady momentalnie zjada, choć zdarzało mi się widywać mroczki latające przez jakiś czas z bardzo dużymi chrząszczami w pyszczku.

Oczywiście zimą nie ma owadów i mroczki, podobnie jak inne nietoperze, muszą sobie poradzić z tym problemem. I radzą sobie, zapadając w stan zwany hibernacją. Polega to na tym, że temperatura ciała nietoperza staje się niemal identyczna z temperaturą otoczenia – normalnie waha się między 35 a 40 st. C, a w czasie hibernacji utrzymuje się w przedziale od 0 do 8 st. Naukowcy obliczyli, że przy takim spadku temperatury ciała liczba uderzeń serca nie przekracza kilkudziesięciu na minutę, podczas gdy u siedzącego spokojnie, ale nie hibernującego nietoperza liczba ta wynosi 400 na minutę, a u lecącego nawet 1000. Nic więc dziwnego, że w czasie hibernacji szybkość przemiany materii jest od 8 do 27 razy wolniejsza niż normalnie. Czyli może nie jeść całymi miesiącami i powolutku spalając zapasy tłuszczu, czekać na wiosnę. Oczywiście nie byle gdzie – nie mogą to być miejsca, w których temperatura jest niższa niż zero, bo mroczek by zamarzł. Zwierzęta wybierają na zimowanie piwnice, strychy i przewody wentylacyjne. Ponieważ takich miejsc nie brakuje, mroczki są jednymi z najpospolitszych naszych nietoperzy.

Warto wiedzieć

Mroczek w niewoli może żyć nawet do 19 lat. Samica rodzi w maju jedno, rzadziej dwa młode.

Zwierzaki
Wajraka

Woda mała i duża, czyli jeziora, stawy, rozlewiska i rzeki oraz morza

Bóbr

Castor fiber

BÓBR

WAGA
9-30 kg

DŁUGOŚĆ CIAŁA
od czubka nosa
do miejsca,
gdzie zaczyna
się ogon,
66-100 cm

DŁUGOŚĆ OGONA
22-34 cm

TYLNE STOPY
nawet 20 cm

Bobry uwielbiają drobne, świeże gałązki. Ale niestety nie potrafią się wspinać. Żeby się dobrać do smakołyka, muszą ściąć całe
drzewo.

To największe gryzonie mieszkające w naszym kraju. Niektóre ważą
nawet 30 kg! Nie tylko ich waga jest nietypowa dla gryzonia. Dziwny
jest też wygląd, a szczególnie ogon – spłaszczony i pokryty łuskami.
To ster bobra i napęd. Za napęd w wodzie służą też tylne kończyny,
których palce spięte są błoną pławną.

Bobry pływają z wynurzonym czubkiem głowy, aby móc bacznie obserwować okolicę i oddychać. Czasem nurkują, ale zwykle tylko przez parę minut. W wodzie są zwinne, na lądzie natomiast poruszają się bardzo niezdarnie, dlatego przebywanie na nim ograniczają do minimum. Z wody wychodzą tylko po to, by ściąć drzewo rosnące nieopodal – bo bobry bardzo lubią obgryzać świeże, cienkie gałązki, a takie znajdują się w koronie drzewa. Ponieważ ze względu na wagę trudno byłoby im wdrapywać się na wierzchołek, obgryzają wielkimi siekaczami pień dookoła, aż w końcu drzewo łamie się pod własnym ciężarem, a pyszne gałązki lądują w wodzie. Najbardziej smakują im osiki i wierzby.

Zdarza się, że w rzeczkach lub kanałach, w których mieszkają bobry, woda jest za płytka. To nie jest bezpieczne. Dlatego z gałęzi, mułu i trzciny bobry budują tamy – w ten sposób podnoszą poziom wody. Kiedy zostanie zalany większy obszar, łatwiej im transportować gałęzie. A poza tym woda zaleje wejścia do nor i domków, w których mieszkają bobrze rodzinki. A głównie o to im chodzi. Bobrowe domki nazywa się żeremiami. To takie olbrzymie kopce z mułu, sitowia i gałązek, z komorą mieszkalną w środku. Wejście znajduje się zawsze pod wodą, a mieszkanie jest zawsze powyżej jej poziomu. Żeby tam wejść, trzeba zanurkować. To tu mieszka bobrowa mama i tata oraz dzieci z ostatnich dwóch lat, czyli cała rodzinka, która może liczyć czasami nawet 12 zwierząt (w Polsce zwykle około czterech).

Kiedy w maju lub czerwcu rodzą się młode bobry i w mieszkanku robi się ciasno, najstarsze rodzeństwo wyrusza na poszukiwanie nowego miejsca do założenia żeremi.

Warto wiedzieć

W Polsce mieszka 21 tys. bobrów. Choć jeszcze niedawno były zagrożone wyginięciem, dzięki ochronie rozmnożyły się tak, że można je spotkać nawet w pobliżu dużych miast. Najlepiej obserwować je zaraz po zachodzie albo wschodzie słońca. Trzeba tylko uważać, żeby się nie poruszyć, bo to bardzo płochliwe zwierzaki.

Ciernik

Gasterosteus aculeatus

Każdy myśli, że tylko ptaki wiją gniazdka, ale tak nie jest. Najprawdziwsze gniazdka potrafią też robić niektóre ryby, choć mało kto by je o to posądzał. O, na przykład taki ciernik, który mieszka w prawie każdym stawku i rzeczce.

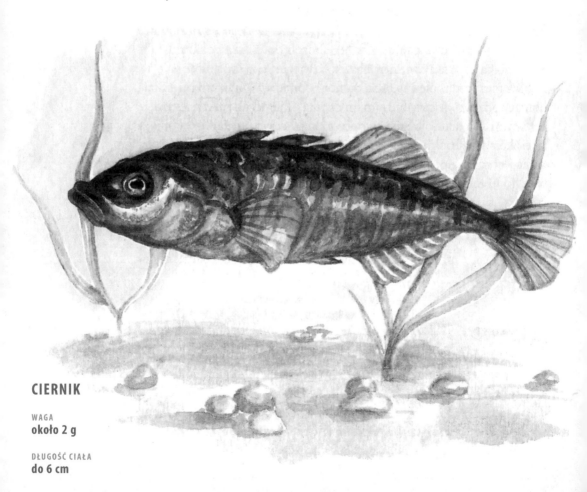

CIERNIK

WAGA
około 2 g

DŁUGOŚĆ CIAŁA
do 6 cm

Maleńkie cierniki to niezwykle osobliwe rybki. Na grzbiecie mają kilka kolców (najczęściej trzy, ale mogą być równie dobrze dwa, cztery albo i pięć) i dwa przy płetwach piersiowych (to takie płetwy na brzuchu, tuż przy głowie). Kolce to obrona przed drapieżnikami. Mało kto jest w stanie go połknąć bez obawy, że się ostro pokłuje. Niektóre cierniki oprócz kolców mają jeszcze pancerze. Twarde kostne tarcze pokrywają albo całe ciało, albo zakrywają je tylko do połowy.

Od maja do sierpnia stalowoszare samczyki zaczynają się zabarwiać. Ciemnieją im płetwy, boki robią się niebieskozielone, a podbrzusze czerwienieje. Tak ubarwiony pan znajduje zaciszne miejsce, w którym z kawałeczków roślin wodnych zlepionych wydzieliną z nerek buduje gniazdko w kształcie kulki. No i zaprasza tam samiczki. W jednym gniazdku nawet kilka samiczek składa ikrę* (każda od 60 do 180 ziaren), a potem odpływają. Potomstwem zajmuje się tylko tata – nie opuszcza gniazda i wachluje ikrę płetwami, aby w gniazdku ciągle była świeża woda z dużą zawartością tlenu. Potem z równie wielką troską zajmuje się świeżo wyklutymi larwami, które jeszcze cierników nie przypominają. Oczywiście cały czas uważa, by nikt nie zjadł potomstwa, i kiedy do gniazdka zbliża się drapieżnik, pan ciernik bardzo dzielnie stroszy kolce.

Warto wiedzieć

*Największy ciernik, jakiego widziano, miał 10 cm, a najcięższy 4 g. Ale zazwyczaj cierniki mierzą najwyżej 6 cm i ważą około 2 g. Żyją nie dłużej niż trzy lata. W Polsce mieszka również cierniczek (Pungitius pungitius), nieco mniejsza wersja ciernika. Ma znacznie więcej kolców, ale jego ciała nie okrywają tarczki kostne. Cierniczki i cierniki mają bardzo podobne zwyczaje. Obydwa gatunki odżywiają się drobnymi żyjątkami wodnymi. Dość często zjadają ikrę i narybek** innych ryb.*

Różanka

Rhodeus sericeus amarus

Jest taka rybka, która za nic w świecie nie może żyć bez towarzystwa małży. Ale wcale małży nie zjada – potrzebuje ich tylko dla swoich dzieci.

Wyobraźcie sobie maleńkiego karpia, tylko nieco smuklejszego, pokrytego drobniuteńką łuską – tak można w skrócie opisać różankę. To prawdziwe maleństwo wśród ryb karpiowatych. Różankę możecie spotkać niemal w każdym jeziorze czy rzeczce, pod warunkiem że woda jest tam w miarę czysta i że są tam małże. Przez niemal cały rok żyjące w małych grupkach różanki nie zwracają uwagi na te mięczaki, bo nie żywią się nimi. Wolą skubać glony albo – co zdarza się rzadziej – połykać maleńkie żyjątka wodne. Dopiero w kwietniu, kiedy robi się cieplej, zaczynają przyglądać się małżom z coraz większą uwagą.

Wtedy też można zaobserwować, że rybki zmieniają swój wygląd. Samczyki z ciemnoszarych stają się bajecznie kolorowe. Brzuszek robi im się pomarańczowy, boki ciała ciemnoniebieskie, płetwa na grzbiecie czerwienieje, a smuga na bokach ciała zielenieje. Samiczki nie zmieniają barwy i pozostają szarawe, za to w okolicach brzuszka wyrasta im dość długa rurka. Będzie im bardzo potrzebna – za jej pomocą złożą jaja. Ale nie zrobią tego byle gdzie, tylko w otworze skrzelowym małża. W jednym otworze mieści się najwyżej 20 jaj, a samiczka składa ich około stu. Dlatego potrzebuje kilku małży. Taka strategia bardzo się opłaca, bo wnętrze małża okrytego muszlą jest bardzo bezpieczne – w nim ani ikrze, ani młodym nie grozi żadne niebezpieczeństwo. Może dlatego samica różanki składa tylko około stu jaj, podczas gdy karaś – również ryba karpiowata – musi złożyć ich nawet 400 tys. Larwy różanki opuszczają schronienie, gdy mają ponad 1 cm długości.

RÓŻANKA

DŁUGOŚĆ CIAŁA
8-9 cm

Węgorz

Anguilla anguilla

WĘGORZ

WAGA
do 1,5 kg

DŁUGOŚĆ CIAŁA
samice do 1 m,
samce do 40 cm

Nie tylko ptaki wędrują. Ryby też. Takim rybim wędrowcem pokonującym tysiące kilometrów jest węgorz.

Chyba każdy wie, jak wygląda ta ryba. Zresztą węgorz nie przypomina zwykłych ryb – jest długi niczym wąż. Jego ciało pokryte jest śluzem, a łusek ma naprawdę niewiele. Trzeba mu się dobrze przyjrzeć, żeby zobaczyć płetwy – całkiem duże są te piersiowe, natomiast płetwa grzbietowa jest połączona z ogonową i brzuszną. Te połączone płetwy opasują ciało ryby wąskim paseczkiem od grzbietu aż po brzuch. Węgorze mieszkają przy dnie i na ogół mają barwę mułu, a ich grzbiet jest prawie czarny. Tylko brzuch mają jasny. Oczywiście, ich ubarwienie zależy od środowiska, w jakim żyją. Dlatego zdarzają się węgorze brązowawe, a nawet oliwkowozielone.

Węgorze są rybami ciepłolubnymi, co oznacza, że gdy jest zimno, nie jedzą. Zaczynają polować dopiero wtedy, gdy temperatura wody przekroczy osiem stopni. Polują na różne małe zwierzątka: skorupiaki lub larwy owadów. Bardzo lubią podjadać raki oraz ryby, oczywiście pod warunkiem, że są małe.

Ale najciekawsze jest to, że węgorze to prawdziwi podróżnicy. Po sześciu-ośmiu latach spędzonych w jeziorach lub rzekach Europy i osiągnięciu odpowiedniej wagi zaczynają wędrówkę do Morza Bałtyckiego. Potem przez Cieśniny Duńskie do Atlantyku i niemal prosto na zachód do wybrzeży Ameryki do Morza Sargassowego. W czasie całej tej wędrówki węgorze nie jedzą nic. Zużywają wtedy zapasy wcześniej nagromadzonego tłuszczu.

W Morzu Sargassowym na bardzo dużych głębokościach (czasami do kilku tysięcy metrów!) zaczynają składać jaja. Całe masy jaj. Jedna samica może ich złożyć nawet 90 mln. To bardzo dużo, ale składają tyle jaj tylko raz w życiu. Niestety, potem umierają. Z jaj wykluwają się larwy, które bardzo się różnią od dorosłych ryb – w pewnym stadium rozwoju wyglądają jak przezroczysty wierzbowy listek z małą główką. Nie są wcale podobne do swoich rodziców. Larwy wędrują powoli do brzegów Europy i tam zaczynają przypominać małe, obłe, przezroczyste wężyki. Dopiero kiedy wpłyną do wód słodkich, przybierają postać małych węgorzy.

Warto wiedzieć

Larwy węgorzy z Morza Sargassowego mają po wykluciu z jaj kilka milimetrów. Kiedy przybierają postać listkowatą, ich długość waha się od 2,5 do 5 cm.

Iglicznia

Syngnathus typhle

Słowo daję, całe lata byłem przekonany, że w Bałtyku nie żyje nic poza śledziami. A to wcale nieprawda. W tym niby-nieciekawym morzu pławi się mnóstwo różnych zupełnie nieprawdopodobnych stworów – jednym z nich jest iglicznia.

Na pewno widzieliście kiedyś w telewizji filmy o morskim podwodnym świecie. W tych filmach występowały też śmieszne ryby, które przez to, że mają ryjek przypominający koński pyszczek oraz że w ogóle wyglądają niczym konik szachowy, są nazywane konikami morskimi. Oczywiście koników morskich u nas nie ma, za to żyje coś, co jest z nimi blisko spokrewnione. To właśnie iglicznie. Poznać je bardzo łatwo właśnie po ryjku przypominającym rurkę, który jest wypisz wymaluj jak u koników morskich. Ciało iglicznia jest wężowate, a nie pogięte jak u konika morskiego. Nazwa tej ryby wzięła się od igły – bo jest tak samo długa i cienka.

Zastanawiacie się, dlaczego akurat ta ryba ma taki kształt? Odpowiedź jest bardzo prosta. Otóż kształt iglicznia umożliwia jej znakomite zlewanie się z roślinnością morską. Iglicznia po prostu wygląda jak jakaś łodyga. Potrafi też dostosowywać swój kolor do koloru roślin, w czym bardzo przypomina kameleona. Po co jej to? Otóż ta rybka bardzo wolno pływa. Jej główny napęd stanowią płetwy piersiowe oraz grzbietowa, które falując, powoli posuwają iglicznię do przodu. Taki napęd nie daje wielkich prędkości i ucieczka przed drapieżnikiem wcale nie jest łatwa.

Najciekawszy u iglicznia jest sposób rozmnażania się. To samiec przechodzi coś, co można nazwać ciążą. Samiczka (znacznie mniejsza od samca) składa samcowi jajeczka do specjalnej torby utworzonej z fałdów skórnych. Nie jest to nic wyjątkowego. U bardzo wielu zwierząt o los potomstwa troszczą się właśnie samce. Samiczka, produkując jajeczka, ponosi wielki wydatek energetyczny i materiałowy, więc samiec przejmuje opiekę. Po kilku tygodniach od złożenia jaj z torby wydobywają się 3-4 centymetrowe młode iglicznie.

Niestety, ta niezwykle ciekawa rybka znika w zastraszającym tempie. Pamiętam jeszcze z dzieciństwa, że wchodząc po kolana do wody, można było zobaczyć wolno poruszające się długaśne ryby z pękatymi brzuszkami – to właśnie były te samce „w ciąży". Dziś ich prawie nie ma. Naukowcy zastanawiają się, co może być przyczyną ginięcia igliczni. Coraz częściej dochodzą do wniosku, że przez zanieczyszczenia i stosowanie sieci szorujących o dno zginęły podwodne lasy. Nie ma roślinności i igliczna nie może się nigdzie schować. Dlatego coraz częściej mówi się o tym, aby podwodne lasy zacząć z powrotem sadzić, a z tych, które ocalały, utworzyć podmorskie rezerwaty.

IGLICZNIA

DŁUGOŚĆ CIAŁA
do 30 cm

Warto wiedzieć

Kiedyś igliczna występowała masowo m.in. w Zatoce Puckiej.

Mewa srebrzysta

Larus argentatus

MEWA SREBRZYSTA

DŁUGOŚĆ CIAŁA
60 cm

ROZPIĘTOŚĆ
SKRZYDEŁ
140 cm

Piszę wam o różnych stworach, które bardzo trudno zobaczyć, więc teraz napiszę o ptaku, którego zobaczyć bardzo łatwo – wystarczy wybrać się nad morze, a czasami nawet bliżej.

Chodzi o mewę srebrzystą. Wielgachną mewę, którą trudno pomylić z jakąkolwiek inną. Rozpoznać ją łatwo po popielatych skrzydłach z biało-czarnymi końcówkami, żółtym dziobie z czerwoną kropeczką oraz, co bardzo ważne, różowych łapkach. Te różowe łapki to ważny szczegół różniący naszą pospolitą mewę srebrzystą od dość rzadkiej żółtonogiej. Oczywiście nie każda mewa srebrzysta wygląda tak, jak opisałem. Młode mewy srebrzyste nie mają ani popielatych, srebrzystych skrzydeł, ani żółtego dzioba. Ich dziób jest czarny, albo może raczej ciemnobrązowy, a same są pstrokate i dopiero w trzecim roku życia zaczynają przypominać dorosłe.

Skoro już mowa o młodych i o dziobie, warto, abym wspomniał o jednej przygodzie. Kiedyś trafił do mnie pisklak mewy srebrzystej. Był bardzo miły, tylko miałem z nim sporo kłopotów. Otóż bardzo kiepsko jadł. Zastanawiałem się, czy jest chory, czy może jedzenie niedobre. I zupełnie nie miałem pomysłu, co zrobić. Szukałem informacji na temat pokarmu, bo byłem przekonany, że mój pisklak po prostu nie lubi tego, co mu daję. Ale okazało się, że mewy srebrzyste zjadają absolutnie wszystko: ryby, śmieci, jaja i pisklęta innych ptaków, szczury i myszy, nie gardzą padliną i pokarmem roślinnym. Potrafią wytrwale towarzyszyć rybackim kutrom w oczekiwaniu na odpadki. Zjadają wszystko, co da się połknąć, a połknąć mogą nawet kawał jedzenia wielkości pięści. Co więc było nie w porządku z moim pisklakiem? Na szczęście w końcu wyczytałem, że to nie jest problem żywieniowy, tylko psychologiczny. Otóż mewa srebrzysta oraz wiele innych mew mają czerwoną kropeczkę na żółtym dziobie. I to jest dla pisklaka sygnał, że oto mama z pokarmem zaprasza na obiad. Cóż było robić. Z tektury zrobiłem sobie taki żółty dziób z czerwoną kropką, no i jak tylko pisklak zobaczył, że coś takiego jest blisko niego, zaczął jeść jak szalony.

W naturze pisklakami, których zwykle jest od dwóch do trzech, opiekują się oboje rodzice. Mewy srebrzyste łączą się w pary na całe życie. Co roku ta sama samica zakłada rodzinę z tym samym samcem. Napiszę wam jeszcze o gniazdach, które są po prostu kupą jakiegoś ziela i śmieci z zagłębieniem na jaja. Dawno temu mewy zakładały je na skałach i wysepkach. Zwykle tworzyły kolonie i nadal je tworzą, bo tak żyje się zawsze bezpieczniej. Ponieważ mewy, które są szalenie inteligentnymi ptakami, zorientowały się, że najlepszym dostarczycielem pokarmu jest człowiek, w końcu największy producent śmieci na świecie, postanowiły się z nim związać. No i jak grzyby po deszczu zaczęły wyrastać mewie kolonie na budynkach w nadmorskich miastach.

Warto wiedzieć

Mewa srebrzysta może żyć nawet 20 lat, zwykle jednak średnia wieku wynosi kilkanaście lat.

Foka szara

Halichoerus grypus

FOKA SZARA

WAGA
**samiec 300 kg,
samica 180 kg**

C zasami warto się wybrać nad morze jesienią. Nawet jak jest brzydka pogoda. Na plażach nie ma wtedy ludzi, a jak nie ma ludzi, to jest szansa, że zobaczymy fokę.

Jeśli zobaczycie wylegującą się na plaży fokę szarą, najczęściej spotykaną przy naszych brzegach, to będziecie mogli mówić o bardzo dużym szczęściu. W całym Bałtyku mieszka około 20 tys. tych zwierząt. To bardzo mało, bo kiedyś, jeszcze sto lat temu, było ich tutaj aż 100 tys. Zapewne wtedy nawet u naszych wybrzeży żyły wielkie stada fok li-

Samce fok szarych mają bardzo dziwne pyski nieco przypominające końskie. Poza foką szarą w Bałtyku mieszka też foka pospolita (Phoca vitulina) oraz maleńka foka obrączkowana (Phoca hispida).

czące po kilkaset sztuk. Dziś takie stada można zobaczyć bardzo rzadko, i tylko w Estonii lub Finlandii. A to wszystko dlatego, że foki zaczęto zabijać, gdyż uważano je za szkodniki podbierające ryby. Ludzie uważali, że wszystko należy wyłącznie do nich, i nie mogli zrozumieć, że znacznie bardziej niż oni ryb potrzebują foki, które nie potrafią jeść nic innego. Potem w morzu pojawiły się różne chemikalia, które również zabijały foki, tylko znacznie wolniej. Dopiero od niedawna mają się coraz lepiej, bo ani się na nie już nie poluje, ani się już tak nie zatruwa morza. Problem tylko w tym, że te lubiące spokój zwierzęta nie za bardzo mają się gdzie podziać, bo na plażach jest pełno ludzi, a przy naszych brzegach nie ma wielu wysepek. A foki, choć znakomicie pływają i potrafią zanurkować nawet na 20 minut bez nabierania powietrza, jednak co jakiś czas muszą wyjść na ląd. Bardzo lubią się wygrzewać na słońcu i przewracać z boku na bok. Poza tym gdzieś muszą rodzić młode. Maleńkie foki pokryte białym puszkiem przychodzą na świat w lutym lub marcu, najczęściej na maleńkich wysepkach albo na bardzo odludnych plażach. Z początku są zupełnie bezbronne, nie potrafią nawet pływać. Mierzą około metra i ważą 14 kg. Jednak każdego dnia przybierają na wadze nieco więcej niż 1,5 kg. Rosną szybko, bo mleko, które ssą, jest niezwykle pożywne – zawiera ponad 50 proc. tłuszczu (dla porównania krowie mleko, które my pijemy, ma trochę ponad 3 proc. tłuszczu). Po dwóch-trzech tygodniach małe foczki tracą białe futerko i zaczynają samodzielnie pływać.

Kormoran

Phalacrocorax carbo

Jeśli pojedziecie późną jesienią lub zimą nad morze i zobaczycie całkiem spore czarne ptaki o długich szyjach stojące sobie na falochronach z rozpostartymi skrzydłami, to będą to kormorany.

Kiedy byłem młodym chłopakiem (czyli jakieś 30 lat temu), bardzo trudno było zobaczyć kormorana. Do największych szczęściarzy należeli ci, którzy widzieli kolonię kormoranów, czyli miejsce, w którym zakładają one gniazda. Taka kolonia zwykle liczy dziesiątki, a nawet setki gniazd ułożonych z patyków, chrustu i sitowia na wysokich drzewach.

Teraz w Polsce mieszka całkiem sporo kormoranów. Sporo ich też u nas zimuje, szczególnie tam, gdzie nie zamarza woda. Dlaczego tak nagle ich przybyło, nie wie nikt. Niektórzy nawet mówią, że jest ich za dużo i należy do nich strzelać, bo wyjadają rybakom ryby. Ja tak nie uważam, bo człowiekowi chyba nic się nie stanie, jeśli zje nieco mniej ryb, za to kormoran na pewno nie może się przestawić na inny pokarm, np. żółty ser. Długi, haczykowato zakończony dziób tego ptaka nie nadaje się do niczego innego jak tylko do łapania ryb.

Zresztą kormoran musi się niemało natrudzić, żeby rybę złapać. Jak wiecie, ptaki łatwo unoszą się na wodzie – znakomicie pływają kaczki, mewy i rybitwy. Pewnie zauważyliście też, że jeśli się zanurzają, to tylko na chwilę. Dzieje się tak dlatego, że ich puch nie nasiąka wodą – jest

Warto wiedzieć

Kormoran zjada od 300 do 500 g ryb dziennie. Samica składa trzy-cztery bladoniebieskie jaja. Młode wykluwają się od końca kwietnia do czerwca. Opiekują się nimi oboje rodzice. Największa kolonia kormoranów w Polsce liczy około 11 tys. gniazd.

chroniony przez szczelną warstwę natłuszczonych piór. No i ten niena-
makający puch powoduje, że ptaki muszą się nieźle namachać skrzydłami i nogami, aby zanurkować. A kiedy przestają machać, wyskakują
na powierzchnię niby sucha gąbka albo korek.

Kormoran przybrał inną strategię. Jego skrzydła szybko nasiąkają wodą, dlatego łatwo
mu nurkować. Zwykle zanurza się na
głębokość 2-3 m, rekord wynosi podobno 9 m. Ale namakanie piór ma swoje
wady – ciężkiemu ptakowi trudniej po-
lecieć. Dlatego kormorany wiele czasu
muszą spędzać na suszeniu piór. Jeżeli
zobaczycie kiedyś wielkiego czarnego ptaka stojącego dość długo
z rozpostartymi skrzydłami,
będzie to niewątpliwie
suszący się kormoran.

KORMORAN

WAGA
do 3 kg

ROZPIĘTOŚĆ
SKRZYDEŁ
do 150 cm

Karp

Cyprinus carpio

KARP

WAGA
do 30 kg

DŁUGOŚĆ CIAŁA
do 1 m

Wszyscy zajadali się karpiami w czasie świąt. Nie mam nic przeciwko jedzeniu ich, ale myślę, że niezbyt ładnie jest kupować żywe ryby po to, by trzymać je w wannie. Przecież one bardzo się wtedy męczą.

Ja na szczęście nie mam tego problemu, bo jestem uczulony na karpie i ich nie jadam. Owszem, czasami kupuję je, ale mrożone, i zjada je moja oswojona wydra. Do karpia nie podchodzę więc jak do dania, ale raczej jak do bardzo ciekawej ryby. Mało kto o tym wie, ale karp, którego można dostać w każdym sklepie, nie jest polską rybą. Kiedyś, bardzo dawno temu, karpi w ogóle nie było w Europie Środkowej. Karpie, a właściwie ich dzicy przodkowie, mieszkały sobie w rzekach wpadających do mórz Czarnego, Egejskiego, Kaspijskiego i Aralskiego. Do nas karpie sprowadzono dopiero w XIII w. po to, żeby je hodować w stawach przyklasztornych, a później również szlacheckich.

Nie oznacza to, że karpie nie żyją na wolności. Dziki karp nazywa się sazan. Jest nieco smuklejszy od hodowlanego i cały pokryty łuską. Podobno są to niezwykle przebiegłe ryby i trudno je złapać. W hodowli bardzo rzadko spotyka się taką formę – dominują karpie nagie (czyli takie, które nie mają łusek) i karpie lustrzane (takie, które mają łuski tylko na grzbiecie i linię łusek po bokach). Wszystko dlatego, że ludzie są leniwi i wyhodowali sobie takie odmiany, które albo skrobie się z łuski bardzo szybko, albo nie skrobie się w ogóle.

Karpie jedzą właściwie wszystko: małe wodne żyjątka i rośliny, ale też ziarno i różne nasiona. Oczywiście jest to bardzo twardy pokarm, ale ryby radzą sobie za pomocą trzech rzędów zębów na spodzie gardła i bardzo twardej płytki, w których wszelkie nasiona mielone są niczym w żarnach.

Samice karpia potrafią składać olbrzymie ilości ikry. Oblicza się, że przeciętna pani karp składa od 100 do 200 tys. ziaren ikry na 1 kg ciała. Łatwo policzyć, że samica ważąca 5 kg może złożyć od pół miliona do miliona jajeczek.

Warto wiedzieć

Karp może żyć nawet 20 lat. Może też urosnąć do bardzo dużych rozmiarów.

Łabędź niemy

Cygnus olor

C o roku, gdy tylko złapie siarczysty mróz, na różnych stawach do lodu przymarzają łabędzie. Część ginie, zanim ktokolwiek zdoła im pomóc. Potem wszyscy się zastanawiają, jak to się stało, że takie mądre ptaki dały się zaskoczyć zimie.

Teoretycznie nasze łabędzie powinny opuszczać Polskę na zimę i lecieć na zachód Europy, gdzie pogoda jest łagodniejsza. Do niedawna zresztą tak te wielkie ptaki robiły i zobaczyć łabędzia zimą było u nas bardzo trudno. A teraz proszę – łabędzie można zobaczyć wszędzie, gdzie tylko jest kawałek wolnej od lodu wody. Są dwa powody takiej zmiany zwyczajów. Po pierwsze, mamy o wiele łagodniejsze zimy. Po drugie, ludzie tak lubią łabędzie, że gdy tylko je zobaczą, natychmiast ruszają do nich z chlebem i karmią, ile się da. Łabędziom bardzo się taka sytuacja podoba. Normalnie musiałyby się zanurzyć do połowy i głową osadzoną na długiej szyi szukać na dnie wodnych roślin i małych żyjątek. A kiedy ludzie je karmią, zamiast się zanurzać, mogą zbierać chleb z powierzchni wody.

Niestety, nawet w czasie bardzo lekkich zim zdarzają się przymrozki. Zwykle mróz przychodzi nocą, gdy łabędzie, niczego nie podejrzewając, śpią na wodzie. A kiedy się budzą, okazuje się, że przymarzły do lodu. Wtedy może im pomóc tylko człowiek.

Na szczęście takie tragiczne wypadki przydarzają się tylko niewielu łabędziom. Większość potrafi sobie zimą poradzić. Dlatego jest ich coraz więcej i można spotkać je niemal na każdym stawie lub jeziorze.

Kiedy nadejdzie wiosna, te wielkie ptaki zaczynają budować z kawałków trzciny i sitowia olbrzymie gniazda. Mogą mieć one nawet 2 m średnicy i pół metra wysokości. W kwietniu samica składa pięć-dziewięć jaj, z których po 35 dniach wysiadywania wykluwają się pisklęta. Młode niemal od razu wyłażą z gniazda, zaczynają pływać za rodzicami i samodzielnie zbierać pokarm. Choć rzeczywiście są szare, wca-

**ŁABĘDŹ
NIEMY**

WAGA
8-12 kg

ROZPIĘTOŚĆ
SKRZYDEŁ
około 235 cm

le nie są brzydkie i w niczym nie przypominają brzydkiego kaczątka. Uwaga! Samiec łabędzia potrafi być bardzo agresywny, gdy w pobliżu znajdują się młode lub gniazdo. Może swym silnym dziobem i skrzydłami zaatakować nawet człowieka.

Warto wiedzieć

Łabędź niemy jest najcięższym polskim ptakiem latającym. Samce mogą ważyć nawet ponad 10 kg. Samice są mniejsze. Jaja łabędzia są największymi jajami, jakie znoszą polskie ptaki, i mogą ważyć ponad 300 g.

Piżmak

Ondatra zibethicus

Piżmaki, dość spore gryzonie, można spotkać niemal wszędzie. Może to wyda się wam dziwne, ale to zwierzę nie pochodzi z Europy. Tak naprawdę piżmaki są Amerykanami. Ponieważ mają bardzo ładne futerko, zostały na początku wieku sprowadzone do Czech, gdzie je hodowano. Ale piżmakom niezbyt podobało się w hodowli, dlatego stamtąd zwiały i zawojowały całą Europę. Dość dawno, bo w 1925 roku, te małe zwierzątka dotarły do Polski i na dobre się u nas zadomowiły.

Piżmak troszkę przypomina skrzyżowanie szczura z bobrem, ale ani ze szczurem, ani z bobrem nie jest spokrewniony. Żyje sobie w naszych rzekach i jeziorach. Świetnie pływa, znakomicie nurkuje, a czasami robi specjalne domki niczym bóbr. Domki piżmaka przypominają kopce, które mogą mieć czasami nawet metr wysokości i metr średnicy. Piżmak buduje te małe piramidki z sitowia i po tym łatwo odróżnić jego domek od domków bobrów, które są budowane głównie z gałęzi. Zbudowanie takiego dużego domku wymaga od piżmaka nie lada nakładu pracy, bo samo zwierzątko jest dość malutkie. Piżmaki żywią się roślinami i ślimakami.

PIŻMAK

WAGA
do 2 kg

DŁUGOŚĆ CIAŁA
40 cm

Rzęsorek rzeczek

Neomys fodiens

Jakie znacie zwierzęta jadowite mieszkające w Polsce? Żmiję, osę, szerszenia i pszczołę. Myślicie, że to wszystkie? Wcale nie, mamy jeszcze jadowitego ssaka! To występujący niemal nad każdym stawem, jeziorkiem czy strumieniem rzęsorek rzeczek. Nie musicie się go jednak obawiać – jad znajdujący się w ślinie rzęsorków może zabić albo sparaliżować żabę, ale nie człowieka.

Taki zwierzaczek nie może zrobić człowiekowi krzywdy. Jednak dla małych wodnych stworzonek rzęsorek jest bardzo groźny. Ponieważ znakomicie pływa i nurkuje, udaje mu się łapać żaby, kijanki, wodne owady, a nawet małe rybki. Ofiary chwyta pod wodą i zjada na brzegu. Rzęsorek poluje i je niemal bez przerwy. W ciągu doby pochłania połowę tego, co waży. Samica rzęsorka, która karmi młode, musi jeść aż dwa razy więcej, niż wynosi jej waga. Bez jedzenia rzęsorki nie potrafią długo przetrwać. Po zaledwie pięciu godzinach głodowania te niewielkie zwierzaki umierają. Zresztą rzęsorki nie są długowieczne i żyją średnio około półtora roku.

W Polsce mieszka również rzęsorek mniejszy (*Neomys anomalus*), który – jak sama nazwa wskazuje – jest mniejszy od swego kuzyna.

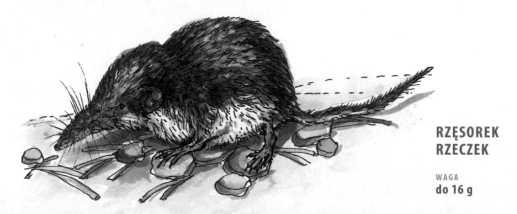

RZĘSOREK RZECZEK

WAGA
do 16 g

Morświn

Phocoena phocoena

Może kiedy będziecie nad naszym morzem i będziecie mieli naprawdę dużo szczęścia, to wśród fal zobaczycie ciemny grzbiet z niewielką płetwą. Nie wpadajcie w panikę, to żaden rekin czy inny potwór! To tylko morświn maleńki – kuzyn delfina.

Morświn od delfina znacznie się różni. Waży niewiele, bo najwyżej 60-70 kg. Ma najczęściej około 1,5 m długości. W przeciwieństwie do delfinów nie przepada za towarzystwem ludzi. Delfiny znakomicie się oswajają i można je trzymać w wielkich basenach zwanych delfinariami, a morświny nie lubią niewoli i bardzo szybko w niej umierają. Stada morświnów na ogół też nie są tak duże jak delfinów i liczą nie więcej niż kilka sztuk. No i najważniejsza różnica – te maleńkie ssaki morskie (bo morświn podobnie jak delfin to ssak) w przeciwieństwie do delfinów nie lubią wyskakiwać nad wodę. Jedyne, w czym morświn przypomina delfina, to dieta, bo też zjada ryby. Ale tak w ogóle to o morświnach wiadomo bardzo mało.

MORŚWIN

WAGA
60-70 kg

DŁUGOŚĆ CIAŁA
do 1,5 m

Zastanawiacie się, skąd te zwierzaki mają taką dziwną nazwę? Słowo „morświn" powstało oczywiście z połączenia słów „morska" i „świ-
nia". Kiedyś zwierzęta te zabijano dla tłuszczu, podobnie jak świnie.
Na szczęście teraz ich nikt nie łowi, a po tamtych smutnych czasach
została morświnom tylko nazwa.

Tracz nurogęś

Mergus merganser

N iby kuzynka kaczki, ale jakaś ta nurogęś taka niekaczkowata. A szczególnie niekaczkowaty jest jej dziób, który przypomina dziób jakiegoś drapieżnego ptaszyska.

Niedawno widziałem je, jak siedziały sobie na skraju kry na środku Wisły w centrum Warszawy. Łatwo było je zobaczyć, bo to całkiem duże ptaki mogące ważyć nawet do 2 kg, o długości ciała nawet do 80 cm.

Poznałem je od razu po rzucających się w oczy rudych głowach z charakterystycznymi czuprynkami. Samice i samce traczy poza okresem godowym mają rude głowy, a z tyłu czuprynki. Czuprynki samców nie są tak widoczne jak samic, ale to i tak nic nie szkodzi, bo samce już wkrótce zamieniają rude głowy na ciemnozielone, co oznacza, że czas miłości traczy powoli się zbliża. No i oczywiście nawet z daleka rzuca się w oczy dziób. Długi, cienki, zakończony haczykiem. Gdyby mu się przyjrzeć z bliska, okazałoby się, że są na nim nawet niewielkie ząbki. Ząbki oraz długi dziób zakończony haczykiem to znakomite narzędzia do polowania na ryby, bo właśnie nimi oraz innymi zwierzętami wodnymi tracze się żywią. Za tymi rybami potrafią nurkować na głębokość nawet kilku metrów.

Tracze mieszkają wszędzie tam, gdzie jest woda, a ja spotkałem pewnego tracza nawet nad morzem, ale o tym za chwilę.

Otóż tracze w przeciwieństwie do naszych wyobrażeń o tym, że kaczki zakładają gniazda na ziemi, na miejsce do wysiadywania jaj wybierają dziuple w wysokich drzewach, nory albo wykroty*. Kiedy byłem w Estonii na pewnej małej wysepce, na której nie rósł nawet krzaczek, obserwowałem samicę tracza wysiadującą jaja w starym autobusie.

Oczywiście najbezpieczniej czują się w dziuplach wysokich drzew. Pod koniec kwietnia w takich dziuplach samica składa nawet do 15 jaj. Po blisko miesiącu wykluwają się z nich młode, które nie pozostają

SŁOWNICZEK

* WYKROT
– wywrócone przez wiatr drzewo albo jama pod korzeniami takiego drzewa.

długo w dziupli. Po dwóch dniach dokonują skoku z drzewa, czasem nawet z wysokości kilkunastu metrów. Nic złego im się nie dzieje, bo chroni je puch. Tracząta wędrują za mamą do wody. Ojca nie znają, bo się nimi z zasady nie opiekuje. Matka pomaga im przystosować się do wodnego życia i kiedy są zmęczone, pozwala na to, aby wyłaziły z wody i podróżowały na jej grzbiecie.

TRACZ NUROGĘŚ

WAGA
do 2 kg

DŁUGOŚĆ CIAŁA
do 80 cm

Nur czarnoszyi

Gavia arctica

Choć wszystkie cztery gatunki nurów pojawiają się u nas rzadziej lub częściej w czasie wędrówek, to najczęstszym gościem jest nur czarnoszyi. Na dodatek ptak ten jeszcze kilkadziesiąt lat temu zakładał gniazda na północy Polski.

Tylko raz udało mi się zobaczyć nura czarnoszyjego nad Wisłą. Ptak ten pływał i co chwila nurkował. Robił to tak, jakby nie spra-

NUR CZARNOSZYI

WAGA
do 3 kg

DŁUGOŚĆ CIAŁA
do 73 cm

ROZPIĘTOŚĆ
SKRZYDEŁ
115 cm

wiało mu to żadnego problemu. Bo właśnie nury, w tym nur czarno-szyi, są najlepszymi nurkami ze wszystkich ptaków latających, a jeśli chodzi o ptaki w ogóle, to ustępują wyłącznie pingwinom. Wy może-cie je zobaczyć akurat zimą nad rzekami i nad morzem. Nur potrafi przepłynąć pod wodą nawet kilkaset metrów w linii prostej i cała ta operacja zajmuje mu nie więcej niż dwie minuty. Może też zejść na głębokość kilkudziesięciu metrów, co jak na ptaka jest niezłym wyczynem. Po co im to? – zapytacie. Otóż odpowiedź jest bardzo prosta. Nury polują na ryby i zwierzęta wodne, które potrafią dość szybko zwiewać. To polowanie umożliwia im ostry niczym harpun dziób. Oczywiście nury mają specjalną budowę umożliwiającą im takie osiągnięcia pod wodą. Przede wszystkim ich ciało jest długie i wrzecionowate, opływowe. Skrzydła są stosunkowo krótkie, nogi, i to jest najciekawsze, osadzone są – inaczej niż u innych ptaków – z tyłu ciała, a palce spięte błoną pławną. Nur poza tym, że znako-micie nurkuje, potrafi też świetnie latać. Co prawda nie jest to lot akrobaty, ale za to bardzo szybki. I teraz najważniejsze: to, że nury tak świetnie nurkują i pływają, odbyło się kosztem ich poruszania się po lądzie. Otóż tylne cofnięte nogi, które pod wodą działają niczym śruba łodzi podwodnej, nie są zbyt dobrą podporą do chodzenia po lądzie. Dlatego nury większość życia spędzają w wodzie, a na ląd wychodzą tylko po to, by założyć gniazdo i znieść jaja. Młode zaraz po wykluciu są ściągane przez rodziców na wodę.

Nur jest bardzo ciężkim ptakiem. Może ważyć nawet 3 kg, więc aby się poderwać do lotu, potrzebuje dość długiego rozbiegu. Na wodzie taki rozbieg, a raczej rozpędzenie się ptaka nie jest problemem. Na lą-dzie, gdy nur startuje z czegoś wysokiego, na przykład ze skalnej półki, też nie – po prostu nur skacze z niej i już jest w powietrzu. Natomiast nur, który znajdzie się na płaskim lądzie, jest bezradny. Takiego bez-radnego nura znalazł raz na szosie mój kolega. Szosę pokropił deszcz, błyszczała w świetle księżyca i nur widać pomyślał, że to rzeka. Jakie musiało być jego zdziwienie, gdy wylądował. Biedny ptak, nie mógł się za nic poderwać do lotu. Kolega pomyślał, że ptak jest chory. Dopiero w domu wyczytał gdzieś o problemach nurów ze startowaniem z lądu i zaniósł nura nad jeziorko. Z wody nur wystartował jak się patrzy.

Okoń

Perca fluviatilis

Kto widział okonia? Taką rybę z kolcem i z ciemnymi pasami? Na pewno widział każdy, choć mało kto wie, jaka ona jest ciekawa.

Okonie są bardzo pospolite. Pamiętam nawet pewne bajoro w Warszawie, z mostkiem. Wystarczyło na tym mostku trochę postać i popatrzyć w dół, by zobaczyć niewielkie zielonkawe rybki z ciemnymi pręgami. Gdy patrzyło się na nie z góry, wydawało się, że są cieniutkie. Ale to tylko wrażenie. Gdyby popatrzeć na nie z boku, to od razu widać, że ryba ta nie jest cienka, tylko ma na grzbiecie coś w rodzaju garbu. Jednak nie to jest najciekawsze. Jeśli przyjrzycie się okoniowi, od razu rzucą się wam w oczy jego pasy, a może, jak kto woli, ciemne pręgi. Ubarwienie powoduje, że bardzo rzuca się w oczy. Czy te pręgi nie przypominają wam innych zwierząt? Ależ oczywiście, przecież tak pręgowane są tygrysy! Co mają wspólnego pręgi tygrysie z pręgami okonia? Otóż bardzo dużo. Służą tym drapieżnikom do maskowania i ułatwiają im polowanie. Gdy tygrys idzie przez las, gdzie światło załamuje się wśród gałęzi, to jego kształt się rozmywa, nie jest taki wyraźny. Podobnie jest z okoniem, który również jest drapieżnikiem czatującym na swoje ofiary wśród roślin wodnych. Jego paszcza jest pełna zębów, co prawda bardzo małych, ale szalenie ostrych.

Okonie, które zwykle nie ważą więcej niż 2 kg (to rekord), polują na inne ryby. Ponieważ nie są zbyt duże, zwykle ich pokarmem jest rybia drobnica. Oczywiście nie od razu żywią się rybami. Z początku, gdy są małe, pożerają drobne wodne skorupiaki i owady. Tu jeszcze jedna ciekawa rzecz. Podobno okonie niczym wilki polują w stadzie. Stado tak długo goni rybę, aż się ona zmęczy. Nie przypomina wam to wilczej strategii?! I kolejna ciekawostka. Okonie, które nie mogą polować i jeść ryb, rosną tak powoli, że dopiero po wielu latach osiągają wagę zaledwie 100 g. Nie wierzycie? Sam widziałem na Białorusi takie okonie żyjące w jeziorach, w których nie ma innych ryb. Choć zdarzały się bardzo stare, były szalenie małe. Jedyną rybą, którą mogły tam zjeść, był po prostu inny okoń. Okoniom zdarza się zjadanie pobratymców. Zapewne dlatego ich płetwa grzbietowa zaopatrzona jest w ostry kolec. Dzięki niemu okoń może stanąć drapieżnikowi lub innemu okoniowi „okoniem w gardle".

OKOŃ

WAGA
do 2 kg

DŁUGOŚĆ CIAŁA
do 50 cm

Rybitwa popielata

Sterna paradisaea

**RYBITWA
POPIELATA**

WAGA
90-120 g

ROZPIĘTOŚĆ
SKRZYDEŁ
75 cm

Znam tego ptaka jak zły szeląg, ale nie z Polski, tylko z dalekiej Arktyki, gdzie rybitwy popielate tłukły mnie po głowie, ile wlezie. Pierwszego spotkania nigdy nie zapomnę. To było w czasie arktycznego lata, gdy słońce świeci 24 godziny na dobę, tuż przed polską bazą na Spitsbergenie. Poszedłem sobie na spacerek i niechcący trafiłem do kolonii rybitw popielatych. Nie zdążyłem się nawet do niej zbliżyć, kiedy mnie zaatakowały. Nie wiem, ile ich było, może kilka, a możc kilkadziesiąt. Te niewielkie, bardzo szybko latające i bardzo zwrotne ptaki nadlatywały ze wszystkich stron, wrzeszcząc przeraźliwie. Kiedy były nad moją biedną głową, pikowały i waliły mnie z całych sił dziobami, które nie dość, że twarde, to jeszcze ostre jak nie wiem co. Uciekłem jak niepyszny do bazy. I z jej okna zobaczyłem, że w sumie rybitwy potraktowały mnie bardzo łagodnie. Lisek polarny, który również trafił pod kolonię, licząc zapewne, że zdobędzie jakiegoś pisklaka albo jajeczko na śniadanie, nie tyle uciekał, ile po prostu był turlany przez atakujące z powietrza i walące w niego rybitwy. No cóż, trudno się dziwić tym ptakom, że tak akurat traktują potencjalne zagrożenie. Są przecież bardzo małe, a na dodatek teoretycznie ich gniazda, które są zaledwic niewielkim dołkiem na ziemi, bardzo łatwo byłoby obrabować, gdyby nie ta powietrzna obrona. Chociaż jaja, najczęściej dwa, są w tym dołku dość dobrze zamaskowane, to jednak wywąchać je dla lisa polarnego to żaden problem. Podobnie z pisklętami. Dlatego rybitwy popielate wymyśliły agresywny sposób na ochronę gniazda. Oczywiście byłby on zupełnie do niczego, gdyby nie to, że ptaki te nie zakładają gniazd samotnie, tylko w koloniach, w których może mieszkać nawet do tysiąca par. Chodzi o to, że kiedy rodzice z jednego gniazdka polują, to rodzice z innego pilnują. Ten system jest na tyle skuteczny, że wiele innych ptaków lęgnących się na ziemi bardzo lubi zakładać gniazda w pobliżu kolonii rybitw albo w samych koloniach. Kaczki i gęsi arktyczne, które nie są tak bojowe, korzystają z obrony rybitw. Oczywiście sprytni badacze ptaków wymyślili sposób na to, jak wejść do kolonii i nie zostać poranionym. Otóż wystarczy trzymać nad głową kijek. Rybitwy mają to do siebie, że atakują najwyższy punkt przeciwnika i zamiast w głowę walą w wystawiony nad nią patyk. Lisy oczywiście na to nie wpadną. Zastanawiacie się, dlaczego piszę wam o rybitwach z dalekiej Arktyki. Otóż czasami zakładają one gniazda na polskim wybrzeżu. A poza tym może zobaczycie je w trakcie wędrówki na zimowiska. One spośród wędrownych ptaków pokonują najdłuższą trasę. Otóż z Arktyki, czyli z północnego czubka ziemi, lecą na zimę na południe pod samą niemal Antarktydę. A to blisko 30 tys. km. Wiele z nich może się pojawić w Polsce.

Sum

Silurus glanis

Taaaka ryba – mówią czasem wędkarze. Jednak większość ryb, które się łapie w polskich rzekach i jeziorach, wcale nie jest olbrzymia. Ale kilka gatunków może osiągnąć monstrualne rozmiary. Na przykład sum. Otóż sumy mogą ważyć nawet do

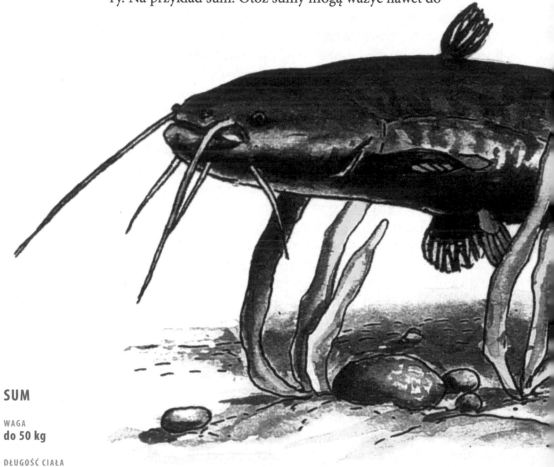

SUM

WAGA
do 50 kg

DŁUGOŚĆ CIAŁA
do 150 cm

50 kg i mieć do 150 cm długości! Oczywiście sum nie od razu jest taki duży. Żeby urosnąć do takich rozmiarów, potrzebuje około 15 lat. Ale zacznijmy całą historię od początku, czyli od złożenia przez samicę jajeczek. Samice najpierw na bardzo płytkiej wodzie wygniatają w roślinności coś w rodzaju gniazd. Na ich dnie składają od 40 do prawie 400 tys. jaj. Maleńkie sumiki rosną sobie powoli, bardzo wiele pada ofiarą innych drapieżnych ryb. No ale kiedy w końcu dorosną, mało która ryba może im zagrozić. Sum to największy drapieżnik żyjący w naszych wodach. Jego ofiarami są nie tylko ryby, czasami (choć rzadko) mogą być nimi ptaki wodne, np. kaczki. Sumy polują głównie nocą, i to tylko wtedy, gdy jest bardzo ciepło. Kiedy temperatura wody spada poniżej pięciu stopni, sumy przestają jeść i wpadają w odrętwicnie. Na koniec jeszcze jedna ważna rzecz. Sumy najłatwiej poznać po ich wąsach. Mają ich trzy pary, z czego jedna jest bardzo długa. Stąd zapewne wzięło się powiedzenie, że ktoś ma sumiaste wąsy.

Szczupak

Esox lucius

SZCZUPAK

WAGA
do 3 kg

DŁUGOŚĆ CIAŁA
do 1 m

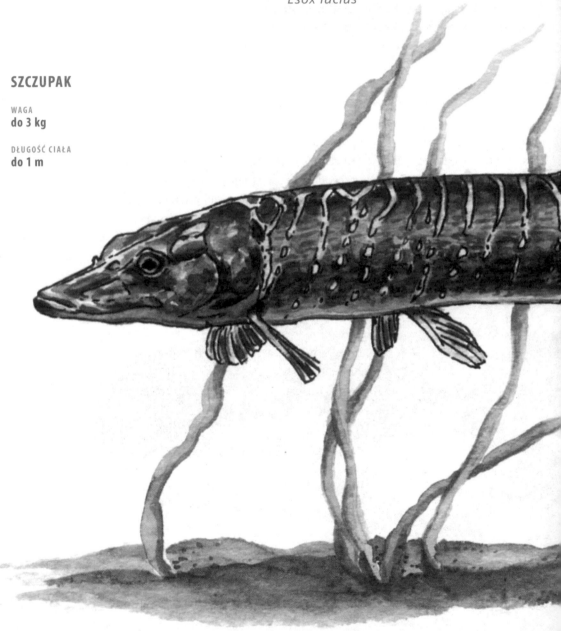

Jestem zafascynowany szczupakami. Kiedy byłem małym chłopcem, mój sąsiad pokazał mi szczupaka olbrzyma, którego złowił. Ryba była prawie tak duża jak ja.

Niektóre szczupaki mogą być naprawdę wielkie i mieć nawet ponad 1 m długości. Większość jednak nie dorasta do długości większej niż 60 cm i wagi około 3 kg. Wszystko przez to, że są bardzo często łowione. Tak, szczupak ma trudne życie. Kiedy jest mały, łatwo może paść ofiarą chociażby wydry. Sam widziałem, jak wydry polowały na małe szczupaki, które próbowały się ukryć w rzecznych roślinach. Szczupaki potrafią się tam znakomicie maskować dzięki oliwkowozielonkawej barwie grzbietu oraz jasnym cętkom, które sprawiają, że ryba ta staje się wśród roślin niemal niewidoczna. Ale i tak bardzo dużo małych szczupaczków ginie. Być może dlatego właśnie samice składają bardzo dużo jaj – nawet do 2 mln!

Szczupaki to drapieżniki. Na początku jednak młode ograniczają się do zjadania planktonu. Później zaczynają zjadać larwy innych ryb, np. płoci. Ale kiedy szczupak dorośnie, pożera wszystko, co zmieści mu się w paszczy. Atakuje swe ofiary z ukrycia i jego maskująca barwa bardzo mu się przydaje. Złapanej przez szczupaka rybie trudno się wyrwać z jego paszczy, która zaopatrzona jest w blisko 700 zagiętych zębów.

Piskorz

Misgurnus fossilis

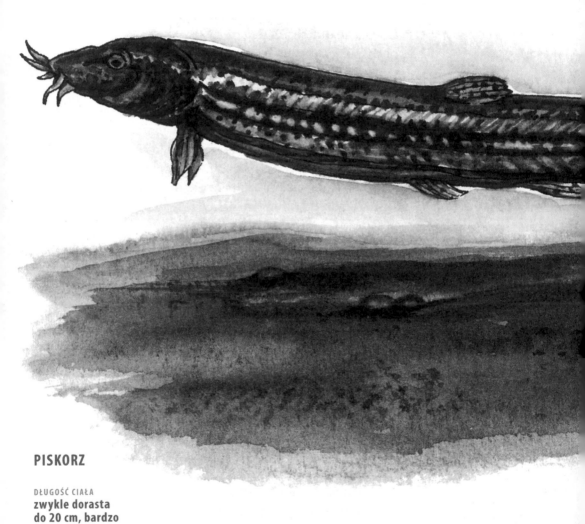

PISKORZ

DŁUGOŚĆ CIAŁA
**zwykle dorasta
do 20 cm, bardzo
rzadko do 30 cm**

To dopiero dziwna i skryta ryba. Kto z was widział piskorza? Ja widziałem tylko raz w życiu. Kiedy to nasza wydra Julek wyciągnęła takiego dziwoląga z rzeczki Łutowni.

Miałem wtedy okazję przyjrzeć się tej rybie. Piskorz wyglądał jak wąż. Miał około 20 cm długości i chyba był bardzo śliski i pokryty śluzem, bo wydra Julek miała spore kłopoty z jego utrzymaniem. Wił się przy tym niesamowicie i od razu się domyśliłem, skąd wzięło się powiedzenie „wije się jak piskorz". Inną jego charakterystyczną cechą poza wężowatym ciałem są maleńkie wąsiki okalające otwór gębowy.

W kąciku ust piskorze mają dwa najdłuższe wąsy, na górnej wardze cztery nieco krótsze i na dolnej cztery najkrótsze wąsiki. Jaka jest rola tych wąsów, dokładnie nie wiadomo, ale można się domyślić, że pomagają one rybie w wyszukiwaniu pokarmu w mule. Piskorz zjada zarówno larwy owadów, jak i szczątki roślin. Może żyć nawet w bardzo, bardzo zamulonych zbiornikach, w których brakuje tlenu i w których żadna z krajowych ryb by nie przeżyła. Piskorze jednak dają sobie radę, bo poza skrzelami, które umożliwiają im oddychanie tlenem rozpuszczonym w wodzie, mogą jeszcze ułatwiać sobie ten proces za pomocą układu pokarmowego. Otóż, kiedy brakuje tlenu, wypływają na powierzchnię, robią cmok i połykają powietrze. Powietrze wędruje do bardzo ukrwionego jelita i tam odbywa się wymiana gazów. To, co niepotrzebne, uchodzi odbytem. I stąd właśnie wzięła się nazwa „piskorz". Kiedy ludzie łapali te ryby i ściskali w rękach, uchodzące powietrze wydawało z siebie właśnie cichy pisk. I to jeszcze nie wszystko. Gdy ma nadciągnąć burza, piskorze momentalnie zaczynają niespokojnie pływać przy powierzchni wody. Dlatego taka ryba trzymana w akwarium może służyć za barometr.

Rybołów

Pandion haliaetus

Być może, jak wybierzecie się na jakieś jezioro, to zobaczycie olbrzymiego drapieżnego ptaka o skrzydłach zgiętych ku tyłowi. Można go też poznać po tym, że od spodu jest niemal biały i ma tylko dwie ciemne kropki na skrzydłach. Być może zobaczycie, jak to wielkie ptaszysko składa skrzydła i jak kamień leci w kierunku wody. Bach, i na ułamek sekundy znika pod wodą. To rybołów, ptak drapieżny, kuzyn orła, który – jak sama nazwa wskazuje – jest specjalistą w łowieniu ryb.

Rybołowy najłatwiej zobaczyć latem, gdy polują, aby wykarmić młode, oraz jesienią i wiosną, gdy przez Polskę przelatują ptaki z lub do Afryki, gdzie zimują.

Ptaki te szukają ryb, powoli szybując nad taflami jezior i rzek albo po prostu wisząc w jednym miejscu nad wodą i bardzo szybko wymachując skrzydłami. Muszą mieć znakomity wzrok, bo potrafią wypatrzyć rybę z olbrzymich odległości. Raz widziałem, jak rybołów zaatakował karpia znajdującego się przynajmniej pół kilometra od niego. Oczywiście, wzrok i nawet wiszenie niczym helikopter nad wodą nie wystarczą do złapania ryby. Jak wiadomo, ryby są szalenie śliskie i zwinne i potrafią wyślizgnąć się nawet z ręki. Tymczasem ryba, którą złapie rybołów, nie ma szans na ucieczkę. Jak to się dzieje, że rybołów, który ma cztery palce u jednej łapy, potrafi chwycić rybę lepiej niż my, którzy mamy aż pięć paluchów? Odpowiedź jest bardzo prosta. Palce rybołowa usytuowane są tak, że dwa chwytają rybę z przodu, a dwa z tyłu. Taka łapa działa niczym kleszcze. Poza tym ptak ma niesłychanie ostre, półkoliście wygięte szpony, które momentalnie zatapiają się w ciele ofiary, a jakby tego było mało, na palcach są rogowe włoski, bardzo twarde, które zapobiegają ślizganiu się ryby.

RYBOŁÓW

WAGA
do 1,5 kg

ROZPIĘTOŚĆ
SKRZYDEŁ
około 1,6 m

Minóg rzeczny

Lampetra fluviatilis

Kiedyś strasz" \
nie się obu- \
rzyłem na pewnego \
mojego kolegę, któ- \
ry pisał w „Gazecie \
Wyborczej" o swych \
wycieczkach kulinar- \
nych po różnych restau- \
racjach. Wszystko dlate- \
go, że kolega ten napisał, \
że zajadał się minogami. \
– Jak mogłeś – wyrzu- \
całem mu – przecież \
minogi wszystkich \
czterech gatunków ży- \
jących w naszych wo- \
dach są zagrożone wygi- \
nięciem!

Kolega przeprosił i powiedział, że już nigdy tego nie będzie robił, po czym bardzo rezolutnie dodał: – Zaraz, jakim wyginięciem? Przecież mój ojciec i dziadek zawsze mówili, że minogi, owszem, to jedzenie bardzo smaczne, ale dość tanie i dla ubogich. To chyba, jak one są tanie, to jest ich dużo i nie są ginące?

– Otóż nie. Kiedyś rzeczywiście były bardzo tanie i było ich dużo – odpowiedziałem.

Dawno temu minogów łowiono setki, a nawet tysiące ton. Oczywiście chodzi o minoga strumieniowego i rzecznego, bo minóg morski i ukraiński od niepamiętnych czasów należały do rzadkości. Ale o tym, co sprawiło, że minogów, których kiedyś

MINÓG RZECZNY

DŁUGOŚĆ CIAŁA \
40-50 cm

było dużo, nagle zaczęło brakować, za chwileczkę. Najpierw opowiem wam, co to za stwór ten minóg. Oczywiście, że ci, którzy chodzą do starszych klas, coś o nim wiedzą. Wszyscy wiedzą, że minóg jest takim stworzeniem, co ma strunę grzbietową zamiast kręgosłupa. Co prawda my też mamy strunę, ale tylko wtedy, gdy jesteśmy bardzo mali w brzuchu u mamy, bo potem zamienia się ona w kręgosłup, ale zarówno my, jak i minóg dzięki tej strunie nazywani jesteśmy przez biologów strunowcami. Może jeszcze wszyscy wiedzą, że minóg to zwierzak wodny. Ale mało kto wie, jak ciekawe jest to zwierzę. Otóż minogi prowadzą pasożytniczy tryb życia. Dzięki przyssawkom przysysają się do swych ofiar, głównie ryb (minóg morski, który jest bardzo duży, atakuje podobno nawet wieloryby), i powoli się w nie wgryzają, wysysając przy okazji krew. Nie jest to oczywiście najprzyjemniejszy sposób odżywiania. Minogi jednak nie przez całe życie się wgryzają. Ich larwy przez długi czas żywią się organicznymi odpadkami zalegającymi na dnie rzek. Co ciekawe, życie minogów w postaci dorosłej nie jest zbyt długie. Larwy po czterech-pięciu latach spędzonych w rzekach spływają do morza. Dzieje się to w lipcu lub sierpniu. Potem, wiosną, jako dorosłe wracają do rzek, aby odbyć tarło. Kiedy już samica złoży ikrę – nawet do 40 tys. ziaren – ona i jej partner giną po kilku tygodniach.

Zapewne zastanawiacie się, skąd się wzięła dziwna nazwa tego dziwnego zwierzaka. Wcale nie od słowa „noga". Otóż kiedyś na minogi mówiono ninogi, a wzięło się to z jakiejś starej odmiany niemieckiego, w której ninogą nazywano tego, który ma dziewięcioro oczu. Chodziło o to, że otwory skrzelowe minoga są okrągłe i bardzo przypominają oczy. No i na koniec: dlaczego minogi wyginęły? Po prostu wybiły je zanieczyszczenia i regulacja rzek, która uniemożliwiła im wędrówki. Trochę szkoda.

W Polsce szalenie rzadko można spotkać minoga morskiego, który może mieć nawet metr, minoga strumieniowego – długość do 20 cm, oraz minoga rzecznego – długość do 40 cm. Właśnie ten gatunek był kiedyś najbardziej rozpowszechniony. Bardzo rzadki jest minóg ukraiński.

Jaskółka brzegówka

Riparia riparia

Mój holenderski przyjaciel, gdy bawiłem u niego z gościną, z dumą pokazywał mi wielką betonową ścianę z masą okrągłych otworów, która trochę przypominała blok mieszkalny. – To nasza kolonia jaskółek brzegówek – mówił przejęty.

Byłem zdziwiony, bo owszem, znam jaskółki brzegówki, ale one przecież nie mieszkają w betonowych ścianach, tylko w piaszczystych skarpach. Te śmieszne jaskółki o bardzo wyraźnym brązowym pasku na piersi i upierzeniu znacznie jaśniejszym niż u innych jaskółek bardzo łatwo poznać. Po pierwsze, ich ogonek nie jest aż tak bardzo wcięty i rozwidlony jak u innych jaskółek, a po drugie, mało która jaskółka jest aż tak bardzo towarzyska. Brzegówki mieszkają w koloniach, w których może żyć kilkadziesiąt, a nawet kilkaset jaskółczych rodzin.

Zastanawiacie się, skąd nazwa „brzegówka"? Otóż wzięła się stąd, że te niewielkie ptaszki dość często zakładają gniazda nad brzegami rzek. A dokładniej – w różnych piaszczystych lub żwirowych skarpach, które najczęściej można znaleźć nad brzegami rzek. Jaskółki te są niezwykle wytrwałymi kopaczami. I choć same są niewielkie, mogą wykopywać w skarpach tunele o długości pół, a nawet półtora metra. Na ich końcu umieszczone jest gniazdo usłane źdźbłami traw, puchem i piórami, które ptaki chwytają w locie. Jaskółki kopią w rzecznych skarpach, ale też wcale nie przeszkadza im, gdy skarpa jest z dala od wody, na przykład w jakiejś starej żwirowni. Jest tylko jeden warunek – teren wokoło powinien być otwarty, żeby mogły sobie na nim łapać owady.

Brzegówki przylatują do nas pod koniec kwietnia i od razu biorą się do kopania albo poprawiania starych zasypanych tuneli. Najbardziej podobają im się skarpy pełne otworów, które usadowione są jedne przy drugich i dlatego przypominają ser szwajcarski. Oczywiście na pierwszy rzut oka może się wydawać, że otwory wykopane są bez ładu i składu. Ale tak nie jest. Wśród tuneli panuje porządek. Otwory umieszczone w środku kolonii należą do najstarszych i najbardziej doświadczonych jaskółek, które stoją najwyżej w ptasiej hierarchii. Na brzegach kolonii swoje norki kopią jaskółki młode.

Wydawałoby się, że życie w takich tunelach jest arcybezpieczne. Ale tak wcale nie jest. Piasek zasypuje dość często tunele lub rzeka podmywa skarpę i część kolonii ginie. Jaskółki brzegówki są jednak na to przygotowane i gdy w takiej katastrofie budowlanej stracą jaja lub pisklęta, bardzo szybko odbudowują gniazdo i przystępują jeszcze raz do lęgów. Być może również ze względu na te katastrofy młode wykluwają się z jaj już po 16-22 dniach, a wylatują z gniazd po kolejnych dwóch, trzech tygodniach. Pomimo to jaskółki są bardzo przywiązane do swych norek i nawet po sezonie lęgowym dość często w nich nocują.

A teraz jeszcze wam napiszę o tej dziwnej ścianie w Holandii. Otóż tam ludzie muszą budować takie betonowe skarpy, bo naturalnych już nie ma za wiele. Dlaczego? Otóż Holendrzy wyregulowali wszystkie rzeki i rzeczki, woda nie podmywa brzegów i skarpy się nie tworzą. Dlatego brzegówki w całej Europie są coraz rzadsze. U nas jest to jeszcze dość pospolity ptaszek, ale nie wiadomo, jak długo tak będzie.

JASKÓŁKA BRZEGÓWKA

WAGA
14 g

DŁUGOŚĆ CIAŁA
13 cm

ROZPIĘTOŚĆ SKRZYDEŁ
28 cm

Lodówka

Clangula hyemalis

O czywiście nie oszalałem i nie zacznę opisywać sprzętów domowych. To nie będzie wcale opowieść o miejscu, w którym trzyma się żywność, tylko o pewnej kaczce.

Kaczki tej nie zobaczycie ani latem, ani wiosną, tylko zimą. A warto ją spotkać, bo choć pochodzi z Dalekiej Północy, to jest to chyba najładniej upierzona kaczka, jaką zobaczycie w życiu. Samiec lodówki ma biało-szaro-brunatne upierzenie, ale układa się ono w bardzo gustowny deseń. Najśmieszniejsze i najładniejsze są brązowe plamy na białej jak śnieg głowie. Tu warto zwrócić uwagę, że przewaga białego koloru u tych ptaków występuje tylko zimą. Gdybyście zobaczyli lodówki w ich ojczyźnie, czyli daleko w tundrze, to kolor biały byłby zastąpiony przez szary i brązowy. Do tego dziobek samców ma charakterystyczny pomarańczowy lub różowy paseczek. Ale nie to najbardziej rzuca się w oczy. Gdy tylko dostrzeżecie lodówki, zobaczycie, że część z nich ma bardzo długi, sterczący pod kątem do góry, przypominający szpikulec ogon. To samce. Samiczki, które kręcą się obok, mają ogonek dość krótki.

Lodówki są najczęściej spotykanymi w tundrze kaczkami. Zamieszkują północne jeziora i rzeki, a zimą, gdy te zamarzają, lecą na zachód i południe, najczęściej na otwarte morze, bo tam woda jest wolna od lodu. Zresztą wystarczy im, że tylko część akwenu jest otwarta. Pływające po morzu kry, na które mogą zawsze sobie wyjść i na nich odpocząć, wcale im nie przeszkadzają. Lodówki tysiącami pływają sobie po naszym morzu, nic sobie nie robiąc z pogody. Co więcej, bez kłopotu nurkują w wodzie, a że są w tym mistrzami, potrafią zejść w poszukiwaniu morskich żyjątek i roślin nawet na głębokość 60 m i nie wynurzać się przez minutę.

Być może właśnie z lodem i jego pojawieniem się na morzu oraz nadejściem chłodów wiąże się polska nazwa tego ptaka. Ale takie pływanie po morzu zimą, i to po morzu, po którym pływa masa statków, wcale nie jest zbyt bezpieczne. Otóż ptaki te są jedną z najczęstszych ofiar tzw. zarazy olejowej, która nie jest żadną chorobą zakaźną, tylko po prostu polega na zabrudzeniu upierzenia olejami i ropą wyciekającą z niektórych statków. Ten olej skleja pióra i puch i powoduje, że przestają one być znakomitą izolacją przed zimnem. Naukowcy obliczyli, że zabrudzona olejem kaczka przy plus 15 stopniach musi zużyć tyle samo energii do ogrzania ciała co kaczka niezabrudzona przy minus 20. Nic więc dziwnego, że wystarczy nawet mała plamka oleju i lodówki, które w normalnych warunkach nic by sobie nie robiły z zimnej wody, giną tysiącami.

Samica lodówki składa w zbudowanym na ziemi gnieździe od 5 do 12 jaj i sama wychowuje młode.

LODÓWKA

WAGA
od 0,5 do 0,9 kg

ROZPIĘTOŚĆ
SKRZYDEŁ
73 cm

Edredon

Somateria mollissima

EDREDON

WAGA
od 1,2 do 3 kg

DŁUGOŚĆ CIAŁA
50-60 cm

ROZPIĘTOŚĆ SKRZYDEŁ
110 cm

S amice edredonów jak samice wszystkich kaczek są bardzo niepozorne. I nikt chyba nie zwróciłby na nie uwagi, gdyby nie ich puch, którym wypycha się najdroższe kołdry, poduszki i śpiwory.

Ostatnio pisałem wam o morskiej kaczce lodówce, która pojawia się zimą u naszych brzegów w gigantycznych liczbach. Innym ciekawym przybyszem jest kaczka morska zwana edredonem. Edredony przylatują do nas ze Skandynawii i z Estonii, gdzie zakładają gniazda i wychowują młode. Można je też spotkać jeszcze dalej na północ, np. na Spitsbergenie, bo to kaczki polarne. W okresie godowym, czyli wiosną, pięknie ubarwione biało-czarne samce wabią brązowe, nakrapiane na czarno samice takim dziwnym „ohu, ohu". Całe te zaloty odbywają się na morzu i parę razy, będąc w Arktyce, coś takiego widziałem. Niezwykle śmieszne jest to, że panowie edredony rytmicznie się przy tym kiwają. Samce mogą nie mieć jeszcze czarno-białej szaty zalotnika, tylko czarno-brązową.

Edredony nurkują, ile się da, w poszukiwaniu różnych morskich żyjątek. Szczególnie dotyczy to samic, które muszą się solidnie najeść. Dlaczego? Otóż wiosną czeka je nie lada wysiłek. W małym zagłębieniu, najczęściej na plaży lub wysepce, robią gniazda, do których znoszą nawet po 19 jaj (zwykle jest ich pięć lub sześć). Oczywiście tam, gdzie samice te jaja składają, podłoże jest bardzo zimne. Trzeba więc jaja od tego chłodu odizolować. I co robi samica? Otóż wyrywa sobie z piersi własny puch, najlepszy i najcieplejszy materiał izolacyjny na świecie. To jednak nie wszystko. Od zniesienia jaj i wyklucia się piskląt, z którymi samica wypływa na morze, upływa około miesiąca. Przez ten czas kacza mama nie schodzi z jaj. Nie je i korzysta z zapasów tłuszczu, jakie nagromadziła przed sezonem lęgowym.

Sam takie kacze mamy o żelaznych nerwach widziałem w Estonii. Można było je niemal pogłaskać, a one nawet nie mrugnęły okiem, co najwyżej jeszcze bardziej się rozpłaszczyły na swoich niewyklutych jeszcze pociechach. Oczywiście czasami dochodzi do takich sytuacji, że samica musi zwiewać, bo na przykład zbliża się lis. Wtedy stara się przykryć swe jaja puchową kołderką i nieco zamaskować roślinkami. A jeżeli nie ma na to czasu, to przy zerwaniu się do lotu robi na jaja wielgachną, rzadką i śmierdzącą kupę. No i lis rezygnuje z tak przyprawionej jajecznicy.

Ale wróćmy do puchowej wyściółki gniazda. Bardzo dawno temu, bo w XII w., ludzie zorientowali się, jaki to wspaniały jest puch edredonów, i zaczęli im podbierać go z gniazd. Kończyło się tak, że jaja, a właściwie znajdujące się w nich zarodki, przeziębiały się i nic się z nich nie wykluwało. Sprytni ludzie doszli do wniosku, że jak tak dalej pójdzie, to nie będzie edredonów i nie będzie cennego puchu. Oczywiście nie zaprzestali wyjmowania puchu, ale nie kładli już jaj na gołej ziemi, tylko zaczęli podkładać pod nie sianko.

Karczownik

Arvicola terrestris

Bardzo interesuję się karczownikami, a dokładniej tym, jak dużo żyje ich każdego roku w dolinkach białowieskich rzeczek. Im więcej, tym większa szansa, że spotkam pewnego niezwykle tajemniczego ptaka.

Ten tajemniczy ptak to puszczyk mszarny, olbrzym wśród sów, który akurat mieszka tuż za granicą. Czasami pojawia się też w polskiej części puszczy, gdzie patroluje doliny rzeczne w poszukiwaniu karczowników – bardzo ciekawych gryzoni. To właściwie taki minibóbr, choć z bobrem w ogóle nie jest spokrewniony. Bliżej mu raczej do norników. Z bobrem jednak karczownik ma wspólne to, że związany jest bardzo z wodą. I tu ciekawostka. Niektórzy naukowcy uważają, że karczowniki o ciemniejszym ubarwieniu futerka są bardziej uzależnione od wody i częściej można je tam spotkać niż te, które mają futerko jaśniejsze. Chociaż karczownik jest gryzoniem (a te, jak wiadomo, są zwierzętami nocnymi), to jest aktywny nawet w dzień. Zobaczyć go jednak nie jest wcale łatwo. Po pierwsze, to dość duże zwierzątko jest bardzo ostrożne, a po drugie, na ogół w dolinach rzecznych jest tyle gęstej roślinności, że bardzo łatwo mu się w niej schować. Zresztą jest samotnikiem – do kontaktów między karczownikami dochodzi tylko w okresie rozrodu. Ma też różne zwyczaje w zależności od tego, czy teren, na którym mieszka, jest bardzo podmokły, czy też nie. Tam, gdzie jest sucho, buduje system nor, w którym poza komorą gniazdową albo komorą sypialną znajduje się również spiżarnia. Taki teren można poznać, bo znajdują się na nim kopczyki ziemi wyrzuconej z nor. Łatwo je jednak pomylić z kopczykami kretów. Na terenach podmokłych buduje sobie za to gniazdo naziemne albo pływające nawodne z trzcin i traw. Przypomina to wtedy żeremie bobra, tyle że w miniaturze. Zresztą, jak już wspomniałem, karczownika częściej można spotkać nad wodą, gdzie o wiele łatwiej o soczyste łodygi traw i trzcin.

KARCZOWNIK

WAGA
**do 200 g,
zwykle od 60
do 120 g**

DŁUGOŚĆ CIAŁA
od 16 do 20 cm

DŁUGOŚĆ OGONA
od 9 do 14 cm

Co ciekawe, ten gryzoń świetnie pływa i jeszcze lepiej nurkuje – muszę przyznać, że wszystkie karczowniki, które widziałem, właśnie płynęły.

Dla młodych samica karczownika również buduje specjalne kuliste gniazdo z traw i trzcin o średnicy około 20 cm. Po trwającej 20 dni ciąży przychodzi w nim na świat od dwóch do ośmiu młodych, które ssą mleko mamy przez niecałe dwa tygodnie, a po trzech tygodniach stają się zupełnie samodzielne i ruszają na poszukiwanie tego, co karczowniki lubią najbardziej – bulw, kłączy oraz korzonków różnych roślin. Ponieważ zimą raczej trudno o tego typu pokarm, karczowniki gromadzą spore zapasy na zimę. Czasami w swych spiżarniach potrafią upchać nawet kilogram jedzenia.

┌ Warto wiedzieć ────────

Poza niezwykle rzadko pojawiającym się w Polsce puszczykiem mszarnym na karczowniki polują norki, kuny, myszołowy. Z tego powodu karczownik żyje na wolności tylko około pięciu miesięcy, a w niewoli nawet do czterech lat.

Czapla siwa

Ardea cinerea

Myślałem, że czapli w środku Puszczy Białowieskiej nie będę widywał, a tu proszę – niespodzianka. Pojawiają się, i to coraz częściej. Wszystko dlatego, że powstaje tu coraz więcej stawów rybnych, a czaple bardzo sobie cenią dobrą rybkę.

Mam wielki sentyment do tych ptaków, bo kiedyś wcale nie było łatwo je zobaczyć. Robią na mnie wielkie wrażenie. Czapla zawsze wygląda jakoś tak godnie – kiedy stoi sobie nad wodą w oczekiwaniu na rybę, dość często na jednej nodze i w bezruchu, albo gdy leci. Lot ma miękki i majestatyczny. Zapewne się zastanawiacie, jak rozpoznać w locie czaplę. Ma duże skrzydła, długą szyję, a na dodatek długie nogi i teoretycznie jej sylwetkę łatwo byłoby pomylić z bocianem lub żurawiem. Ale akurat czaplę w locie łatwo rozpoznać. Co prawda ma wyciągnięte do tyłu nogi jak bocian i żuraw, ale szyja nie jest wyciągnięta jak u tych dwóch ptaków. W locie, a czasami, gdy czapla sobie gdzieś siedzi, jej szyja jest złożona w kształt litery S spłaszczonej z góry i z dołu. To najpewniejszy znak rozpoznawczy tego ptaka. Poza tym czapla jest mniejsza od bociana i żurawia.

Czaple żywią się głównie rybami, ale zjadają też płazy, gady, małe ssaki oraz owady. Potrafią godzinami czatować w jednym miejscu.

CZAPLA SIWA

WAGA
od 1 do 2 kg

ROZPIĘTOŚĆ
SKRZYDEŁ
160-170 cm

I kiedy jakaś ryba jest blisko, czapla prostuje błyskawicznie szyję i uderza swym mocnym, ostrym dziobem w ofiarę. To uderzenie jest niezwykle silne i celne, bo dziób czapli działa niczym harpun. Zresztą wiele razy moi koledzy zajmujący się leczeniem ptaków ostrzegali mnie, że gdyby trafiła do nas chora czapla, musimy bardzo uważać na uderzenia jej dzioba, gdyż bez trudu może nim wybić oko.

Za czaplami nie przepadają rybacy i hodowcy ryb, bo twierdzą, że wyjadają im ryby. Oczywiście, że tak jest, ale czapla nie ma zbyt wielkiego wyboru, w przeciwieństwie do człowieka. Poza tym czapla atakuje tylko te ryby, które pływają przy powierzchni, więc są one najczęściej chore.

Czaple są szalenie towarzyskie i mieszkają w koloniach składających się czasami z bardzo wielu zbudowanych na wysokich drzewach gniazd. Nie przeszkadza im nawet mieszkanie razem z innymi ptakami, np. kormoranami. Bardzo ciekawy jest rytuał wiązania się czapli w pary. Wczesną wiosną pierwsze w kolonii pojawiają się samce, wyszukują albo stare gniazda, albo miejsca, w których dobrze byłoby gniazdo założyć, i kładą w tym miejscu gałązkę. Wyciągają przy tym szyję na znak, że nikogo nie mają zamiaru uderzać. Potem oba ptaki budują gniazdo, w którym samica składa cztery lub pięć niebieskawych jaj. Młode są karmione przez oboje rodziców i po dwóch miesiącach potrafią już latać.

Czaple coraz częściej nie odlatują na zimę, a to dlatego, że znajdują całą masę różnych akwenów przy elektrowniach lub ujściach ścieków, które nie zamarzają.

Warto wiedzieć

Poza czaplą siwą bardzo rzadko zakłada u nas gniazda czapla purpurowa. Można też spotkać wędrujące czaple nadobne (są małe i całe białe) oraz czaple białe (większe od nadobnych). Czaple białe są już widywane bardzo często i w niektórych miejscach są liczniejsze od siwych. To efekt ocieplania się klimatu.

Żółw błotny

Emys orbicularis

ŻÓŁW BŁOTNY

WAGA
do 1 kg

DŁUGOŚĆ PANCERZA
około 20 cm

Może się zdarzyć, że gdzieś w lesie, nad rzeczką, bajorkiem lub mokradłami znajdziecie żółwia. Nie pędźcie z nim od razu do zoo, bo może wcale nie jest to przybysz z tropików wypuszczony przez kogoś, tylko nasz poczciwy żółw błotny. Lepiej zostawić go w spokoju.

Tak, te sympatyczne gady mieszkają nie tylko w Afryce i Azji. U nas, w zimnej części Europy, też żyją, ale bardzo trudno je spotkać.

Dawno temu na pewno było ich więcej, ale wtedy też było więcej mokradeł. Gdy je osuszono, żółwie nie miały się gdzie podziać. Ale tu, gdzie mieszkam, w Puszczy Białowieskiej, parę razy zdarzyło się, że dzieci znalazły żółwia, więc może i wy będziecie mieć szczęście. Na wszelki wypadek napiszę, jak taki żółw wygląda.

Jest czarny, ma żółte albo pomarańczowe oczka, żółte plamki na głowie i pancerzu. Czasami plamek jest bardzo mało i są słabo widoczne. Te plamki są niemal tym samym, czym u ludzi linie papilarne*, i naukowcy mogą dzięki nim rozpoznawać konkretne żółwie. Ale wy, zamiast przyglądać się plamkom, spójrzcie na ogon. U mało którego żółwia jest tak długi. Wygląda niczym ogon jaszczurki. Gdy zobaczycie żółwia z takim ogonem, możecie mieć pewność, że to żółw błotny. Pamiętajcie – nie wolno go ruszać.

Ten ciekawy gad znakomicie pływa i jest drapieżnikiem. Poluje na ślimaki, owady wodne, ryby i płazy. A kiedy nie poluje, to się wygrzewa, bo jak każdy gad lubi słoneczne kąpiele. Zresztą nie całe życie żółwie spędzają w wodzie. Na przełomie maja i czerwca samice wędrują w poszukiwaniu nasłonecznionych, suchych miejsc. Tam przez kilka godzin kopią jamy, do których składają około 15 białych jaj. Następnie skrzętnie tylnymi łapami maskują wejścia do jam i wracają do wody. Jesienią wykluwają się maleńkie żółwiki. Jeżeli jest ciepło, maluchy opuszczają jamy i idą do najbliższej wody. Jeżeli jest zimno – nie wychodzą aż do wiosny. Dorosłe żółwie zimują zagrzebane w mule na dnie zbiorników wodnych.

SŁOWNICZEK

* LINIE PAPILARNE – przyjrzyjcie się uważnie swoim dłoniom. Widzicie linie na skórze? Każdy człowiek ma inne. Korzysta z tego m.in. policja – rozpoznaje np. złodziei po odciskach palców, które zostawiają na miejscu przestępstwa.

Warto wiedzieć

U samców dolna część pancerza – plastron – jest wklęsła lub płaska, u samic wypukła. Dokładnie nie wiadomo, ile żyją żółwie w naszym kraju, jednak na pewno nie mniej niż kilkadziesiąt lat.

Bąk

Botaurus stellaris

Jak coś na bagnach ryczy, to może być to krowa, która się zgubiła, ale może też być to bąk, tajemniczy ptak, którego dość trudno zobaczyć.

Wiele razy słyszałem nocami nad rozlewiskami i w różnych trzcinowiskach to słynne buczenie. Szczególnie wiosną, gdy bąki przylatują z zimowisk i zaczynają zakładać rodziny. Buczy oczywiście samiec, którego przełyk śmiesznie się przy tym nadyma. To nadymanie przełyku służy wzmocnieniu głosu bąka na tej samej zasadzie, na jakiej pudło gitary albo skrzypiec służy wzmocnieniu głosu strun. Buczenie bąków ma wabić samice oraz odstraszać inne samce i naprawdę jest bardzo mocne i głośne, bo można je usłyszeć z odległości nawet 3 km. Nic więc dziwnego, że od dawna fascynowało ludzi – z tego powodu nazwali oni nawet bąka bagiennym wołem. Zresztą ludzie mieli z tym buczeniem pewien problem. Otóż było je słychać, ale za żadne skarby nie można było zobaczyć ptaka, który ten głos wydawał. Dlatego kiedyś sądzono, że buczące bąki chowają się pod wodą. Nic bardziej mylnego. Nie ma ptaka, który potrafi wydawać głosy pod wodą, a bąk, który jest bliskim kuzynem czapli, nie umie nawet nurkować. Za to świetnie potrafi się maskować i zobaczyć go jest naprawdę trudno. Gdy bąk czuje, że ktoś nadchodzi, natychmiast wyciąga pionowo szyję oraz dziób i zamiera w bezruchu. Ponieważ sam jest upstrzony ciemnymi i jasnymi plamkami, gdy tylko stanie tak dziwnie wyciągnięty, bardziej przypomina kawałek drewna czy słupek zagubiony wśród trzcin niż ptaka. Dlatego ludzie nie byli w stanie go wypatrzyć. Na dodatek bąk niezbyt chętnie porusza się w dzień. Wtedy odpoczywa sobie gdzieś w gęstych trzcinach. Na łowy wyrusza nocą. Chwyta ryby, drobne ssaki, owady, no i oczywiście płazy, których na bagnach i rozlewiskach nie brakuje. Brodzi jak większość czapli w wodzie, ale też dzięki swym niezwykle chwytnym nogom potrafi znakomicie czepiać się trzcin i wędrować nad jej powierzchnią.

Co ciekawe, samce mogą się łączyć w pary nawet z kilkoma samicami. Stwierdzono, że na terytorium jednego pana bąka żyły aż cztery jego żony. Samicom to za bardzo nie przeszkadza. Zresztą tata bąk nie zajmuje się ani wysiadywaniem, ani opieką nad młodymi, które wykluwają się w kwietniu lub maju w bardzo dobrze zamaskowanym gnieździe przypominającym kupę niedbale ułożonych trzcin. Młode po czterech-pięciu tygodniach opuszczają gniazdo, a jesienią podobnie jak starsze odlatują na zimowiska do Afryki. Bąki należą do bardzo rzadkich ptaków. Ocenia się, że w Polsce co roku buczy kilka tysięcy samców. Ile jest samic – nie wiadomo.

BĄK

WAGA
od 1 do 2 kg

DŁUGOŚĆ CIAŁA
76 cm

**ROZPIĘTOŚĆ
SKRZYDEŁ**
115 cm

Warto wiedzieć

Samica bąka składa zwykle pięć-sześć jasnobrązowych jaj. Młode wykluwają się w odstępach dwu-trzydniowych i dlatego różnią się między sobą wielkością. Samica jest nieco mniejsza niż samiec.

Norka amerykańska

Mustela vison

NORKA AMERYKAŃSKA

WAGA
**samice do 700 g,
samce do 1,5 kg**

DŁUGOŚĆ CIAŁA
**od 33 cm
do 45 cm**

DŁUGOŚĆ OGONA
do 24 cm

To chyba jakaś pomyłka – pomyślicie – jaka norka amerykańska? W Polsce? To chyba powinna być norka europejska?

Teoretycznie macie rację, w Europie powinna żyć norka europejska. Ale jak wiadomo, teoria ma czasami niewiele wspólnego z rzeczywistością. Otóż kiedyś, jeszcze w latach 20. XX w., w Polsce mieszkała kuzynka łasicy i kuny – norka europejska. Ale już wtedy było jej bardzo mało. Nie wiemy dokładnie, z jakich powodów, ale wyginęła i w latach 30. już jej w Polsce nie było. Niektórzy naukowcy przypuszczają, że to związane z wodą zwierzątko wyginęło, bo w tym samym czasie niemal doszczętnie wytępiono bobry, a norki zamieszkiwały ich żeremia podczas ostrych zim. Norki europejskie przetrwały tylko w dwóch miejscach w Europie: na północnym wschodzie Białorusi, gdzie bobry były i są, oraz na granicy hiszpańsko-francuskiej, gdzie zimy nie są takie srogie. W tym pierwszym miejscu norka europejska wpadła jednak w poważne tarapaty. Otóż już w latach 30. zaczęto wypuszczać w europejskiej części Rosji sprowadzone z Ameryki norki amerykańskie. I tam, gdzie jeszcze były norki europejskie, ich amerykańskie kuzynki, które są trochę większe, mogą mieć więcej dzieci i są znacznie agresywniejsze, zaczęły je wyganiać z terenów łowieckich.

Do Polski norki amerykańskie dotarły jeszcze w połowie lat 50., czyli wtedy, gdy europejskich już u nas nie było. W ciągu ostatnich 20 lat opanowały niemal cały kraj. Są wszędzie tam, gdzie jest trochę wody. Świetnie pływają i nurkują. Zjadają niemal wszystko: raki, żaby, ryby, ptaki, owady. Potrafią zabić nawet o wiele większą od nich samych gęś. Nie gardzą też ssakami – dość często ich ofiarą padają piżmaki lub karczowniki. Chętnie zjadają jaja ptaków wodnych. Zresztą właśnie dzięki pływackim umiejętnościom nie mają problemów z dotarciem na małe wysepki, na których ptaki te zakładają gniazda. Ponieważ nieźle się wspinają, dobierają się też do gniazd założonych wysoko na drzewach. Właśnie dzięki takiemu szerokiemu jadłospisowi norka skolonizowała całą Polskę. Po prostu je to, co znajdzie w danym miejscu. I to zjada dość dużo, bo przeciętnie w ciągu doby pożera pokarm o masie odpowiadającej od jednej piątej do jednej czwartej masy jej ciała.

Bardzo trudno odróżnić norkę europejską od amerykańskiej. Ta pierwsza jest nieco mniejsza i ma białą plamkę na pyszczku, która zachodzi również na górną wargę. Plamka norki amerykańskiej umieszczona jest wyłącznie na dolnej wardze. Norki po urodzeniu ważą od 6 do 11 g. Samce norki amerykańskiej mogą być dwukrotnie cięższe od samic.

Warto wiedzieć

Ciąża norki amerykańskiej trwa od 35 do 75 dni. Wszystko zależy od tego, w jakich warunkach znajduje się samica. Im więcej pokarmu, tym ciąża krótsza. Co ciekawe, norka, gdy jest jej w życiu ciężko, potrafi zatrzymać rozwój zarodków. Młode – może ich być nawet 11 – przychodzą na świat zwykle wiosną w norze, pod korzeniami drzew lub w dziupli. Po ponad dwóch miesiącach przestają ssać mleko matki, a jesienią stają się samodzielne. Norki amerykańskie, które żyją w niewoli, żyją nawet 10 lat.

Foka pospolita

Phoca vitulina

Nie wiedzieć czemu foka, która najrzadziej występuje w naszym morzu, nazywa się pospolita. To właśnie ją będzie wam najtrudniej zobaczyć.

Pisałem już o foce szarej i obrączkowanej, że tylko najwięksi szczęściarze będą mieli szansę je zobaczyć. Ale zobaczyć fokę szarą to nic w porównaniu z zobaczeniem foki pospolitej, która wyjątkowo rzadko pojawia się przy naszych brzegach. Foka pospolita jest czymś między foką szarą, od której jest mniejsza, a obrączkowaną, od której jest większa. Można poznać ją po tym, że jest szara i ma bardzo dużo ciemnych plam.

Nawet kiedy fok w Bałtyku było bardzo dużo, czyli jeszcze na początku XX w., i kiedy na nie polowano, foki pospolite stanowiły zaledwie 10 proc. wszystkich upolowanych w południowym Bałtyku. Wtedy podobno było ich około 5 tys., a dziś w całym Bałtyku jest nie więcej niż tysiąc. Dlaczego tak mało? Na pewno z przyczyn naturalnych, bo foki pospolite występują głównie na zachód od Bałtyku, np. w Morzu Północnym, a w Bałtyku głównie w zachodniej części. Ale nie tylko przyczyny naturalne powodują, że foka pospolita wcale pospolita nie jest. Ona bardzo lubi wylegiwać się na piaszczystych plażach i bardzo nie lubi oddalać się od swych miejsc rozrodu. Małe foczki, które przychodzą na świat w czerwcu i lipcu, bardzo długo jak na fokę potrzebują opieki. Ssą mleko mamy aż dwa miesiące. No i wtedy muszą leżeć na plaży, a plaż, i to takich spokojnych, nad Bałtykiem jak na lekarstwo, szczególnie w lecie.

Podobno przepłoszona mama może porzucić małą foczkę, która samotna bardzo szybko zginie z głodu. Foki pospolite są bardzo mało odporne na zatrucie środowiska. Szczególnie dał się im we znaki DDT – środek owadobójczy, którego stosowania co prawda zakazano już dawno temu, ale wciąż jest on obecny w środowisku. Jak foki się nim zatruwają? Otóż, jak się domyślacie, spożywają niemal wyłącznie ryby.

To, co w rybach jest niedobrego, z czasem zbiera się też w ciele fok. To sprawia, że są mniej odporne na różne choroby. Ze wszystkich fok najmniej odporna jest właśnie foka pospolita. W czasie tylko jednej epidemii nosówki, która miała miejsce w Morzu Północnym w 1988 roku, zginęło aż 80 proc. fok. Na szczęście te w Bałtyku jakoś przetrwały. Naukowcy i przyjaciele fok zamarli, gdy epidemia powtórzyła się znów w 2002 roku. Na szczęście okazała się mniej groźna. Być może udało się też ustalić, od kogo foki pospolite się zarażają. Otóż najbardziej podejrzane są foki grenlandzkie, które przenoszą wirusa nosówki. Co ciekawe, wirus nie jest zbyt groźny dla nich ani dla foki szarej. Tylko biedna foka pospolita bardzo ciężko przechodzi tę infekcję.

FOKA POSPOLITA

WAGA
do 150 kg

DŁUGOŚĆ CIAŁA
**samce do 2 m,
samice do 1,6 m**

Warto wiedzieć

Najłatwiej jest zobaczyć fokę pospolitą u naszych zachodnich wybrzeży, np. na wyspie Wolin. Samce są większe niż samice. Ciąża trwa 11 miesięcy.

Mewa śmieszka

Larus ridibundus

Mam wielki sentyment do mew śmieszek. Kiedyś nad Wisłą znalazłem pewną młodą mewę tego gatunku ze złamanym skrzydłem. Mewa zamieszkała u nas na balkonie i bardzo szybko się oswoiła niczym pies.

Ponieważ nie mogła latać, wchodziła do naszego warszawskiego mieszkania po schodach, a na spacerach penetrowała trawniki w poszukiwaniu dżdżownic. Raz nawet złapała jakąś mysz. Różnica między tym niezwykle inteligentnym ptakiem a psem była tylko taka, że nie szczekała i na widok psów czym prędzej biegła mi pod nogi.

Niestety, cała ta piękna historia skończyła się tragicznie, bo nasza mewa zatruła się śmiertelnie czymś znalezionym na trawniku. Dziś, gdy widzę śmieszki, zawsze mi się ta nasza mewa przypomina. A widuję je dość często, bo jest to chyba najbardziej rozpowszechniony gatunek mewy w Polsce. Śmieszki można spotkać nad morzem, ale też w głębi lądu. Poznać je bardzo łatwo szczególnie wiosną, gdy dorosłe ptaki mają całą głowę czarną. Jesienią i zimą ta czerń znika i zostaje po niej tylko parę ciemnych plamek na łebku. Krawędzie skrzydeł śmieszki są białe z czarnym obramowaniem. Nogi i dzioby u dorosłych ptaków są czerwone.

MEWA ŚMIESZKA

WAGA
od 200 do 350 g

ROZPIĘTOŚĆ SKRZYDEŁ
95 cm

Śmieszki dawno się zorientowały, jakimi wspaniałymi stołówkami są miasta i wysypiska, dlatego dziś w mieście można je dość często zobaczyć wśród gołębi. Jednak w przeciwieństwie do gołębi nie zakładają gniazd w miastach. Przylatują tylko na jedzenie lub na zimowanie. Wysiadywanie jaj – zwykle dwóch lub trzech – i wychowywanie młodych odbywa się gdzie indziej. Gdzie? Otóż gniazdo śmieszki to w zależności od sytuacji albo kopczyk różnych roślinnych szczątków, albo po prostu wgłębienie w piasku. Oczywiście nie znajduje się ono na drzewie, tylko bezpośrednio na ziemi. Z takiego naziemnego gniazda bardzo łatwo wybrać jaja czy pisklęta i właśnie dlatego śmieszka nie zakłada go byle gdzie, ale na małych wysepkach i piaszczystych łachach na rzekach lub jeziorach. Czasami nawet nie są to wysepki, ale po prostu kożuchy roślinności unoszące się na wodzie. Do takiej otoczonej wodą fortecy mało który czworonożny drapieżnik będzie umiał się dostać. Co więcej, mewy mają jeszcze jedno zabezpieczenie – nigdy nie zakładają gniazda same, tylko zawsze w towarzystwie innych śmieszek. Czasami w takiej kolonii może być nawet kilka tysięcy par. I teraz wyobraźcie sobie, co się stanie na przykład z krogulcem, który próbuje zaatakować pisklątko śmieszki. Nie ma szans, gdy poza rodzicami broni go jeszcze kilkaset innych ptaków. Młode, które wykluły się ze zniesionych w maju jaj, nie pozostają w gnieździe długo. Po miesiącu od opuszczenia skorupki potrafią latać i razem z rodzicami ruszają na poszukiwanie jedzenia. Oczywiście mogą być to różne wodne żyjątka, ale też mogą być różne obrzydliwe dla nas rzeczy wyłowione ze ścieków lub znalezione na śmietnisku. Śmieszki nie wybrzydzają.

Warto wiedzieć

Zastanawiacie się zapewne, skąd wzięła się nazwa „śmieszka". Otóż głos tej mewy przypomina ludzki śmiech, nie całkiem przyjemny, bo skrzekliwy, ale zawsze śmiech.

Szablodziób

Recurvirostra avosetta

A to niespodzianka, pomyślałem, gdy na jednej z przyrodniczych stron internetowych przeczytałem, że szablodzioby zamieszkały w Polsce. Dotychczas myślałem, że nasz klimat nie sprzyja tym ptakom.

Widywałem je w Hiszpanii, aczkolwiek można je spotkać także na zachodzie Europy. Są wszędzie tam, gdzie klimat jest w miarę łagodny, no i oczywiście tam, gdzie jest dużo wody. W moich książkach autorzy piszą, że szablodzioby, owszem, czasami się u nas pojawiają, ale raczej są to ptaki zabłąkane. Nigdy więc nie przypuszczałem, że tego niesamowitego ptaka będzie można zobaczyć również u nas, i to na dodatek w towarzystwie młodych. To ptak niesamowity – wystarczy spojrzeć na rysunek obok. Biały, na skrzydłach ma szerokie czarne pasy, czarny pas na karku, który zachodzi na głowę i tworzy coś w rodzaju czarnej maski. Jednak to, co najbardziej rzuca się w oczy u szablodziobów, to nogi nieproporcjonalnie długie i cienkie w stosunku do reszty ciała, no i oczywiście dziób. Z pewnością wiecie, że dzioby wielu ptaków są powyginane na różne sposoby. Na przykład ptaki drapieżne mają dziób zagięty do dołu, który działa jak hak przy rozrywaniu mięsa. Do takich zakrzywionych dziobów jesteśmy przyzwyczajeni. Inaczej jest z szablodziobem. On ma cieniutki, dziwaczny dziób zagięty do góry, który – jak sama nazwa wskazuje – przypomina szablę. Po co tym ptaszkom taki dziwaczny dziób? Otóż, jak już wspominałem, szablodzioby mieszkają tam, gdzie jest dużo wody. Są to wody nie głębsze niż na kilkanaście centymetrów. Po takich płytkich akwenach szablodzioby brodzą sobie, przebierając szybko swymi długimi nogami, a za pomocą dziwnego dzioba odcedzają z wody różne drobne skorupiaki i owady, którymi się żywią. Są przy tym pochylone i ruszają głową raz w lewo, raz w prawo. Przy takiej pozycji, gdyby miały dziób prosty, nie odcedziłyby wiele, bo dotykałby on tafli wody albo znajdował się tuż pod nią tylko niewielką swoją częścią. A tak zakrzywiony niczym szabla dziób prawie cały jest w wodzie.

SZABLODZIÓB

WAGA
około 300-400 g

DŁUGOŚĆ CIAŁA
44 cm

ROZPIĘTOŚĆ
SKRZYDEŁ
44 cm

Szablodzioby przypominają ptaki takie jak siewki, które również lubią tereny z bardzo płytką wodą. Ale w przeciwieństwie do nich szablodzioby mają palce nóg spięte błoną, czyli ich łapa umożliwia im pływanie, a na dodatek potrafią nurkować. Dlaczego? Tereny z płytką wodą mają to do siebie, że czasami wody gwałtownie w nich przybywa i z płytkiej robi się głęboka. I szablodzioby są przystosowane do tego zmieniającego się poziomu wód. Gdyby nie były, musiałyby cały czas latać w poszukiwaniu nowych miejsc.

Na koniec warto wspomnieć, że dotychczas tylko kilka par szablodziobów wychowało młode na zachodzie Polski. Ale może to początek kolonizacji. Klimat robi się u nas coraz łagodniejszy i należy się spodziewać, że szablodziobów będzie przybywać.

Samica szablodzioba składa na niewielkim wgłębieniu, najczęściej w piasku, cztery jaja.

●●○○

Gągoł

Bucephala clangula

GĄGOŁ

WAGA
samce do 1,2 kg,
samice około
900 g

DŁUGOŚĆ CIAŁA
52 cm

ROZPIĘTOŚĆ
SKRZYDEŁ
85 cm

Jeżeli zobaczycie kaczkę o ciemnozielonej, prawie czarnej głowie, ze śmieszną białą plamką na policzku, to będzie to gągoł, a dokładnie samiec gągoła.

Gągoły przylatują do nas w marcu i kwietniu i najczęściej można je spotkać na jeziorach otoczonych lasem. A jak gągoły wyglądają? Otóż są to niewielkie kaczki, znacznie mniejsze od krzyżówek, ale nie sposób ich nie zauważyć. Szczególnie samców, które w czasie godów mają upierzenie biało-czarne i tę śmieszną ciemną główkę z białym policzkiem. Samice są brązowo-szare z brązową głową, a na szyi mają coś w rodzaju białej obroży. Być może uda się wam zobaczyć zaloty gągołów. Należą do jednych z najśmieszniejszych wśród kaczek. Otóż na jeziorku najpierw pojawiają się samce, a kilka dni po nich z zimowisk przylatują samice. Dopóki samic nie ma, samce zachowują się spokojnie. Ale gdy tylko pojawią się panie, panowie zaczynają wyczyniać dziwne wygibasy. Najpierw wyciągają szyje, potem odrzucają głowy gwałtownie do tyłu, a potem znów przechylają się do przodu. W pewnym momencie wierzgają do tyłu zaopatrzonymi w płetwy łapkami, chlapiąc wodą z niezwykłą siłą. W czasie tych zalotów można usłyszeć zgrzytliwe wołanie, takie „gyrrr, gyrrr!".

Efektem zalotów są jaja, które są wysiadywane w gnieździe przez samicę. Gągoły wyszukują na schronienie dla swych jaj dziuple i dlatego lubią żyć nad jeziorami otoczonymi lasem. Z początku jaja leżą na próchnie, ale z czasem samica zaczyna dokładać też własny puch. To, że jakaś dziupla jest zajęta akurat przez te kaczki, poznaje się właśnie po puchu, którego niewielkie ilości można dostrzec przy otworze wlotowym dziupli. Po upływie około miesiąca z jaj wykluwają się młode gągołki. Może być ich całkiem sporo, bo w gnieździe samica wysiaduje nawet do 14 jaj. Naukowcy nie są pewni, czy taka liczba to jaja jednej samicy, czy też dwóch. Czy jakaś samica nie podrzuca kuzynce swych jaj, dlatego że sama nie znalazła odpowiedniej dziupli? To możliwe. Młode przebywają w dziupli około dwóch dni. Po tym czasie matka wylatuje przed dziuplę i woła je. Młode wspinają się do otworu, a to czasami nie lada wysiłek. Na szczęście wspinaczkę po niemal pionowej ścianie ułatwiają im łapki zaopatrzone w niezwykle ostre pazurki. Kiedy już z dziupli wyskoczą, wędrują z mamą nad wodę. Od razu potrafią nurkować i zjadają ze smakiem różne żyjątka i rośliny znalezione na dnie jezior. Gągoły są niezłymi nurkami i pod wodą mogą przebywać nawet do 40 sekund. Po trzech tygodniach mama zostawia swe pociechy i młode muszą sobie radzić same. Gdy mają dwa miesiące, potrafią już nieźle latać, i gdy nadchodzi jesień, udają się z innymi gągołami na poszukiwania wód, które w przeciwieństwie do śródleśnych jezior nie zamarzają. Stada gągołów można wtedy spotkać m.in. nad morzem.

Łyska

Fulica atra

Z zobaczeniem łysek nie będzie najmniejszego problemu, bo to po kaczce krzyżówce najczęściej spotykany u nas ptak wodny. Ale uwaga, nie mylcie łysek z kaczkami.

Choć łyski pływają i sylwetkę mają kaczkowatą, to kaczkami nie są. Należą do rodziny chruścieli. Chruściele to ptaki zamieszkujące różne podmokłe gęstwiny i przy okazji znakomici piechurzy. Mają bardzo zgrabne nogi zaopatrzone w dość długie palce, które na przykład chruścielom takim jak wodnik umożliwiają wędrowanie po liściach roślin wodnych leżących na wodzie. Są przede wszystkim chodziarzami i kiedy już do nas przylecą, to głównie chodzą, a do lotu zrywają się, gdy nadciąga niebezpieczeństwo, przed którym nie da się uciec na piechotę. Nie znaczy to, że ptaki te kiepsko latają. Owszem, latają dość dobrze. Wszystkie chruściele odlatują od nas na zimę, poza łyską, która tylko przemieszcza się w dogodniejsze miejsca.

Ale wróćmy do łyski, która jest bardzo dziwnym i największym naszym chruścielem. Dziwnym, dlatego że pływa niczym kaczka. Jednak napęd, jaki stosuje, jest nieco inny niż kaczy. Otóż kaczki mają palce połączone błoną pławną. Łyski palców zrośniętych nie mają. Każdy z trzech przednich palców ma za to coś w rodzaju okrągłych płatków, które, gdy łyska płynie, działają niczym malutkie wiosła.

Pożywienie łyski to wodne rośliny i małe wodne zwierzęta. Łyska zbiera je z powierzchni wody albo nurkuje. Wiosną, po powrocie z zimowisk, samce zajmują po kawałku porośniętego trzcinami brzegu jeziora dla siebie. W tym czasie są bardzo agresywne i przepędzają wszystkie łyski poza własną żoną. Potrafią nawet pogonić kaczki, które nieopatrznie zbliżą się do miejsca, w którym ma być gniazdo. Łyski budują gniazdo otoczone wodą. W tym celu na płytkich wodach zbierają dużą ilość trzciny lub innych wodnych roślin, które układają w coś w rodzaju górki. Taka górka może oprzeć się o dno, ale też może być pływająca. Łyski nie ograniczają się do budowania tylko jednej wysepki. Zwykle poza tą, w której samica złoży w kwietniu jaja, mają jeszcze jedną lub dwie, które służą do odpoczynku.

Ale wróćmy do jaj. Samica składa ich w kwietniu od 6 do 17. Wysiaduje na zmianę z samcem, który również początkowo opiekuje się młodymi. Młode opuszczają gniazdo zaraz po wylęgu. Razem z mamą i tatą włóczą się po jeziorkach w poszukiwaniu pokarmu. Dość szybko rosną i po dwóch miesiącach potrafią latać. Zastanawiacie się zapewne, skąd nazwa „łyska". Otóż na czole łyski mają płaską skórzastą narośl zlewającą się kolorystycznie z jasnym dziobem, która przypomina łysinę.

ŁYSKA

WAGA
od 400 do 900 g

DŁUGOŚĆ CIAŁA
37 cm

ROZPIĘTOŚĆ
SKRZYDEŁ
70 cm

Warto wiedzieć

Zimą stada łysek mogą liczyć nawet wiele tysięcy sztuk, wędrują wtedy w poszukiwaniu miejsc z niezamarzniętą wodą. Można je spotkać np. tam, gdzie elektrownie wypuszczają nadmiar ogrzanej wody.

Płaskonos

Anas clypeata

Z rozpoznaniem płaskonosa nie będzie żadnych problemów. Jeżeli na jakiejś rzeczce, rozlewisku i jeziorku zobaczycie coś, co wygląda jak karykatura kaczki, to będzie to właśnie on.

Co rzuca się w oczy u kaczek najbardziej? Oczywiście kaczy spłaszczony dziób. Na pewno widzieliście kaczki, więc wiecie, jak taki dziób wygląda. Otóż u płaskonosa jest on jeszcze bardziej spłaszczony i o wiele większy i szerszy. Jest tak nieproporcjonalny i karykaturalny, że nie sposób go nie zauważyć.

PŁASKONOS

WAGA
**od 500
do 800 g**

DŁUGOŚĆ CIAŁA
około 50 cm

ROZPIĘTOŚĆ
SKRZYDEŁ
od 70 do 84 cm

Ale to nie wszystko. Samce płaskonosów są bardzo ładnie ubarwione. Głowę i część szyi mają ciemnozieloną, niemal czarną i połyskującą, pierś białą, boki rdzawe, wierzch ciała ciemny, niemal czarny, a na skrzydłach zielone piórka ułożone w plamkę zwaną lusterkiem. Samice są brązowo-szare, niemal takie jak samice kaczek krzyżówek. Samce oczywiście nie zawsze są kolorowe. Tak piękne ubranko mają tylko wiosną, gdy muszą się starać o względy samic. Gdy ten czas mija, stają się niemal identyczne jak samice, co jest bardzo słusznym rozwiązaniem, bo pozostawanie przez cały rok w rzucającym się w oczy upierzeniu tylko zwiększa ryzyko ataku jakiegoś drapieżnika.

Płaskonosy, których mieszka u nas nie za wiele, przylatują w marcu. Zimą bardzo trudno je spotkać. Dlaczego? Tu musimy wrócić do tego superspłaszczonego i karykaturalnego dzioba. Po co coś takiego kaczce? Otóż płaskonosy są zjadaczami wszelkiego rodzaju drobnych żyjątek i roślin, czyli czegoś, co moglibyśmy nazwać planktonem. Odcedzają swój pokarm z wody właśnie za pomocą tego dzioba, a im on większy, tym większa powierzchnia odcedzania. A gdy jest zimno, nie ma co odcedzać. Wszelka drobnica pojawia się na płytkich rozlewiskach, na których te kaczki lubią przebywać właśnie wiosną i latem. Oczywiście nie tylko płaskonos potrafi odcedzać pokarm z wody. Robi to wiele kaczek, ale on jest w tym po prostu mistrzem i nie ma konkurencji. Zresztą zaloty płaskonosów polegają na pływaniu wokół samicy z zanurzonym dziobem, tak jakby samiec chciał pokazać, że jest mistrzem odcedzania i filtrowania.

Podobnie jak wiele innych kaczek płaskonosy zakładają gniazda na brzegach w pobliżu wody. Ich gniazdo to niewielkie wgłębienie dość dobrze zamaskowane w trawach lub trzcinach. Jaja – od 6 do 13 – wysiaduje samica, ale samiec jest na ogół w pobliżu i gdy tylko samica schodzi z gniazda, nie odstępuje jej na krok. Oczywiście, gdy samica idzie się pożywić, jaja dokładnie przykrywa kołderką z puchu. Po to żeby się nie przeziębiły i żeby nie znalazł ich żaden drapieżnik. Młode, które wykluwają się po trzech tygodniach, od razu idą za mamą na wodę. Po miesiącu potrafią już latać. Płaskonosy odlatują od nas na południe i być może zachód Europy w listopadzie.

Wodnik

Rallus aquaticus

WODNIK

WAGA
150 g

ROZPIĘTOŚĆ
SKRZYDEŁ
około 40 cm

To szalenie dziwny ptak, którego może nigdy nie zobaczycie, bo żyje w gąszczu. Za to macie szansę go usłyszeć.

Wiecie, jak wyglądają trzcinowiska przy oczkach wodnych, rzeczkach lub jeziorkach. To gąszcz nie do przebycia. Właśnie w takim środowisku żyje sobie wodnik. Zastanawiacie się, jak w ogóle w czymś takim można mieszkać? Na rysunku widać, jak ubarwiony jest ten ptak. Boki ciała ma z poprzecznymi białymi i ciemnymi pręgami, które przypominają trzciny. Wierzch – jasnozielony z czarnymi plamkami. To oczywiście znakomite upierzenie maskujące i jedyne, co rzuca się w oczy, to dość długi i mocny czerwony dziób. Ubarwienie nie jest jednak odpowiedzią na pytanie, jak można sobie w takim gąszczu radzić. Na rysunku tego zapewne nie zobaczycie, więc opiszę wam kształt ciała wodnika. Gdy patrzymy na niego z boku, widać, że jest opływowy. Gdyby spojrzeć na niego z przodu, z tyłu lub z góry, okaże się, że dodatkowo jest jeszcze jakiś taki spłaszczony. Właśnie to boczne spłaszczenie pozwala wodnikowi przemykać pomiędzy trawami, trzcinami i gęstą wodną roślinnością.

Ale to nie wszystko. Wodniki wybierają się na łowy nocą. Szukają różnych drobnych żyjątek, takich jak owady, ale też mogą zjeść niewielką żabę, a czasami wybrać z gniazda jaja lub pisklęta innym ptakom. Dzięki spłaszczonemu ciału mogą dostać się niemal wszędzie. Ale one nie tylko przepychają się w gęstwinie, chodzą też po roślinności porastającej lustro wody, np. liściach nenufarów. Jak im się to udaje? Otóż mają bardzo długie palce, co powoduje, że ich stopa ma naprawdę dużą powierzchnię. Dzięki temu nacisk na liść pływający po wodzie jest niewielki. Przypomina to nieco rakiety śnieżne, za pomocą których człowiek może chodzić swobodnie w głębokim śniegu. Dzięki tym stopom wodnik potrafi również pływać, a czasami zdarza mu się nurkować.

W kwietniu, zaraz po powrocie z zimowisk, rozpoczynają się gody wodników i wtedy można usłyszeć ich wrzask przypominający kwik świni. To jeden z niewielu znaków, po których można poznać, że akurat w danym miejscu żyje wodnik. Może on jeszcze gwizdać lub chrząkać. Po takich zalotach ptaki budują bardzo dobrze ukryte gniazdo. Może być ono wplecione w trzciny albo pływać na unoszących się na wodzie roślinach. Wodniki zwykle dwa razy w roku składają od 4 do 12 jaj – w maju, a potem w lipcu. Wysiadują oboje rodzice, a gdy siedzi tylko samica, to jej małżonek odwiedza ją i dokarmia. Po trzech tygodniach wykluwają się pisklęta, które tylko przez pierwsze dni karmione są przez rodziców. Potem jedzenia szukają sobie same w czasie wycieczek w towarzystwie mamy i taty. Małe wodniki zaczynają latać po dwóch miesiącach. Muszą być gotowe do wędrówki na południe Europy lub do północnej Afryki. Zdarza się jednak, że niektóre ptaki nie odlatują i zostają na zbiornikach, na których nie zamarzła woda.

Samiec nie różni się niczym w ubarwieniu od samicy.

Sieweczka obrożna

Charadrius hiaticula

Gdy wybierzecie się nad rzeki albo nad morze, na piaszczystych plażach lub łachach spotkacie sieweczki. Albo obrożne, albo rzeczne. Te małe ptaszki nie sposób pomylić z czymś innym. Grzbiet i wierzch głowy brązowawe, brzuch biały, a na oczach czarna przepaska. Sieweczki obrożne mają też coś w rodzaju obroży, z tym że może być to mylące, bo bardzo podobnie wyglądają sieweczki rzeczne. Jedynie młode nie mają obroży. Ptaki mają pomarańczowe nóżki i dziób w tym samym kolorze z czarną końcówką. I to jest najbardziej różniąca je cecha od sieweczki rzecznej, która ma dziób cały czarny, a nogi żółtawe. Najbardziej charakterystyczne dla tych ptaków jest to, że szybko przebierając cienkimi nóżkami, biegają z niesamowitą prędkością. Co chwila schylają się, aby pochwycić owada, skorupiaka lub jakąś pierścienicę (czyli na przykład dżdżownicę). Nie gardzą też niewielkimi ślimakami. Krótko mówiąc, ich pokarm stanowi każde małe zwierzątko, które można znaleźć na terenach co chwila zalewanych przez wodę.

Jednak prędkość to atut związany nie tylko z przeszukiwaniem piaszczystych plaż w poszukiwaniu pokarmu. Sieweczki wykorzystują ją również do obrony młodych przed drapieżnikami. W maju samice sieweczki składają jaja w zagłębieniu, które trudno nazwać gniazdem. Zwykle jaja są cztery, ale sieweczka nie składa ich od razu. Odstępy pomiędzy złożeniem kolejnych wynoszą półtorej doby. Dlaczego? Otóż te cztery jaja to jakieś 60 proc. wagi tego małego ptaszka i sieweczka nie byłaby w stanie znieść ich naraz. Po 24 dniach wykluwają się pisklęta, które po paru godzinach opuszczają dołek. Życie na otwartych terenach nie należy jednak do najbezpieczniejszych. Nawet najlepiej zamaskowane młode nie mogą się czuć bezpiecznie, a ich rodzice nie są duzi i silni i nie mogą sobie pozwolić na atak na przykład na lisa. Rodzice, aby zmylić wroga, udają więc, że są bardzo chorzy. Uciekają powolutku na ugiętych łapkach, kładą się na brzuchu, rozkładają ogon i podnoszą jedno skrzydło do góry. Gdy wróg jest blisko, znów troszkę podbiegają. I tak kilka razy, dopóki nie są pewni, że prześladowca oddalił się od piskląt. Wtedy dopiero wzbijają się mu przed samym nosem w powietrze. Po czterech tygodniach młode potrafią już latać, a ich rodzice dość często przystępują do drugiego lęgu. Tym razem samica najczęściej zmienia miejsce zamieszkania i męża. Ciekawe jest to, że te sieweczki, które planują drugi lęg, mają już w pierwszym nieco mniejsze jaja. Nic zresztą w tym dziwnego, skoro znoszenie ich stanowi dla sieweczek nie lada wysiłek. Sieweczki odlatują od nas do Afryki już od lipca, ale przelotne ptaki można jeszcze spotkać w październiku. Wracają w kwietniu.

SIEWECZKA OBROŻNA

WAGA
55-65 g

ROZPIĘTOŚĆ
SKRZYDEŁ
40 cm

Ohar

Tadorna tadorna

OHAR

WAGA
**samiec do 1,6 kg,
samica do 1,2 kg**

ROZPIĘTOŚĆ
SKRZYDEŁ
115 cm

Ta kaczka to jest prawdziwa kaczka dziwaczka i z wyglądu, i z zachowania, więc problemów z jej rozpoznaniem nie będziecie mieli żadnych.

Najłatwiej opisać ohara na podstawie samca w szacie godowej, czyli wiosną i latem. Otóż prawie cały ohar jest biały – szyja i brzuch – ale ma ciemną pręgę na spodzie, którą widać, gdy leci. Końcówki skrzydeł są czarne, a na dodatek, kiedy są złożone, można zobaczyć na nich pióra układające się w zielonkawe, błyszczące lusterko. Tuż za szyją, a przed skrzydłami, ohar ma coś w rodzaju szarfy czy też grubego brązowego pasa obejmującego go dokoła. Nogi są czerwone. Ale najciekawsza jest głowa, która u samic i samców w okresie godowym jest prawie czarna z zielonkawym, ledwo widocznym połyskiem. Od razu rzuca się w oczy czerwony dziób i po nim właśnie najłatwiej poznać, czy to pan, czy pani. Bo panowie ohary mają na nim jeszcze całkiem pokaźną balonowatą narośl, której wysokość może dochodzić nawet do kilkunastu centymetrów. Co ciekawe, po okresie godowym ta narośl znika.

Ale to nie wszystkie ciekawostki. Otóż ohary przylatują do nas w marcu i po zalotach polegających na podskakiwaniu i przysiadywaniu wokół samicy zaczynają się rozglądać za odpowiednim miejscem na gniazdo. A nie wybierają byle czego. Lubią bardzo, gdy ich gniazdo jest dobrze ukryte. Wybierają więc opuszczone domy, bunkry, podkopują się pod stogi siana, ale też nory różnych zwierząt. Jeżeli czegoś takiego nie ma w okolicy, a gleba nie jest bardzo zbita, to ohar potrafi sam wykopać sobie norę i ma ona zwykle do 1 m głębokości, choć zdarzają się i takie, które mają do 4 m. Ponieważ o nory trudno, czasami kilka samic korzysta z jednej. Do tego znoszone są różne trawy i wodorosty. Samica składa od 6 do 18 jaj. Mama wysiaduje, a ojciec pilnuje nory. Wysiadywanie trwa miesiąc i po wykluciu się młode razem z matką wędrują nad wodę. Czasami może być to daleka podróż, bo nora może być oddalona od wody nawet o 3 km. Ale kiedy maluchy już dotrą na miejsce, czują się bezpieczne. Po pierwsze dlatego, że opiekują się nimi oboje rodzice, a po drugie, młode ohary, w przeciwieństwie do dorosłych, potrafią nurkować. Cała rodzinka spokojnie przeczesuje płytkie wody w poszukiwaniu różnych żyjątek, które są ich podstawowym pokarmem, zjadają także rośliny, ale rzadziej.

W Polsce ohary są bardzo rzadkie, gnieździ się około 140 par, głównie na Wybrzeżu oraz nad bardzo dużymi zbiornikami. Jesienią te piękne kaczki odlatują na zachód Europy. W czasie lotów czasami formują klucze, a ponieważ są bardzo duże, w locie przypominają gęsi. Różnią się od nich tylko tym, że gdy lecą, nie wydają z siebie żadnego głosu.

Sumik karłowaty

Ictalurus nebulosus

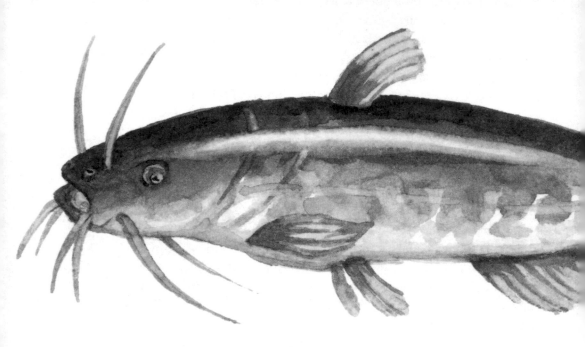

**SUMIK
KARŁOWATY**

WAGA
około 250 g

DŁUGOŚĆ CIAŁA
do 25 cm

**W Ameryce mogą
dorastać nawet
do 47 cm i ważyć
prawie 2 kg.**

Wędkarze i rybacy za sumikami nie przepadają, za to ja mam do tych dziwacznych rybek wielki sentyment.

Sumika karłowatego można opisać pokrótce tak: poza kształtem niektórych płetw, na przykład ogonowej, brzusznej oraz grzbietowej, wygląda dokładnie jak nasz sum. Jest tylko – jak sama nazwa wskazuje – jego miniaturką. Podobnie jednak jak sum ma masywną głowę, dość dużą jak na swoje rozmiary paszczę, a przy niej to, co najbardziej charakterystyczne dla wszystkich sumów, czyli wąsy. Ubarwienie też jest bardzo podobne, bo sumiki karłowate są głównie ciemne, wręcz czarne, choć zdarzają się osobniki brązowawe, a nawet białe. U normalnego sumika jasny jest tylko brzuch. Taki ciemny grzbiet i jasne podbrzusze to typowe barwy ryb żyjących na dnie, i to mulistym.

Kiedy chodziłem do szkoły podstawowej, mój kolega z klasy Maciek miał akwarium z dwoma sumikami. Ryby te były o wiele większe niż wszystkie znane mi rybki akwariowe, i bardzo tajemnicze. Poza tym wielkie wrażenie robiło na mnie to, że kiedy Maciek przybliżał rękę z kawałeczkiem mięsa nad taflę wody, od razu pojawiała się wielka paszcza sumika i to mięsko znikało. Coś niesamowitego, szczerze zazdrościłem mu sumików.

Problem był tylko jeden – poza sumikami i pewnym mieczykiem nie było w tym akwarium żadnej ryby. Wszystkie zostały zjedzone. Sumiki tylko bardzo wyrośniętemu mieczykowi nie dały rady. I właśnie za to nie lubią ich wędkarze i rybacy. Sumiki zjadają wszystko, co jest w stanie zmieścić się w ich wielkiej paszczy. W naszych rzekach i jeziorach (a spotkać je można wszędzie) zjadają owady i ich larwy, skorupiaki, pierścienice, no i oczywiście narybek oraz ikrę innych ryb. Na dodatek sumik wcale nie jest gatunkiem europejskim. Został sprowadzony w XVIII w. do Niemiec, a pod koniec XIX w. ktoś wpuścił go do stawów w Polsce. Oczywiście wtedy rybacy liczyli na to, że sprowadzają rybkę, która będzie smaczna, ale srodze się zawiedli. Bo poza tym, że sumik wymknął się spod kontroli i zaczął niszczyć inne gatunki ryb, to tu, w Europie, wcale nie rósł zbyt duży i jego połów zupełnie się nie opłacał. Dlaczego sumik osiągnął na obcym terenie taki sukces? Otóż jedną z odpowiedzi na to pytanie może być to, że rybki te bronią swego potomstwa. W trzecim roku życia po osiągnięciu około 20 cm długości te przystępują do rozrodu. Samica składa około 2-3 tys. ziaren ikry, ale nie byle gdzie, tylko do wybudowanego wśród roślin gniazda. Jeżeli jest ciepła woda – około 20 st. C – to już po sześciu dniach wykluwają się z nich małe sumiki. Zarówno gniazdem, jak i młodymi opiekuje się samiec. Tata, jeżeli trzeba młode przekonać, aby opuściły gniazdo, bierze je w swą paszczę i wynosi na zewnątrz. Oczywiście wtedy zapomina o swej żarłoczności.

Zwierzaki Wajraka

Gęste lasy, leśne bagna, uroczyska na nizinach i w górach

Mysz leśna

Apodemus flavicollis

To prawdziwy gigant wśród myszy. A do tego ma całkiem spore uszy i olbrzymie oczy. Być może dlatego nazywa się ją myszą wielkooką.

    Myszy leśne, jak sama nazwa wskazuje, najłatwiej spotkać w lesie. A jesienią mogą przyjść do waszych domów. Oczywiście, jeśli mieszkacie tak jak ja – na wsi. Aktywne są głównie nocą, ale można je zobaczyć także w dzień. Miałem takie spotkania kilka razy. Baraszkowały wśród suchych liści, a ja myślałem, że to jakieś wielkie zwierzaki – tyle robiły hałasu! Ale gdy zobaczyłem, kto tak hałasuje, nie miałem już

MYSZ LEŚNA

WAGA
do 70 g

DŁUGOŚĆ CIAŁA
do 24 cm

żadnych wątpliwości. Bo myszy leśne bardzo trudno pomylić z innymi zwierzakami, ba! – nawet z innymi gatunkami myszy. Oprócz wielkich ślepiów mają bowiem bardzo charakterystyczne trzy żółte plamy na karku i piersi. Plamy te czasami się łączą, tworząc coś w rodzaju żółtej obroży.

Moje dzienne spotkania z olbrzymimi myszami mają związek z tajemniczym zjawiskiem tzw. masowych pojawów gryzoni. Regularnie co pięć-sześć lat liczba gryzoni na polach i w lasach wzrasta kilkakrotnie. Normalnie na obszarze jednego hektara można spotkać około 10 myszy, a w tych latach – co najmniej pięć razy więcej. Dlaczego? To przez to – twierdzą niektórzy naukowcy – że co jakiś czas dęby zrzucają więcej żołędzi, którymi gryzonie chętnie się żywią. Być może tak jest, ale przecież główny pokarm myszy leśnych to nasiona, pędy, a nawet owady...

Myszy leśne znakomicie skaczą, potrafią się wspinać i bardzo szybko biegają, ale i tak często padają ofiarą drapieżników. Polują na nie sowy, kuny, lisy, jenoty, borsuki, łasice... Ale gryzonie bardzo szybko odrabiają straty. Jedna samica myszy leśnej może rodzić po osiem młodych dwa, a nawet trzy razy w roku. Co ciekawe, jeżeli mama tych młodych zginie, to często bierze je pod opiekę inna samica.

Warto wiedzieć

Ciało myszy leśnej może mierzyć nawet 12 cm, drugie tyle ma ogon. Ucho może mieć nawet 2 cm, a waga ciała dochodzi do 70 g. Dla porównania: mysz domowa waży około 25 g. Mysz leśna w niewoli żyje nawet do czterech lat, natomiast w naturze – półtora roku.

Jarząbek

Bonasa bonasia

JARZĄBEK

WAGA
do 0,5 kg

ROZPIĘTOŚĆ
SKRZYDEŁ
około 56 cm

Nigdy nie zapomnę mojego pierwszego spotkania z samicą jarząbka siedzącą na jajach. Ja się zbliżam, a ona nic, ja już od niej tuż--tuż, a ona ani drgnie. Prawie ją dotykałem, a ona nawet okiem nie mrugnęła. Oto ptak o stalowych nerwach.

Oczywiście, nie powtarzajcie tego, co ja robiłem, po co denerwować niepotrzebnie te ptaki. A tak naprawdę to nie wiem do końca, czy samica miała aż tak stalowe nerwy, czy też po prostu była tak bardzo przekonana o właściwościach swojego maskującego upierzenia. Bo co tu dużo pisać – mało który ptak tak dobrze potrafi się maskować jak jarząbek. Jest on co prawda bardzo pstrokaty, brązowo-szaro-czarny, ale ta pstrokatość w lesie, gdzie światło się załamuje jak nigdzie indziej, powoduje, że jest niemal niewidzialny. A jarząbek jest mieszkańcem gęstych lasów północno-wschodniej Polski. Mieszka też w górach. Zobaczyć go można dopiero wtedy, gdy zaczyna

przed nami uciekać. Na początku jak każdy kurak, bo jarząbek jest kurakiem, zwiewa na piechotę, a dopiero później, gdy uzna, że sytuacja jest naprawdę niebezpieczna, zrywa się do lotu ze świstem skrzydeł. Lot nie jest zbyt wysoki i daleki, ma może kilkaset, może kilkadziesiąt metrów, i jarząbek znów zwiewa na piechotę. Tylko raz w życiu udało mi się zobaczyć jarząbka nieprzestraszonego – łaził sobie po wysokim drzewie, bardzo sprawnie chwytając się gałązek, i pożerał ze smakiem pączki. To przysmak jarząbków. Poza pączkami zjadają one też chętnie różne leśne owoce. Pomyślicie zapewne, że ten ptaszek to wegetarianin. Nic bardziej błędnego. Młode jarząbki, które wykluwają się w maju, od razu zaczynają wędrować za mamą, zjadając owady, i to w bardzo dużych ilościach. Wiadomo – rosną i potrzebują dużo, dużo białka.

Na młode jarząbki będziecie musieli poczekać aż do wiosny. Jesienią dość łatwo można usłyszeć samce tych ptaków – tym różnią się od samiczek, że mają coś w rodzaju czubka na głowie i bardzo wyraźne, czarne podgardle. Na jesieni właśnie często sobie poświstują, co oznacza nic innego jak zajmowanie terytorium. Wiosną samce jeszcze raz będą poświstywać, czyli jakby potwierdzać swoją zdobycz, i podobnie jak jesienią będą dziarsko bronić swych terytoriów przed innymi panami jarząbkami.

Warto wiedzieć

Samica jarząbka składa we wgłębieniu leśnej ściółki od 8 do 14 jaj. Są one ciemnożółte i pokryte ciemnobrązowymi plamkami. Młode wykluwają się po ponad trzech tygodniach i od razu opuszczają gniazdo. Oznacza to, że młode jarząbki to zagniazdowniki w przeciwieństwie do gniazdowników, czyli ptaków wychowujących się w gniazdach. Młode same się żywią, a opieka samicy ogranicza się tylko do ich osłaniania przed atakami drapieżników. Po tygodniu potrafią podlatywać. Samica chroni też swoje dzieci przed deszczem i zimnem.

Wiewiórka

Sciurus vulgaris

W iewiórki mieszkają w dziuplach i jedzą wyłącznie orzeszki. Tak myślałem przez całe dzieciństwo i dopiero nie tak dawno dowiedziałem się, że bardzo się mylę.

Szedłem po lesie z moim przyjacielem, bardzo mądrym przyrodnikiem, i nagle zobaczyliśmy wiewiórkę. Wdrapała się na drzewo i zniknęła. Byłem przekonany, że ukryła się w dziupli. W dziupli? Mój kolega przyrodnik popukał się w głowę i wskazał w koronie drzewa na coś w rodzaju kuli z zeschłych liści, gałązek i różnych rzeczy, których pełno w lesie. To było... gniazdo wiewiórki! Trochę mnie to zaskoczyło, bo byłem przekonany, że gniazda mają tylko ptaki. Zresztą ta kula, choć niezbyt misternie zbudowana, wyglądała właśnie na gniazdo ptasie. Dopiero później dowiedziałem się, że gniazdo wiewiórki tym różni się od ptasiego, że ma wejście od dołu, a ptaków na ogół gdzieś z boku.

Może gdy już opadną liście, uda wam się takie gniazdo wiewiórki w koronie drzewa wypatrzyć?

Wiewiórki zaskoczyły mnie jeszcze raz, gdy dowiedziałem się, że nie są takimi kompletnymi roślinożercami. Każde dziecko wie, że jedzą orzeszki, a także żołędzie, nasiona buka, jodły, świerka, sosny

Warto wiedzieć

W naszych lasach i parkach możecie spotkać dwie odmiany wiewiórek: czarnobrunatne, żyjące w lasach świerkowych, najczęściej w górach, i znacznie pospolitsze – rude. To ten sam gatunek. Wiewiórki mogą przychodzić na świat dwa-trzy razy w roku – wiosną i latem. Zwykle samica rodzi od czterech do siedmiu młodych. Zimą wiewiórki nie zasypiają. Są po prostu mniej aktywne.

i różne leśne owoce. Ale to nie wszystko. Raz zobaczyłem, jak na widok wiewiórki buszującej w gałęziach małe ptaszki podniosły straszny wrzask. Dlaczego się tak denerwowały? Bo wiewiórka lubi też wyjadać jaja, a nawet małe pisklęta. No cóż, nie ma to jak urozmaicona dieta. Żeby dostać takie jedzonko jak szyszki czy jajka, wiewiórka musi znakomicie się wspinać. O tym zapewne wiecie, ale czy wiecie, do czego jej służy puszysty ogon? Dzięki niemu utrzymuje równowagę w powietrzu podczas skoków i balansowania na gałęziach!

Inną charakterystyczną cechą wiewiórki są jej pędzelki na uszach. Największe i najwyraźniejsze są jesienią i zimą.

WIEWIÓRKA

DŁUGOŚĆ CIAŁA
do 30 cm

DŁUGOŚĆ OGONA
do 25 cm

Ryś

Lynx lynx

Wszystkie zwierzaki, które dla was opisywałem, widziałem na własne oczy. Ale teraz napiszę o zwierzaku, który za nic na świecie nie chce mi się pokazać, czyli o rysiu*. Gdybyście go kiedyś zobaczyli na wolności, to dajcie mi znać. Koniecznie.

Wszyscy moi znajomi widzieli już rysie, a ja nie. Nie wiem, czy to dlatego, że rysie prowadzą tajemniczy i skryty tryb życia, czy dlatego, że mam pecha. Chyba jedno i drugie. Czasami mam wrażenie, że jakiś ryś mnie obserwuje gdzieś z ukrycia, kiedy chodzę sobie po lesie. To bardzo możliwe, bo często na śniegu znajdowałem ich świeże tropy, które różnią się od wilczych tym, że są okrągłe i na ogół nie widać na nich odciśniętych pazurów. Bo ryś jak każdy kot potrafi je po prostu schować.

Rysie mają bardzo duże terytoria, czyli tereny, po których wędrują i na których polują – mogą one mieć powierzchnię nawet 300 km kw. Oczywiście, tak duży obszar zajmują na ogół samce, które są wielkimi samotnikami. Ich terytoria pokrywają się częściowo z mniejszymi terytoriami samic. Samice wędrują z jednym, dwoma lub trzema młodymi. Maluchy, które przychodzą na świat w kwietniu i maju, towarzyszą matce bardzo długo, nawet rok. Po pierwsze dlatego, że muszą się na-

Warto wiedzieć

Krótki ogonek rysia ma nie więcej niż 22 cm. Natomiast pędzelki na uszach – około 4 cm. W Polsce rysie żyją w gęstych lasach na północnym wschodzie kraju oraz na południu – w górach. Ostatnio osiedlono je powtórnie w Puszczy Kampinoskiej pod Warszawą. Mieszka u nas około 250 tych kotów.

uczyć wszystkich łowieckich sztuczek, a po drugie, muszą im się całkowicie wykształcić kły. Dopiero wtedy mogą polować zupełnie same. Rysie w przeciwieństwie do wilków nie gonią swych ofiar na długich dystansach. Najczęściej czają się w jakimś młodniku lub za wykrotem i spokojnie czekają, aż w pobliżu pojawią się na przykład sarny. Kilka susów i ryś dopada swą ofiarę – chwyta ją pazurami i zabija silnym ugryzieniem. Takie krótkie, szybkie ataki umożliwia rysiom budowa ciała. Ich przednie nogi są o jedną piątą krótsze niż tylne, które działają niczym sprężyny.

Rysie zjadają głównie sarny, ale żywią się też małymi jeleniami, zającami i gryzoniami oraz leśnymi ptakami, jak na przykład jarząbki. Kiedy ofiara jest duża, ryś za pomocą gałęzi i ściółki maskuje ją bardzo dokładnie. Chodzi o to, żeby inne zwierzaki nie odkryły jego zdobyczy, a on sam mógł się spokojnie pożywiać przez kilka dni.

* Kiedy pisałem ten tekst 20 lat temu, rzeczywiście nie widziałem rysia. Ale od tego czasu udało mi się go zobaczyć dwa razy, niestety tylko przez krótką chwilę.

RYŚ

WAGA
**samce do 35 kg,
samice do 25 kg**

DŁUGOŚĆ CIAŁA
do 135 cm

Sikory:
bogatka, modra i czubata

Parus major, Parus caeruleus i Parus cristatus

Z imą zawsze wywieszam coś za oknem. Albo słoninkę, albo torebki z siateczki wypełnione łuskanymi orzechami, pestkami słonecznika. I czekam na sikory.

Sikory w karmniku pojawiają się niemal od razu. Najpierw jedna, druga, a potem kolejne i kolejne. Słoninka znika w ciągu paru dni, a łuskane orzechy z siateczki – zaledwie w parę godzin. Pierwszymi gośćmi są najczęściej sikory bogatki o czarnych łebkach i niebieskozielonym ubarwieniu. Obok nich nieśmiało kręcą się sikory modre, których nazwa wzięła się niewątpliwie od koloru czapeczki na głowie. Bogatki przy karmniku zachowują się dość agresywnie i przeganiają się nawzajem. Czasami wystarczy, że rozłożą skrzydełka, wisząc na słonince, i już inne sikory widzą, że nie ma co podlatywać. Takie lekko rozłożone i skierowane ku dołowi skrzydła to oznaka zdenerwowania i informacja: uważaj, nie zbliżaj się do mojego jedzonka!

Kiedy bogatki choć na chwilę odlecą, przy jedzeniu pojawiają się od razu sikory modre. Skubią, co się da, dopóki przy karmniku nie pojawią się ich więksi kuzyni.

Te dwa gatunki sikor – bogatkę i modrą – zobaczyć może każdy. Wystarczy tylko wywiesić słoninkę (oczywiście niesoloną i niewędzoną, bo to szkodzi ptakom) i czekać. Mało który ptak jest tak pewnym gościem w naszym karmniku jak

SIKORY

WAGA
**bogatka do 20 g,
czubata do 12 g,
modra około 11 g**

właśnie sikory. Ciekawi jesteście dlaczego? Otóż w lecie i wiosną żywią się owadami, ich larwami i jajeczkami. Zbierają je od rana do wieczora dla swoich młodych i dla siebie. Zimą co prawda piskląt nie ma, ale za to jest zimno, więc sikory muszą jeść znacznie więcej. Działa tu prosta zasada. Małe zwierzątka w przeciwieństwie do dużych bardzo szybko się wychładzają. To oczywiste – coś, co jest małe, stygnie szybciej niż to, co jest duże. Żeby się przed tym bronić, małe zwierzaki, takie jak sikory, muszą cały czas jeść. Jedzenie to przetwarzane jest na energię, która pozwala się tym maluchom ogrzać. Jak już wspomniałem, latem i wiosną sikory jedzą głównie owady. Zimą znacznie trudniej jest je znaleźć. Owszem, owady chowają się w szparach drzew, są tam też ich jaja i poczwarki, ale żeby je znaleźć, potrzeba dużo czasu. Dlatego sikory od rana do wieczora przeszukują szparki w korze drzew, ściany domów. Każde miejsce, w którym coś mogło się schować. Potrzebują bardzo, bardzo dużo pokarmu, i to pożywnego. Kiedy zdarzy im się napotkać na swej drodze karmnik z całą górą energetycznego pokarmu, jakim są orzechy, pestki słonecznika albo słoninka, obsiadają go jak muchy i nie bardzo chcą się dzielić z innymi. W zamierzchłych czasach zamiast wiszącej słoniny sikory obsiadały martwe zwierzaki. Dziś można taki widok zobaczyć w wielkich i gęstych lasach, takich jak Puszcza Białowieska. Tam właśnie można spotkać jeszcze jeden gatunek sikory – sikorę czubatą, która, jak sama nazwa wskazuje, ma na głowie śmieszny pstrokaty czubek. Bardzo rzadko pojawia się ona w karmnikach – woli szukać owadów oraz nasion w gęstych świerkowych lasach. Wiosną, gdy robi się cieplej, sikory coraz rzadziej korzystają z karmników. Zajmują się poszukiwaniem dziupli, w których mogłyby założyć gniazdo.

Warto wiedzieć

W kwietniu sikory składają jaja – najwięcej bogatka (nawet do 13), potem modra (do 10), a najmniej czubata (do 7). U wszystkich gatunków jaja wysiadują samice.

Dzik

Sus scrofa

Z nacie taki wierszyk: „Kto spotyka w lesie dzika, ten na drzewo szybko zmyka"? Jego autor się mylił – to na ogół dziki zmykają na widok człowieka.

Ale domyślam się, dlaczego co bardziej tchórzliwi zwiewają na widok dzików. Otóż te całkiem spore zwierzęta, kuzyni świnek, mają znakomity, znacznie lepszy niż pies węch, niczego sobie słuch i bardzo marny wzrok. Czasami może się zdarzyć, że dzik nie wyczuje człowieka, ale usłyszy, jak ten się porusza. Ponieważ nie za dobrze widzi, to podbiega. Wygląda to tak, jakby miał zamiar człowieka zaraz roznieść, a on po prostu chce się przyjrzeć, z kim ma do czynienia. No i kiedy stwierdzi, że to człowiek, bardzo szybko zwiewa w drugą stronę.

Napisałem o świetnym węchu dzika. Rzeczywiście, nos osadzony na długim, mocnym ryju dzik ma znakomity. Nie bez powodu. Otóż poza wywąchiwaniem pokarmu ten ryj służy także do rycia w ziemi, bo większość pokarmu dziki znajdują właśnie tam. I co wygrzebią, to natychmiast pożerają. Jedzą żołędzie, pędy roślin, ale nie gardzą też larwami owadów, dżdżownicami czy gryzoniami. Bardzo ważnym pokarmem dla dzików jest padlina, szczególnie zimą, gdy ziemia jest zamarznięta i ryć jest bardzo trudno. Najczęściej można spotkać ryjącą całą watahę (czyli grupę dzików), składającą się z kilku samic (czyli loch) i ich potomstwa. Dziki bardzo lubią chadzać w takich grupach, dlatego że jest to po prostu bezpieczne. Mało który drapieżnik ma odwagę zaatakować takie stadko, a poza tym, gdzie więcej nochali, uszu i oczu, tam łatwiej w porę zauważyć nadchodzące niebezpieczeństwo. Tylko samce dzików, czyli odyńce, trzymają się na ogół oddzielnie. Ale one są potężniejsze niż lochy, mają większe kły i mało kto w lesie ma ochotę się z nimi zmierzyć. Poza tym dzik ma bardzo twardą skórę pokrytą szorstką szczeciną. Broniąc się przed pasożytami, dość często czochra się o drzewa i tarza w błocie, tak że na jego skórze tworzy się

DZIK

WAGA
**samce do 350 kg,
samice do 100 kg**

WIEK
do 20 lat

WYSOKOŚĆ W KŁĘBIE
ponad 1 m

coś w rodzaju pancerza. Tak zabezpieczonego dzika nie są w stanie zabić nawet wilki. Dlatego poza zimowym głodem, no i człowiekiem, nie ma praktycznie wrogów.

Dzicze zaloty odbywają się zimą. W tym czasie zwierzęta te kwiczą, jakby były na mękach. Oczywiście nic złego im się nie dzieje, a kwiki to po prostu wyraz radości. Owoce tej zimowej miłości, czyli maleńkie pasiaste warchlaczki, pojawiają się w marcu. Dziczki rodzą się w specjalnych barłogach wyściełanych suchymi mchami i trawą, a już po paru godzinach od porodu dzielnie wędrują za mamą. Mogą żyć nawet 20 lat.

Warto wiedzieć

Coraz częściej dziki pojawiają się w miastach, szczególnie tam, gdzie jest dużo odpadków. Takie zwierzęta nie boją się ludzi i zdenerwowane mogą uderzyć ryjem. Lepiej ich nie karmić i do nich nie podchodzić.

Niedźwiedź brunatny

Ursus arctos

NIEDŹWIEDŹ BRUNATNY

WAGA
200-350 kg

DŁUGOŚĆ CIAŁA
do 2,5 m

DŁUGOŚĆ OGONA
12 cm

Niedźwiedzie zasypiają na zimę. Ale nie wszystkie robią to w jednym czasie. Niektóre zasypiają wcześniej, inne później. Kiedyś zdarzyło mi się w Bieszczadach trafić na trop niedźwiedzia w środku zimy.

Właściwie z tym zasypianiem na zimę to nie jest tak, jak myślą sobie ludzie, śpiewając piosenkę „Stary niedźwiedź mocno śpi". Niedźwiedź wcale nie śpi zbyt mocno w porównaniu z jeżami czy nietoperzami albo susłami czy świstakami, które też zapadają w sen zimowy. W przeciwieństwie do tych zwierzaków niedźwiedziom nie obniża się temperatura ciała. Niepokojone bardzo szybko się budzą i przeganiają intruza, który zakłóca ich spokój w gawrze. Gawra to taki zimowy dom niedźwiedzi, często jest to wykrot albo grota, którą wyściełają gałązkami. W gawrze właśnie w grudniu niedźwiedzice rodzą młode. Są one zaraz po porodzie tak maleńkie, że aż trudno sobie wyobrazić, że kiedyś wyrosną z nich tak duże zwierzęta. Powiem tylko, że małe miśki nie są większe niż świnki morskie. Niedźwiadkom niestraszna zima, bo siedzą sobie dobrze osłonięte przed wiatrem i zamieciami.

Maluchy rosną szybko, ssąc przez pierwsze cztery miesiące życia mleko matki. Kiedy zaczyna się wiosna, wyłażą przed gawrę i zaczynają się nieporadnie bawić. W kwietniu i maju zaczynają same jeść to, co dorosłe niedźwiedzie, czyli wszystko – larwy owadów, gryzonie, leśne owoce, korzonki, padlinę. Niedźwiedź to, jak napisałem, drapieżnik, ale taki dziwny drapieżnik, który je bardzo dużo roślin. Wystarczy spojrzeć na zęby misia – kły ma długie i ostre, za to zęby znajdujące się w okolicach policzków są już płaskie, bo służą do rozcierania pokarmu roślinnego.

Warto wiedzieć

Młode misie stają się samodzielne i opuszczają matkę w drugim lub trzecim roku życia. Samice są mniejsze niż samce. Niedźwiedzie mogą dożywać wieku 30 lat. W Polsce mieszka ich około stu, głównie w Bieszczadach, Tatrach i Beskidach.

Dzięcioł trójpalczasty

Picoides tridactylus

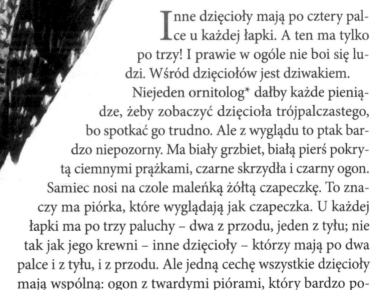

Inne dzięcioły mają po cztery palce u każdej łapki. A ten ma tylko po trzy! I prawie w ogóle nie boi się ludzi. Wśród dzięciołów jest dziwakiem.

Niejeden ornitolog* dałby każde pieniądze, żeby zobaczyć dzięcioła trójpalczastego, bo spotkać go trudno. Ale z wyglądu to ptak bardzo niepozorny. Ma biały grzbiet, białą pierś pokrytą ciemnymi prążkami, czarne skrzydła i czarny ogon. Samiec nosi na czole maleńką żółtą czapeczkę. To znaczy ma piórka, które wyglądają jak czapeczka. U każdej łapki ma po trzy paluchy – dwa z przodu, jeden z tyłu; nie tak jak jego krewni – inne dzięcioły – którzy mają po dwa palce i z tyłu, i z przodu. Ale jedną cechę wszystkie dzięcioły mają wspólną: ogon z twardymi piórami, który bardzo pomaga we wspinaczce po drzewach.

Dzięcioł trójpalczasty żyje głównie w starych lasach świerkowych. Żeby go spotkać, najlepiej wybrać się albo w góry, albo na północny wschód Polski. Największą ostoją** tego ptaka jest Puszcza Białowieska i pasmo Karpat, bo tam jest najwięcej obumierających i martwych drzew, które nam wydają się bezużyteczne, a dla niego są bardzo ważne. Właśnie w takich spróchniałych pniach dzięcioł trój-

DZIĘCIOŁ TRÓJPALCZASTY

WAGA
ponad 60 g

ROZPIĘTOŚĆ SKRZYDEŁ
około 30 cm

palczasty wyszukuje larwy owadów. Najpierw wytrwale kuje, a potem wyciąga je z dziury długim językiem.

W okresie godowym dzioba dzięcioł używa także do bębnienia w drzewa. Nie robi tego wcale dla zabawy, ale po to, by wypędzić intruzów ze swego terytorium. Dla wielu dzięciołów bębnienie jest tym samym co na przykład gwizdanie dla szpaków.

Dzięcioł trójpalczasty wykuwa dziuplę najpóźniej ze wszystkich dzięciołów – dopiero w kwietniu, czasem w maju. Zwykle dość nisko nad ziemią. Łatwo ją poznać, bo otwór jest niemal idealnie okrągły. Tam samica składa od trzech do pięciu jaj, które rodzice wysiadują na zmianę. Po mniej więcej dwóch tygodniach wykluwają się z nich młode, a po kolejnych trzech młode zaczynają wyglądać z dziupli i wkrótce opuszczają domostwo.

SŁOWNICZEK

* ORNITOLOG
to naukowiec badający życie i obyczaje ptaków.

** OSTOJA
to miejsce, w którym zwierzęta żyją i czują się najbezpieczniej.

Warto wiedzieć

Język dzięciołów ma zadziorki i jest pokryty lepkim śluzem, co ułatwia wyciąganie larw ze szpar wykutych w drzewach. Ale nie wszystkie dzięcioły bębnią i kują. Nie bębni dzięcioł średni. Do najdziwniejszych należy krętogłów, który choć jest dzięciołem, to ani nie bębni, ani nie potrafi sam wykuwać dziupli.

Jeleń

Cervus elaphus

C o ten jeleń ma na głowie? Zawsze wydawało mi się, że poroże jeleni jest twarde i ostre. A tymczasem zobaczyłem coś naprawdę dziwnego – jelenia z porożem, które wyglądało tak, jakby było mięciutkie.

Rzeczywiście tak jest. Panowie jelenie, czyli byki, wczesną wiosną, a czasami już w lutym zrzucają z głów swoje poroża. I poroże zaczyna im rosnąć od nowa. Wczesnym latem kształtem przypomina już to właściwe twarde poroże, ale jest pokryte mięciutką skórką, jakby zamszem. Ta miękka skórka nazywa się scypuł. W lipcu scypuł obumiera i zaczyna odpadać. Byki, które w maju uważały, żeby nie uderzyć w coś delikatnym jeszcze porożem, w lipcu trą nim o każdy wystający przedmiot. Właśnie po to, żeby usunąć obumierający scypuł. Im jeleń starszy, tym poroże, które wyrasta, jest większe i z większą liczbą odnóg.

Panowie jelenie potrzebują gotowego poroża na wrzesień, bo wtedy zaczyna się czas miłości i każdy byk stara się zdobyć jak najwięcej

Warto wiedzieć

Jeleń byk może ważyć od 100 do 350 kg, samice są o jedną trzecią lżejsze. Poroże jelenia składa się z dwóch tyk, na każdej z nich są odnogi. Teoretycznie po liczbie takich odnóg można określić wiek jelenia. Na przykład w drugim roku życia młody byczek nie ma żadnych odnóg, tylko dwa szpice. Trzyletni może mieć już trzy na każdej, a zdarzają się takie, które mają po 12-13 na każdej. Oczywiście liczba odrostów zależy też od kondycji zdrowotnej i od tego, jak byk się odżywia, dlatego określanie wieku po porożu może być mylące i niezbyt dokładne.

łań, czyli jelenich pań.
Łanie łatwo odróżnić
od byków, bo nie mają
żadnych ozdób na głowie.

W czasie zalotów byki
ryczą jak szalone i dlatego
ten czas nazywamy ryko-
wiskiem. Czasami gdy ryk
nie pomaga przegonić ry-
wala, samiec atakuje – bronią
jest już bardzo wtedy twarde
poroże.

Młode jelonki przychodzą
na świat dopiero w maju. Szybko
stają na nogi i podążają za mamą.
Muszą bardzo uważać, bo stanowią
łatwą ofiarę dla wilków i rysi. Po
trzech-czterech miesiącach przestają ssać i zaczynają jeść to, co dorosłe
jelenie, czyli różne trawy
i zioła, żołędzie, pącz-
ki krzewów i drzew
oraz ich korę.

Grubodziób

Coccothraustes coccothraustes

GRUBODZIÓB

WAGA
do 50 g

DŁUGOŚĆ CIAŁA
18 cm

ROZPIĘTOŚĆ
SKRZYDEŁ
32 cm

Aaaaaa – tak się darłem, albo jeszcze bardziej, gdy dziobek, a właściwie solidne dziobisko grubodzioba zacisnęło się na moim palcu. Co za ból! Nigdy tego nie zapomnę.

Był to młody grubodziób. Miał jeszcze przypominające śmieszną czuprynkę puchowe piórka na głowie. Młody nie młody, ale dziób miał już twardy, a krawędzie ostre jak nie wiem co. Znalazł go mój kolega, a ja zdeklarowałem się, że trochę się nim zaopiekuję. Nie było to łatwe, bo gdy podawałem mu pokarm na wykałaczce albo zapałce, po prostu przecinał ją w ułamku sekundy.

Nie będę wam dokładnie opisywał grubodzioba, zerknijcie na rysunek. Ptaszek to bardzo kolorowy o krępej budowie ciała, no i – jak nazwa wskazuje – bardzo grubym i solidnym dziobie. Takiego dziobka nie ma żaden nasz ptaszek. Zastanawiacie się pewnie, do czego mu on służy. Oczywiście, że do zdobywania pokarmu. A grubodzioby żywią się głównie nasionami lub pestkami owoców. Uwielbiają pesteczki wydłubane z owoców czeremchy. Gdy znajdziemy pod nią maleńkie łupinki jakby nożem przecięte na pół, to znaczy, że na drzewie stołowały się grubodzioby. Podglądałem kiedyś pewnego grubodzioba, który przylatywał na czereśnie. Najpierw kilkoma wprawnymi ruchami dzioba obierał pestki z tego, co najbardziej lubi człowiek, czyli ze słodkiego i soczystego miąższu. Kiedy już miał gotową obraną pestkę, w ułamku sekundy przecinał ją swym dziobem i wyjadał zawartość. Próbowaliście kiedyś na przykład młotkiem rozbić pestkę czereśni lub wiśni? Nie jest to wcale łatwe. A grubodziób robił to w moment. Co ten ptaszek ma w tym dziobie? Jakąś dźwignię? Otóż, jak się okazało, nacisk dzioba grubodzioba wynosi około 50 kg. To niesamowita maszyneria do rozwalania pestek. Ornitolodzy, którzy obrączkują te ptaki, muszą bardzo uważać, aby nie stracić paznokcia.

Kiedyś trafił do mnie jednak chory grubodziób. Po czym poznałem, że chory? Otóż jego dziób był bardzo słabiutki. Okazało się, że uderzył w okno. Tak był oszołomiony i osłabiony, że nie miał siły na użycie swej broni. Dlaczego walnął w szybę? Otóż grubodziobom, które latają niczym bombowce prosto i szybko, bardzo trudno jest wykonywać manewry. No i mój pacjent nie wyhamował i uderzył z całej siły w okno. Na szczęście udało mi się go podleczyć i odleciał.

W maju w gniazdku bardzo dobrze zamaskowanym i ukrytym w gęstwinie z gałęzi grubodziobom wykluwają się pisklęta, zwykle trzy lub cztery. Rodzice nie karmią ich jednak nasionami i pestkami. Małe grubodzioby, podobnie jak wiele innych ptaków, potrzebują białka zwierzęcego. W okresie karmienia piskląt zwyczaje grubodziobów nieco się zmieniają i prócz pestek zaczynają one zbierać gąsienice i owady, którymi karmią swoje małe. Same pisklęta są niezwykle urocze, pokryte długimi puchowymi piórami przypominającymi włosy. Młode opuszczają gniazdo po dwóch tygodniach. Zimą i jesienią grubodzioby latają sobie stadami w poszukiwaniu nasion grabu, buka oraz czeremchy.

Słonka

Scolopax rusticola

Wczesną wiosną w lesie może wam przelecieć nad głową ptaszysko, które chrapie i które bardzo przypominałoby nietoperza giganta, gdyby nie długi dziób.

Te dziwaczne ptaki przylatują już w marcu. Myśliwi mówią, że słonki wtedy ciągną. A to oznacza, że w lasach nad polanami przelatują samce słonek i chrapią. Tak, tak, wcale nie przesadzam, autentycznie chrapią niczym śpiący człowiek. Co ciekawe, istnieje jakiś dziwny związek między słonką i pliszką. Zupełnie nie umiem sobie wytłumaczyć jaki, bo przecież pliszki żyją w pobliżu ludzi, a słonki w gęstych lasach liściastych, ale faktem jest, że gdy na podwórku pojawi się pliszka, nad lasem w tym samym czasie już lata słonka. Kiedy samce latają i chrapią, samice siedzą sobie na ziemi i są dzięki swemu maskującemu upierzeniu niemal niezauważalne. Parę razy w życiu udało mi się wypatrzyć słonkę siedzącą na ziemi. Dość niesamowicie wygląda ten ptaszek, którego upierzenie przypomina zeschłe liście. Właściwie widać tylko długaśny dziób i wyłupiaste oczy. Te oczy słonka ma nie od parady. Dzięki nim i temu, że właśnie są wyłupiaste, pole jej widzenia wynosi niemal 360 stopni. Nie musi obracać głowy, żeby zobaczyć, czy ktoś się do niej skrada. To bardzo ważne, bo słonki, szczególnie gdy wysiadują jaja, muszą pozostać niewidzialne. Oczywiście jaja słonki wysiadywane w gniazdku przypominającym dołek w ściółce są rów-

<hr>

Warto wiedzieć

Słonki przyczyniły się do rozwoju malarstwa. Niektóre z ich lotek, czyli ostro zakończonych piórek ze skrzydeł, używane były do malowania i kreślenia niczym pędzelek.

nież znakomicie zamaskowane. Właśnie z nich po trzech tygodniach wysiadywania wykluwają się pisklęta – również w barwach maskujących. Kiedy tylko wróg – lis, człowiek lub kot – zbliża się do piskląt, ich matka wydaje ostrzegawczy krzyk i pisklęta rozbiegają się w gąszczu. Czekają w bezruchu, aż alarm zostanie odwołany. Z tym zresztą wiąże się ciekawy przesąd. Ludzie widzieli pisklęta słonki, które nagle gdzieś znikały, a potem pojawiały się w innym miejscu. Nie przychodziło im do głowy, że słonka od urodzenia jest mistrzem maskowania się, więc myśleli, że to matka bierze w dziób lub między nogi swe pociechy i gdzieś z nimi odlatuje. Oczywiście nie jest to prawda. Młode są zresztą bardzo samodzielne i same zaraz po wykluciu się z jaj szukają pokarmu. I tu warto wspomnieć co nieco o niebywale długim dziobie słonki, który jest jej głównym narzędziem zdobywania pokarmu. Otóż jego końcówka jest niezwykle czuła. Słonka wtyka swój dziób w wilgotną glebę i gdy trafi na dżdżownicę, połyka ją niczym nitkę makaronu.

Pisklęta bardzo szybko, bo już po sześciu tygodniach, zaczynają latać i stają się zupełnie samodzielne. Wtedy, jeśli warunki są sprzyjające, rodzice mogą sobie jeszcze raz pozwolić na młode. Słonki opuszczają nas w listopadzie, odlatując w cieplejsze strony świata.

SŁONKA

WAGA
od 200 do 400 g

DŁUGOŚĆ CIAŁA
34-36 cm

ROZPIĘTOŚĆ
SKRZYDEŁ
55 cm

Orzechówka

Nucifraga caryocatactes

ORZECHÓWKA

WAGA
200 g

DŁUGOŚĆ CIAŁA
35 cm

ROZPIĘTOŚĆ
SKRZYDEŁ
58 cm

Wiecie już, że w naszych lasach mieszka kruk i sójka, na polach i w miastach można spotkać srokę, wronę oraz gawrona, a zupełnym mieszczuchem jest kawka. Ale to wcale nie wszystkie ptaki krukowate, które u nas żyją. Jest jeszcze orzechówka.

Orzechówka jest chyba najbardziej gustownie ubarwionym ptakiem krukowatym. Ma ciemną czapeczkę i ciemne końcówki skrzydeł, cała jest brązowawa i nakrapiana jasnymi punkcikami niczym perełkami. Poza tym w przeciwieństwie do większości swoich kuzynów raczej stroni od człowieka. Sójki, wrony i gawrony, o srokach już nie wspominając, ciągną do miast i kolonizują je. Z dala od siedzib ludzkich trzymają się tylko kruk i właśnie orzechówka. Najczęściej można ją spotkać na północnym wschodzie kraju oraz na południu, czyli tam, gdzie zachowały się jeszcze dzikie lasy pełne wysokich świerków, na których ptaki te zakładają gniazda.

Jak sama nazwa wskazuje, orzechówki żywią się orzechami. Oczywiście nie jest to wyłączny składnik ich diety, bo nie gardzą też owadami oraz nasionami drzew iglastych. Człowiek jednak zauważył, że orzechówka je orzechy, i ta nazwa do niej przylgnęła. Rzeczywiście, gdy tylko wysypią laskowe orzechy, tego śmiesznego ptaszka najłatwiej spotkać w leszczynowych zaroślach. Część zjadają, rozbijając niezwykle silnym dziobem, a część magazynują. W tym celu wygrzebują w ziemi niewielkie dołki. Podobno jedna orzechówka może sobie schować aż kilkadziesiąt kilogramów różnych nasion. Nie ma w tym nic specjalnego, bo przecież podobne zapasy robią wiewiórki i bliskie kuzynki orzechówek – sójki. To magazynowanie jest niezwykle ważne dla całego lasu. Otóż orzechówki często zapominają o swych spiżarniach, w których schowały orzechy lub na przykład nasiona świerka czy limby, i tak przyczyniają się do wyrastania nowych drzewek. Szczególnie ważne jest to w górach. Orzechówki pełnią tam bardzo odpowiedzialną funkcję, rozsiewając nasiona rzadkiego drzewa, jakim jest limba.

Ale nie wszystkie orzechówki zajmują się kolekcjonowaniem orzechów i nasion. W Tatrach nad Morskim Okiem spotkałem kiedyś orzechówki, które zamiast uganiać się za orzeszkami limbowymi, śledziły poczynania turystów. Wystarczy, że któryś zostawił kanapkę lub ciasteczko, i już miały je orzechówki. Z upodobaniem zajmowały się też grzebaniem w koszach na śmieci. Kiedyś widocznie odkryły, że o wiele zasobniejszą spiżarnią niż dołek z orzechami jest plecak turysty. Na szczęście to mniejszość, o czym świadczą nowe pokolenia limby, jakie rosną jeszcze w Tatrach.

Warto wiedzieć

Zdarzają się zimy, gdy pojawia się u nas cała masa orzechówek z Syberii. Poznać je można podobno po tym, że mają znacznie większe dzioby niż te nasze.

Orzechówki znoszą od dwóch do czterech jaj. Wysiaduje tylko samica. Pisklęta wylatują z gniazda po trzech tygodniach.

Wilk

Canis lupus

Ludzie boją się wilków. Ale wilki boją się nas jeszcze bardziej. Wilki to zwierzęta bardzo rodzinne i rzadko się zdarza, aby robiły coś samotnie. Rodzina zwana watahą składa się z samca i samicy oraz młodych z kilku poprzednich lat. Zajmuje terytorium, którego strzeże przed innymi wilkami. Obszar ten ma od 100 do 300 km kw. Najczęściej wilki nie zapuszczają się na cudze ziemie. Skąd wiedzą, gdzie ich terytorium się kończy? Bo jest ono świetnie oznakowane. W jaki sposób? Zapachem. Wilki oznaczają swój teren, siusiając i drapiąc ziemię. Ich niezwykle czuły węch pozwala bezbłędnie odróżnić zapach swój od obcego.

Być może też ich wycie jest dla innych znakiem ostrzegawczym: uwaga, tu jesteśmy. Watahy żyjące w Polsce liczą nie więcej niż pięć-osiem zwierząt. Najważniejsi w grupie są oczywiście samiec i samica (czyli tata i mama). To te dwa wilki prowadzą inne na polowanie i tylko one mogą mieć szczeniaki. Kiedy samica, czyli wadera, ma urodzić, zapewne dla bezpieczeństwa oddala się od reszty rodziny. Młode wilczki przychodzą na świat w maju, najczęściej pod jakimś wykrotem albo gęstym świerkiem, rzadziej w norze. Zwykle rodzą się cztery, choć czasami może być ich aż 12. Choć są maleńkie (ważą nie więcej niż pół

Warto wiedzieć

Największy wilk żyjący na świecie ważył około 80 kg. Zwierzęta te mają znakomity węch. Niektórzy badacze uważają, że sto razy lepszy niż człowieka. Potrafią wyczuć ofiarę nawet z odległości 2,5 km. Słuch również mają znakomity. Za to wzrok nie najlepszy.

WILK

WAGA
**od 35
do ponad 60 kg**

kilograma) i ślepe, od razu ssą mleko mamy. Po 20 dniach otwierają
oczy i zaczynają słyszeć.

Wtedy właśnie rozpoczyna się bardzo ważny okres ich życia. War-
czą i bawią się, ale to wcale nie jest zabawa, tylko nauka polowania
i walki o pozycję w watasze. Właśnie po 20. dniu od urodzenia maluchy uczą się, jak okazywać uległość* i jak zademonstrować, kto tu
rządzi. Wtedy też zaczynają jeść mięso. Młode rosną bardzo szybko
i potrzebują dużo jedzenia, więc przynoszą im je również ciotki i wuj-
kowie. Jak twierdzą naukowcy, na swoje samodzielne polowanie młody wilk wyrusza około 10. miesiąca życia, czyli wtedy, gdy w miejsce
mleczaków wyrastają mu stałe zęby. Wilki w Polsce polują głównie na
jelenie. Zjadają je bardzo szybko – zwykle niewiele z nich zostaje.

SŁOWNICZEK

*** OKAZYWAĆ
ULEGŁOŚĆ** – ulegać,
podporządkowywać się
komuś.

Jenot

Nyctereutes procyonoides

JENOT

WAGA
5-10 kg

DŁUGOŚĆ CIAŁA
**wraz z ogonem
75-100 cm**

WYSOKOŚĆ
20 cm

Gdy leśną drogę przebiegnie wam małe, puchate, misiowate bure zwierzątko, które ani nie jest lisem, ani psem, ani borsukiem, to możecie być pewni, że właśnie zobaczyliście jenota.

Zwierzak to bardzo dziwny. Nie tak dawno w ogóle go w Polsce nie było. Jenoty przywędrowały do nas w latach 50. z europejskiej części Rosji. Tam zostały sprowadzone z Dalekiego Wschodu. Ludzie przenieśli je z dalekiej Azji do Europy dla ich pięknego i gęstego futra.

Rozmnożyły się tak, że dziś można je spotkać w całej Polsce, w Niemczech, a nawet we Francji. Być może stało się tak dlatego, że ten zwierzak z rodziny psowatych – czyli kuzyn zarówno psa, jak i wilka oraz lisa – jest bardzo mało wymagający. Zjada ze smakiem padlinę, ptaki, gryzonie, owady, dżdżownice, żaby oraz owoce, czyli po prostu wszystko, co nie jest w stanie przed nim uciec. Wszystko, na co natrafi jego spiczasty nosek.

Jenot jest bardzo, bardzo powolny, bieganie nie jest jego specjalnością. Nawet kiedy wyraźnie widzi, że ktoś chce go złapać i zjeść, to zwiewa bardzo wolniutko. Ma za to inny system obrony. Kiedy prześladowca jest już tuż-tuż, jenot po prostu przewraca się, nieruchomieje i zaczyna udawać nieżywego. To bardzo sprytny pomysł, bo mało który drapieżnik lubi jeść trupy.

Powolność jenotów może wynikać też z tego, że na jesieni zjadają, ile wlezie, i obrastają w tłuszcz. Jest im to potrzebne do przetrwania zimy, w czasie której czasami zapadają w sen. Tak, tak, jenoty są jedynymi psowatymi, które to robią. Nie jest to jednak tak głęboki sen jak sen nietoperzy czy jeży – zwierzęta te co chwila się budzą i wychodzą z nor w poszukiwaniu czegoś do zjedzenia. Właściwie sen jenotów powinien się nazywać zimowym przysypianiem.

Jenoty mieszkają w norach, ale rzadko są to ich własne nory. Jak przystało na leniuchów, wykorzystują nory zrobione przez lisy albo borsuki. Czasami zdarza się, że w jednej norze rodzinka jenotów mieszka razem z borsukami! W norach przychodzą na świat młode jenotki. Zwykle samica rodzi w kwietniu lub maju od pięciu do ośmiu szczeniąt. Ale bywa, że jest ich nawet 19!

Warto wiedzieć

Najdłużej żył pewien jenot trzymany w niewoli – 11 lat. Młode po przyjściu na świat ważą zaledwie 60-90 g.
Uwaga! Nigdy nie należy dotykać jenotów – bardzo często są one w Polsce nosicielami wścieklizny.

Pełzacz ogrodowy i pełzacz leśny

Certhia brachydactyla i Certhia familiaris

Do najlepszych ptasich alpinistów, dla których pnie przypominające pionowe ściany nie stanowią żadnego problemu, należą oczywiście dzięcioły oraz pełzacze.

W parkach i ogrodach występuje pełzacz ogrodowy, a w lasach – leśny. Pełzacz ogrodowy częściej zamieszkuje zachodnią Polskę, a leśny wschodnią. Niestety, nie będzie łatwo zobaczyć te ptaki. Po pierwsze, dlatego że są bardzo małe, a po drugie, mają niebywale maskujące upierzenie zlewające się znakomicie z korą drzew. Ale gdy już zobaczycie pełzacza, nie będziecie mieli wątpliwości, że to on. Bo jak sama nazwa wskazuje, pełzacz pełza po drzewach, a raczej wygląda tak, jakby pełzał. Ten ptaszek wspina się techniką, którą wykorzystują dzięcioły, czyli chwyta się kory pazurkami obu łapek – i to są jego dwa punkty podparcia, trzeci natomiast stanowi ogonek, którym również przylega do pnia drzewa. Ponieważ jest bardzo mały i jego łapki schowane są w upierzeniu, rzeczywiście wygląda, jakby pełzał. Niektórym pełzacz może się pomylić z kowalikiem, który jest od niego większy i ma prosty, krótki dziobek. Ale tu od razu uwaga: jeżeli widzicie coś, co wędruje do góry, będzie to pełzacz albo kowalik, ale jeżeli coś złazi z drzewa głową w dół, na pewno będzie to kowalik. Pełzacze nie schodzą tak z drzew, bo wtedy nie mogłyby korzystać z trzeciego punktu podparcia, którym jest ich ogon. Co robi pełzacz, gdy już przewędruje z podstawy pnia na czubek drzewa? Otóż najnormalniej w świecie przelatuje na kolejny pień i znów się wspina z dołu do góry. Zastanawiacie się, po co ten mały ptaszek tak łazi? Szuka w szczelinach kory i innych zakamarkach owadów, ich larw oraz jajeczek. Zresztą ma do tego supernarzędzie, a mianowicie cienki i nieco zakrzywiony dziób. Jak zobaczycie kiedyś pełzacza, to na pewno zwrócicie na niego uwagę, bo wygląda dziwacznie.

Pełzacz ogrodowy ma dziobek nieco dłuższy niż pełzacz leśny. Kolejna różnica między tymi dwoma gatunkami to dłuższy u pełzacza leśnego pazur tylnego palca. Przyznacie chyba sami, że przy takich szczegółach odróżnienie ich jest szalenie trudne. Obydwa budują gniazda w szczelinach drzew, pod płatami odstającej kory. Za pomocą swych cienkich dziobków wiją całkiem mocną konstrukcję z włókien łyka, a wnętrze wyścielają piórkami. U obydwu gatunków wysiadywanie trwa nieco ponad dwa tygodnie, również dwa tygodnie młode przebywają w gnieździe. Na zimę pełzacze raczej nie odlatują. Można je spotkać, gdy w towarzystwie sikor i raniuszków grzebią w szczelinach w korze w poszukiwaniu uśpionych owadów. Samica pełzacza ogrodowego składa pięć-sześć jaj, samica pełzacza leśnego – od pięciu do siedmiu. Obydwa gatunki mogą mieć dwa lęgi w roku.

PEŁZACZ OGRODOWY

PEŁZACZ LEŚNY

WAGA
10 g

DŁUGOŚĆ CIAŁA
obydwu gatunków około 13 cm

ROZPIĘTOŚĆ SKRZYDEŁ
około 20 cm

Mucholówka białoszyja

Ficedula albicollis

**MUCHOŁÓWKA
BIAŁOSZYJA**

WAGA
14 g

DŁUGOŚĆ CIAŁA
13 cm

ROZPIĘTOŚĆ
SKRZYDEŁ
24 cm

Jeżeli w lesie są jakieś dziuple albo przynajmniej budki lęgowe, to na pewno żyją w nim też mucholówki białoszyje.

Bywają lata, gdy tych małych ptaszków jest w Puszczy Białowieskiej zatrzęsienie. Kiedyś nawet jedna parka zamieszkała w naszym ogrodzie, a na swój dom wybrała jedną z budek lęgowych. Najpierw oczywiście wypatrzyliśmy samczyka, którego nietrudno było zlokalizować po nieco syczącym głosie. Co prawda nie jest to ptak jakoś specjalnie kolorowy, ale jego biało-czarne upierzenie samca jest bardzo kontrastowe i rzuca się w oczy. Główkę ma czarną, brzuszek biały, grzbiet, ogonek i część skrzydeł czarne. Na wierzchu skrzydeł ma też białe lusterka. Oczywiście jest też biała obroża na szyi, od której się wzięła nazwa tego gatunku i która wyróżnia muchołówkę białoszyją od żałobnej. Zresztą rozpoznanie obydwu gatunków z daleka jest dość trudne nawet dla ornitologów. Same muchołówki dość często się mylą, bo samiczki są szare, nie różnią się od siebie niemal niczym, wskutek czego dochodzi do mieszanych małżeństw między gatunkami.

Ale wróćmy do tego, co napisałem wcześniej. Otóż muchołówka białoszyja jest jednym z najliczniejszych gatunków w naszych lasach, lecz nie zawsze. Czasami jest jej mniej, a czasami więcej. Dlaczego? Naukowcy przypuszczają, że wszystko zależy od tego, ile młodych ginie w trakcie wychowywania. Czasami co drugie gniazdo jest splądrowane. Małe muchołówki są zjadane przez kuny, dzięcioły, nie gardzą nimi myszy wielkookie, które znakomicie wspinają się na drzewa. Zresztą muchołówki wychowują swoje młode w dziuplach, które zwykle nie są specjalnie wysoko. Jaki sposób na przetrwanie mają te niewielkie ptaszki? Tylko jeden – starają się, aby ich było jak najwięcej. I tu ciekawa rzecz. Większość ptaków śpiewających zazdrośnie strzeże swych terytoriów. Samce nawet bardzo małych gatunków potrafią toczyć zacięte walki z konkurencją. Muchołówki tego nie robią. Samce mogą śpiewać obok siebie, a dziuple czasami oddalone są od siebie o kilkanaście metrów. No cóż, jak chce się żyć w tłoku, to trzeba być tolerancyjnym. Muchołówki są szczęśliwe, gdy mają po prostu własną dziuplę, i to najlepiej naturalną. Za dziuplami wykutymi przez dzięcioły nie przepadają, bo te czasami odwiedzają swe stare dziuple, a nie kończy się to dobrze dla młodych muchołówek.

Zapewne myślicie, że jak sama nazwa wskazuje, muchołówki jedzą głównie muchy. Owszem, zdarza im się na nie zapolować, ale tak naprawdę ich główny pokarm to gąsienice zbierane z liści i gałązek. Jest to też główny pokarm przynoszony przez rodziców maluchom (samica znosi sześć jaj, wysiadują je oboje rodzice), które na tak pożywnym jedzeniu bardzo szybko wyrastają i już po dwóch tygodniach opuszczają dziuplę. Muchołówki przylatują do nas w drugiej połowie kwietnia, odlatują w sierpniu i we wrześniu. Zimują na sawannach na południe od Sahary.

Strzyżyk

Troglodytes troglodytes

Jest moim ulubionym ptaszkiem leśnym. Zresztą trudno go nie darzyć sympatią, bo jest bardzo malutki.

Strzyżyka możecie spotkać w gęstych lasach, gdy z niezwykłym uporem przeszukuje wszelkie zakamarki. Ale zobaczyć go wcale nie jest łatwo. Po pierwsze, jest bardzo mały – tylko nieco większy od naszego najmniejszego ptaszka, czyli mysikrólika. Po drugie, ma brązowe upierzenie pełne prążków, które znakomicie zlewa się z otoczeniem. Ponieważ strzyżyki zwykle uganiają się wśród mchów, porostów i powalonych drzew, łatwo je pomylić z jakimś buszującym gryzoniem. Ale gdy już możemy obejrzeć strzyżyka dokładnie, to zauważymy, że ma charakterystycznie zadarty do góry ogonek, którym nerwowo porusza, gdy jest zaniepokojony. Obserwowanie strzyżyka to zresztą czysta przyjemność, bo w czasie polowania na różne drobne owady i pająki w podszyciu lasu zupełnie nie zwraca uwagi na człowieka i bardzo często się zdarzało, że skupiony na swojej pracy strzyżyk łaził mi wręcz koło butów. Owady to jednak niejedyny pokarm tego małego ptaszka. Nie gardzi on też różnymi leśnymi owocami. Zajada się nimi głównie jesienią, gdy jest coraz mniej owadów.

Trudno zobaczyć tego ptaszka, ale jeszcze trudniej wypatrzyć jego gniazdo. Strzyżyki budują je nisko. A to pod jakąś zwaloną kłodą, a to przy jakimś wykrocie albo w gęstwinie krzewów. Nie widziałem gniazda założonego wyżej niż 2 m nad ziemią. Zresztą nie widziałem tak dużo tych gniazd, może dwa, a może trzy w życiu, bo jest to majstersztyk, jeśli chodzi o maskowanie. Gniazdo nie dość, że jest w jakimś zacienionym i zapadłym miejscu, to jeszcze znakomicie zlewa się z otoczeniem, ponieważ jest to kula utkana z mchów i liści. Na ogół można je wypatrzyć dopiero wtedy, gdy wlatuje do niego ptak. Co dziwne, choć człowiekowi bardzo trudno dostrzec dom strzyżyka, to kukułkom udaje się to dość często i dlatego maleńkie strzyżyki muszą wychowywać wielokrotnie większego od nich podrzutka. Oczywiście nie wszystkie strzyżyki muszą wychowywać kukułczego pasożyta i jeżeli wszystko odbywa się normalnie, to samica składa w gnieździe około siedmiu jaj, z których po dwóch tygodniach wykluwają się młode. Maluchy nie przebywają w gnieździe długo – tylko dwa tygodnie. Zresztą trudno im się dziwić, bo gniazdo zrobione tak nisko nie jest najbezpieczniejszym miejscem na świecie. Co ciekawe, strzyżyki nie robią swych gniazd tylko po to, aby wychować młode. Samiec może zrobić kilka takich kul i mogą one służyć do odpoczynku, spotkań z samicą lub po prostu do ukrycia się w razie niebezpieczeństwa.

Strzyżyki ruszają na wędrówkę do Afryki Północnej w październiku, wracają w marcu-kwietniu. Coraz częściej wiele z nich zostaje jednak na zimę.

STRZYŻYK

WAGA
10 g

ROZPIĘTOŚĆ
SKRZYDEŁ
15 cm

Żubr

Bison bonasus

ŻUBR

WAGA
**samce
500-920 kg,
samice
320-540 kg**

Żubr to największy zwierzak w naszych lasach. Nie ma śmiałka, któremu na widok żubra nie ugięłyby się kolana. Dawno temu, we wczesnym średniowieczu, żubry żyły niemal w każdym zakątku Polski. A było to możliwe dlatego, że większość naszego kraju pokrywały pierwotne lasy. Niestety, lasy z czasem zaczęto wycinać i żubry miały coraz mniej odpowiednich miejsc do życia. Na szczęście polscy królowie bardzo podziwiali te zwierzęta, więc w XV w. zaczęli chronić je oraz ich matecznik, czyli Puszczę Białowieską. W XIX w. żubry mieszkały już tylko w Puszczy i na Kaukazie w Rosji. Ale w czasie I wojny światowej wyginęły również te żyjące w Puszczy, a potem kaukaskie. Przetrwało ich trochę w ogrodach zoologicznych. Bardzo troskliwie zajęli się nimi przyrodnicy i teraz dzięki ich wysiłkom możemy oglądać potomków tamtych żubrów z puszcz Białowieskiej, Boreckiej, Knyszyńskiej i z Bieszczad. Tylko z tym podglądaniem należy być bardzo ostrożnym. Jeżeli chcecie obserwować te zwierzaki pod koniec lipca lub w sierpniu, pamiętajcie, że to okres ich miłości. Żubry byki, czyli samce, chodzą dość często samotnie w poszukiwaniu samic, nie boją się niczego i mogą być agresywne. Dlatego zbytnio się do nich nie zbliżajcie.

Nie próbujcie też gonić za krowami, czyli żubrzymi samicami, które w gorące lata kryją się wraz z młodymi w podmokłych lasach. Są bardzo płochliwe i nie ma sensu zmuszać ich do ucieczki.

Najlepiej obserwować żubry zimą, kiedy stoją w okolicach paśników, w których są dokarmiane. Do paśników też nie chodźcie sami, tylko zapytajcie miejscowego strażnika parkowego albo leśnika, czy możecie wybrać się z nim na taką wycieczkę. Ponieważ żubry są bardzo duże, muszą dużo jeść i właściwie na jedzeniu i odpoczywaniu spędzają większość życia – przynajmniej tak się wydaje, gdy je obserwujemy. Zimą na wypoczynku upływa im 60 proc. każdej doby. Jedną trzecią zajmuje im jedzenie, a tylko 10 proc. – ruch.

Jak już wspomniałem, żubry muszą jeść bardzo dużo – kilkadziesiąt kilogramów dziennie. Są smakoszami i na ich dietę przypada ponad 140 różnych roślin. Co ciekawe, żubry nie przepadają za pewnym pachnącym gatunkiem trawy popularnie zwanym żubrówką.

Nie wszystkie żubry są od razu olbrzymami. Między majem a lipcem, po trwającej niecały rok ciąży, przychodzą na świat młode, czyli cielaki. Po urodzeniu ważą nie więcej niż 30 kg.

Warto wiedzieć

Żubr może żyć nawet 26 lat. Samce, czyli byki, mogą ważyć 500-920 kg i mieć niemal 2 m w kłębie. Samice, czyli krowy, są mniejsze – ważą 320-540 kg. Ogon żubra ma około 60 cm długości. Są to bardzo owłosione zwierzęta, niektóre włosy, np. na brodzie samca, mogą mieć nawet 40 cm długości. Każdy żubr, który nie jest już cielakiem, nosi na głowie rogi. U samców są większe i mniej zawinięte do środka niż u samic.

Dzięcioł czarny

Dryocopus martius

Jeżeli usłyszycie w lesie takie stukanie, jakby ktoś superszybko walił młotkiem, jak jakaś szalona maszyna, a potem coś zakwili przeciągle i przejmująco, to wiedzcie, że to dzięcioł czarny.

Opisać go bardzo łatwo i nie sposób go pomylić z żadnym innym dzięciołem. Dzięcioł czarny jest bardzo duży, w locie może się wydawać tylko trochę mniejszy od wrony i gawrona. Jak sama nazwa wskazuje, dzięcioł czarny jest cały czarny jak węgiel. Tylko na głowie ma czerwoną czapeczkę, która u samca jest dość duża i jaskrawa, a u samicy nieco mniejsza.

**DZIĘCIOŁ
CZARNY**

WAGA
300 g

Dzięcioł czarny podobnie jak inne dzięcioły żywi się owadami schowanymi w zbutwiałym drewnie i pod korą. Ponieważ ma szalenie silny dziób, potrafi nim odłupywać nawet całkiem spore kawałki drewna. Czasami obłupane przez niego martwe drzewo wygląda, jakby obgryzły je bobry. Wspomniałem już, że ten dzięcioł swoim wielkim i silnym dziobem potrafi bębnić w drzewa z zawrotną szybkością. Otóż w okresie godowym potrafi walić z szybkością nawet kilkunastu uderzeń na sekundę.

Jednak silny dziób nie służy dzięciołom tylko do bębnienia i szukania owadów. Przed założeniem rodziny wykuwają nim zwykle bardzo wysoko dziuplę. Jest ona ogromna. Sam otwór może mieć średnicę ponad 10 cm. To nie wszystko. Jest również głęboka na kilkadziesiąt centymetrów. Można ją poznać po tym, że wejście do niej jest owalne. Dzięciołom dziuple służą nie tylko do wychowywania młodych, które opuszczają ją po 25 dniach od wyklucia, lecz także do spania. Co ciekawe, przestronne dziuple tych ptaków mają uznanie także wśród innych zwierząt. Bardzo często mieszkają w nich różne sowy, np. włochatki, oraz dzikie gołębie siniaki. Lubią z nich korzystać nietoperze, wiewiórki, popielice oraz kuny. Wiadomo – każdy chce zająć taki pałac. Dzięciołom to zbytnio nie przeszkadza, bo zwykle wykuwają sobie nową dziuplę.

Salamandra plamista

Salamandra salamandra

Domyślacie się, dlaczego salamandra ma przydomek „plamista"? Otóż dlatego, że ma plamy. Problem tylko w tym, jak te plamy opisać, bo niektóre salamandry wyglądają tak, jakby były czarne w żółte plamy i kropy, a inne zupełnie na odwrót.

Tak czy inaczej, salamandra od razu rzuca się w oczy. Oczywiście, nie zobaczycie jej w każdym lasku czy na każdej łączce. Te niezwykłe płazy przypominające przedpotopowe jaszczury mieszkają w górach i raczej trudno je spotkać na wysokościach niższych niż 400 m nad poziomem morza. Najczęściej można je spotkać po deszczu, bo właśnie wtedy wychodzą z kryjówek na polowanie. A jedzą głównie dżdżownice, owady i ślimaki. To nie wszystkie ciekawostki. Jak się domyślacie, salamandra jest płazem, a wszystkie płazy muszą znosić jaja w wodzie. Tylko że salamandra kiepsko pływa. Jak sobie radzi z tym problemem? Otóż w ogóle nie znosi jaj. Jaja zamiast w wodzie rozwijają się w ciele samicy. Gdy larwy wyklują się w ciele samicy i odpowiednio rozwiną, dopiero wtedy wędruje ona nad jakiś strumyk i wyszukuje zatoczkę o płaskim brzegu. Wówczas następuje poród. Do wody wpadają larwy zaopatrzone niczym ryby w skrzela. Jedna samica rodzi kilkadziesiąt takich maluchów, które po pięciu miesiącach podwodnego życia opuszczają strumyk, tracą skrzela i mają się przez resztę życia na baczności, aby nie wpaść do wody.

SALAMANDRA

WAGA
około 40 g

DŁUGOŚĆ CIAŁA
do 23 cm

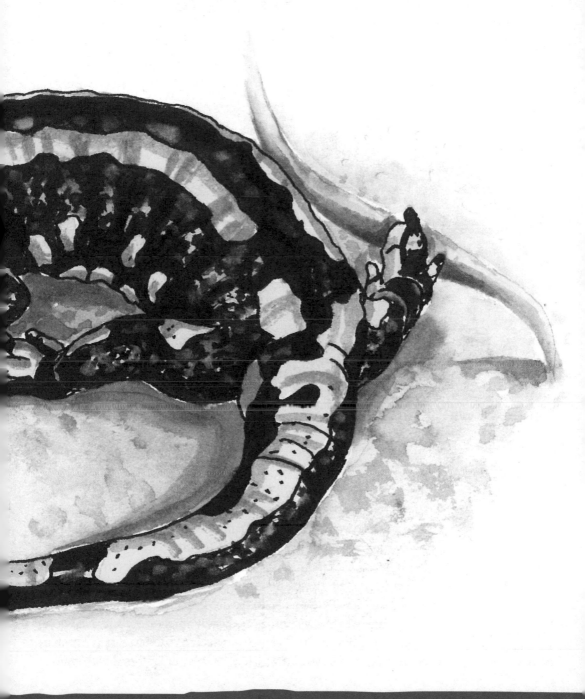

Borsuk

Meles meles

K iedy tylko skończy się zima, borsuki opuszczają nory i udają się na poszukiwanie pokarmu. Trudno im się dziwić, bo przez parę miesięcy nie jadły nic albo jadły bardzo mało.

Borsuka, największego łasicowatego żyjącego w naszym kraju, dość trudno zobaczyć, bo zwykle opuszcza swoją norę dopiero o zmierzchu. Łatwiej go usłyszeć – te zwierzaki bardzo często chrumkają, chrząkają, sapią i fukają. Ale kto wie, może będziecie mieli szczęście. Najwięcej szans jest wczesną wiosną (marzec-kwiecień) lub jesienią (wrzesień- -październik). Dlaczego akurat wtedy? Bo jesienią borsuki jak szalone

BORSUK

WAGA
**wiosną i latem
od 8 do 12 kg,
zimą od 15
do 26 kg**

uwijają się w poszukiwaniu pokarmu. Jedzą wszystko, co im pod nos podejdzie: dżdżownice, ślimaki, żaby, jagody, orzechy, nie pogardzą też padliną. Muszą się przecież odpowiednio otłuścić przed snem zimowym, chociaż gdy zima jest łagodna, potrafią go przerywać. Wiosną, kiedy wychodzą z nor, są naprawdę głodne i znów myszkują po lesie, ile wlezie. Miejsca, w których borsuki szukały pokarmu, bardzo łatwo poznać po wygrzebanych w ziemi dołkach. To wyraźny znak, że szukały dżdżownic lub pędraków.

Borsuki żyją w norach, które są używane przez wiele pokoleń, nawet przez kilka dziesięcioleci. Dlatego czasami pod ziemią powstaje prawdziwy labirynt korytarzy i komór. Na ogół jednak korytarze mają około 10 m długości, mogą być na głębokości nawet 4 m. Wejścia do labiryntu – zwykle kilka – mieszczą się w czymś, co przypomina pagórek. Borsucze nory są bardzo czyste – zwierzaki dbają, żeby komory, w których śpią, były zawsze wyłożone suchą trawą lub liśćmi.

Warto wiedzieć

Borsuki wiosną i latem ważą od 8 do 12 kg. Kiedy najedzą się i otłuszczą, waga może wzrosnąć od 15 do nawet 26 kg. Za to młode, które przychodzą na świat w marcu-kwietniu, ważą zaledwie 70-90 g. Borsuki nie załatwiają się gdzie popadnie, ale robią kupę w specjalnych dołkach zwanych latrynami. W Europie Zachodniej borsucze latryny są poza norami, natomiast na Wschodzie system nor jest tak rozbudowany, że borsuki mają te „łazienki" w domu, czyli w norze.

Trzmielojad

Pernis apivorus

To taki ptak, który z wyglądu przypomina poważnego drapieżnika, ale gustuje głównie w larwach os.

Trzmielojada da się spotkać właściwie wszędzie. Może przeleci wam nad głową i wtedy sobie pomyślicie: o, ptak drapieżny. Długie rozpostarte skrzydła, zakrzywiony dziób – nic nie wskazuje na to, że jest to nie lada dziwoląg jak na ptaka drapieżnego. Ale o tym za chwilę.

Jak rozpoznać trzmielojada? Patrząc od spodu, możecie dostrzec na jego dość jasnym ogonie trzy czarne paski – jeden gruby na końcu i dwa węższe u nasady. A gdybyście się przyjrzeli trzmielojadowi z bliska, zobaczylibyście jego bardzo żółte oczy. Ale jest mało prawdopodobne, aby udało się wam do niego zbliżyć na tyle, żeby zobaczyć ślepia.

TRZMIELOJAD

WAGA
samce ważą nieco ponad 720 g, samice do 800 g

Najciekawszy jest sposób, w jaki się ten ptak odżywia. Otóż trzmielojady, szybując dość nisko, patrolują okolicę i starają się dostrzec gniazda os. Czasami siadają na gałęzi i bacznie się rozglądają. Gdy wypatrzą cel, zlatują na ziemię i za pomocą dzioba oraz łap rozgrzebują gniazdo. Pióra mają tak gęste i twarde, że żadna osa nie ma szansy ich użądlić. Również nogi są świetnie zabezpieczone twardą skórą. Kiedy gniazdo os jest na powierzchni, trzmielojad wybiera z niego plastry z larwami, które zjada. Jeżeli ma w swoim gnieździe młode, to zabiera plastry dla nich. Gniazdo trzmielojada łatwo rozpoznać właśnie po tych pustych plastrach walających się w pobliżu.

Trzmielojady uzupełniają swój jadłospis płazami, gadami, czasami pisklętami innych ptaków. Jednak osy i larwy są ich podstawowym pokarmem, dlatego w połowie sierpnia ptaki te odlatują do Afryki, a wracają w maju.

Warto wiedzieć

Trzmielojady zwykle składają dwa jaja, z których po 34 dniach wysiadywania przez oboje rodziców wykluwają się pisklęta. Młode opuszczają gniazdo po ponad 40 dniach. Przez jakiś czas są jeszcze karmione przez rodziców.

Muflon

Ovis ammon musimon

Takich rogów jak muflon nie ma żadne zwierzę żyjące w Polsce. Zresztą, jeżeli kiedyś zobaczycie muflony, sami to stwierdzicie. A tak w ogóle to muflon wcale nie mieszkał u nas od zawsze.

Napisałem, że muflon ma rogi, a jak zapewne pamiętacie, jakiś czas temu zwracałem uwagę na to, że choć wszyscy mówią rogi na to, co jeleń albo łoś noszą na głowie, to tak naprawdę nazywa się to poroże. I to wszystko prawda. Muflon, żubr i kozica mają rogi, a jeleń, łoś i sarna – poroże. Gdzie jest różnica? Otóż muflon podobnie jak żubr i kozica swoich rogów nie zrzuca, w przeciwieństwie do jelenia. Łatwo więc można rozróżnić, co to rogi, a co poroża. Te, które są zrzucane, to poroża, a te, które nie, to rogi. Jakby tego było mało, rogi są puste w środku, a poroża nie.

Ale wróćmy do muflona. Jego ojczyzną są Sardynia i Korsyka – dwie przepiękne, ale skaliste wyspy na ciepłym Morzu Śródziemnym. Tam muflony mieszkały przez tysiąclecia. Aż pewnego razu ktoś stwierdził, że warto je przywieźć również do naszej części Europy. Najpierw osiedlano je w Czechach i na Słowacji, a potem przetransportowano na Dolny Śląsk. W sumie próbowano osiedlić muflona aż w pięciu miejscach w Polsce, ale udało się tylko w dwóch, a mianowicie w Sudetach i Górach Świętokrzyskich. Najbardziej znane są te z Sudetów, a ponieważ zostały one sprowadzone tam około roku 1902, nie

Warto wiedzieć

Po trwającej około 150 dni ciąży w kwietniu samice rodzą jedno młode, czyli jagnię, które waży około 2 kg. U jagniąt chłopaków rogi zaczynają rosnąć już w czwartym miesiącu życia.

tak dawno obchodziły 110 lat zamieszkiwania w tych górach. Choć na Sardynii i Korsyce też żyły w górach i choć mają świetnie do tego przystosowane racice, to jednak srogie zimy dają się im we znaki. I tak na przykład w ciągu tylko jednej zimy w 1965 roku ich liczebność zmniejszyła się z ponad 700 do niecałych 200.

Po co człowiek sprowadził muflony? Otóż po to, aby na nie polować. Są one nie bardzo płochliwe, a na dodatek samce mają na głowie wspaniałe rogi, które niejeden myśliwy chciałby mieć na ścianie. Wam i mnie może się to wydawać dziwne, bo przecież takie rogi wyglądają ładniej na muflonie niż na ścianie. U muflonów piękne ślimakowato zagięte, wręcz aż podwinięte pod uszami rogi mają samce, czyli tryki. Samice, ale tylko niektóre, również mają niewielkie różki. Rogi tryka rosną przez całe życie i im samiec starszy, tym są one bardziej zawinięte i grubsze. Niektóre mogą mieć nawet 80 cm długości. Rogi rosną u muflona całe życie prócz zim. Wtedy gdy jest mniej pokarmu, wzrost rogów zostaje zahamowany.

Zastanawiacie się, dlaczego samce nazywamy trykami? Otóż one się trykają, czyli zderzają swymi rogami niczym jakimiś zderzakami. Huk takich trykających się tryków można usłyszeć nawet z daleka. Robią to od października aż do początków grudnia. Tak samce tryki walczą o samice.

MUFLON

WAGA
do 40 kg

DŁUGOŚĆ CIAŁA
do 130 cm

WYSOKOŚĆ W KŁĘBIE
do 88 cm

Gęste lasy, leśne bagna, uroczyska na nizinach i w górach

Daniel

Dama dama

Jak wyobrażacie sobie jelenia z kreskówki? Na pewno jest łagodny, ma piękne poroże, białe ciapki. Tylko że nie tak wygląda nasz jeleń. Za to do tego opisu pasuje jak ulał jego kuzyn daniel.

No właśnie, daniele mają białe ciapki na rudym tle (jelenie też, ale tylko wtedy, gdy są bardzo młode), są bardzo łagodne i dość często można je spotkać nawet w większych ogrodach. Poza tym są o wiele mniej płochliwe niż jelenie – można do nich całkiem blisko podejść. Na dodatek panów danieli można spotkać chadzających w grupach, co u jeleni zdarza się bardzo rzadko. Samice, czyli łanie, łażą za to cały czas w grupkach, w których prócz nich są również młode.

Co ciekawe, daniele wcale nie są zwierzętami rodzimymi. Ich ojczyzną jest południe Europy i Bliski Wschód. Dlaczego znalazły się u nas, nietrudno zgadnąć – skoro są tak mało płochliwe,

DANIEL

WAGA
**łania do 50 kg,
a byk do 80 kg**

to łatwo na nie polować. Było z nimi dokładnie tak samo jak z muflonami, o których czytaliście ostatnio. Daniele sprowadzono do Polski jednak znacznie wcześniej, bo jeszcze w średniowieczu.

Co zrozumiałe, ciepłolubne daniele dają sobie radę znacznie gorzej w naszym klimacie niż jelenie. Muszą być stale dokarmiane, a najlepiej czują się na terenach, na których nie występuje ani wilk, ani ryś – bo dla nich są bardzo łatwą ofiarą. Wystarczy brak opieki ze strony człowieka i daniele giną. Tak było w Puszczy Białowieskiej, w której żyły aż do I wojny światowej. Gdy przyszła wojenna zawierucha, nikt nie miał głowy do pilnowania i doglądania tych zwierząt i wyginęły w ciągu paru lat.

Jak już wspomniałem, daniele lubią sobie chodzić w grupkach. Ale nie jest tak przez cały rok, przynajmniej jeśli chodzi o byki, czyli samce. W październiku i listopadzie zaczynają się gody zwane bekowiskiem. Znacznie wcześniej stada byków się rozpadają. A podczas bekowiska samce tracą na chwilę swą łagodność. Zaczynają się między nimi utarczki o to, który z nich zostanie panem i władcą grupki łań. Towarzyszy temu głośne beczenie (stąd nazwa „bekowisko"). Na dodatek każdy byk z zacięciem broni wydeptanego placyku lub dołka, w którym później spotyka się z łaniami. Efektem takiego spotkania w dołku lub na placyku są młode, które przychodzą na świat w czerwcu lub w lipcu. Przez blisko cztery miesiące ssą mleko mamy, a potem zaczynają jeść to, co wszystkie daniele, czyli trawy, zioła, pędy drzew, które zimą stanowią większość ich diety.

Warto wiedzieć

Byki zrzucają poroże w maju. Pierwsze pojawia się u młodych byków w wieku sześciu miesięcy i ma kształt szpicy. Potem rozwija się i rozgałęzia, a największe jest u byków w wieku 9-10 lat. Młody daniel zaraz po urodzeniu waży od 2 do 6 kg. Daniele mogą żyć 20 lat.

Rudzik

Erithacus rubecula

Mam wielki sentyment do rudzików – małych ptaszków o rudej piersi, które nawet jesienią, gdy robi się już chłodno, skaczą za oknem. Ten sentyment związany jest z pewną przygodą, którą miałem z tymi ptaszkami na skutym lodem Bałtyku.

Ale o tym za moment. Rudzika spotkacie wszędzie – i w ogrodach, i w lesie – i jest to bardzo łatwe. Co prawda jest szary, ale rzuca się w oczy jego ruda pierś i równie ruda część główki. Ładnie kontrastuje z jasnym brzuszkiem, szarym grzbietem i skrzydełkami. Jednym słowem, rudzika trudno nie zauważyć i jeszcze trudniej pomylić z innym gatunkiem ptaka.

Jednak teraz wróćmy do tej mojej przygody. Otóż rudziki wiosną zajmują niewielkie terytoria. Każdy samiec zazdrośnie strzeże terytorium, na którym jego małżonka wybuduje z liści i traw gniazdko. Samczyk, aby odstraszyć konkurentów, śpiewa, jak przystało na każdego ptaka śpiewającego. Jednak jeżeli śpiew nie wystarczy, mały i niewinnie wyglądający ptaszek rzuca się na swego konkurenta i bije go zapamiętale niewielkim dziobkiem i pazurkami. Co jest sygnałem do ataku? Otóż właśnie rudo-czerwona pierś. Rudziki tak nie znoszą tego koloru na swym terytorium, że potrafią zaatakować nawet pęczek piór, pomponik czapeczki czy zwitek waty, jeśli ma rudy kolor. I teraz, kiedy to wyjaśniłem, opowiem o pewnej przygodzie, którą miałem na maleńkiej estońskiej wyspie, na której obserwowałem foki. Otóż poza fokami była tam też wielka kolonia mew srebrzystych, które potrafią bez najmniejszego problemu połknąć ptaszka wielkości rudzika. Ponadto mieszkały tam też dwie pary rudzików – w starym autobusie. To było jedyne bezpieczne miejsce dla takich małych ptaszków na całej wyspie. Rudziki wcale się nie biły ani nie tłukły, nawet wtedy, gdy się widziały z bardzo bliska. Dlaczego? Widać ptaszki te dobrze zdawały sobie sprawę, że każda awantura skończy się połknięciem kłócących się rudzików przez mewy.

Rudziki najaktywniejsze są o zmierzchu lub o świcie. Kiedy nie ma wielu innych ptaków, z zapałem przeszukują różne zakamarki w poszukiwaniu owadów. Szarówka rudzikom wcale nie przeszkadza, bo mają bardzo duże oczka wychwytujące każdą drobinkę światła. Zresztą duże oczka rudzików to poza ich piersią inny charakterystyczny szczegół odróżniający je od innych małych ptaków.

Warto też napisać, że rudziki zakładają gniazda w osłoniętych miejscach, takich jak różne szpary i zakamarki lub dziuple. Po dwóch tygodniach wysiadywania z pięciu-siedmiu jaj wykluwają się młode, które po opuszczeniu gniazda nie mają jeszcze rudej piersi i mogą sobie skakać po okolicy bez obawy, że zostaną pobite.

Rudziki mogą mieć lęgi dwa razy w roku.

Rudziki coraz częściej nie odlatują na zimę i wtedy w ich diecie poza owadami oraz pająkami pojawiają się również owoce.

RUDZIK

WAGA
16 g

DŁUGOŚĆ CIAŁA
13 cm

ROZPIĘTOŚĆ
SKRZYDEŁ
22 cm

Mysikrólik

Regulus regulus

MYSIKRÓLIK

WAGA
około 5 g

DŁUGOŚĆ CIAŁA
9 cm

ROZPIĘTOŚĆ
SKRZYDEŁ
16 cm

Jak ktoś się nazywa mysikrólik, co zapewne wzięło się od króla myszek, to duży być nie może. I rzeczywiście, mysikróliki duże nie są, a nawet więcej – to najmniejsze ptaszki Europy.

Jak zobaczyć mysikrólika, skoro jest taki mały, na dodatek żyje sobie w gęstwinach lasów iglastych, najczęściej świerkowych? Przypomina mi się, jak kiedyś, gdy chodziłem do szkoły, wezwał mnie pan dyrektor i powiedział, że coś dziwnie popiskuje mu w mieszkaniu. Dyrektor wziął mnie na wizję lokalną, bo nie był pewien, co to takiego. Mówił prawdę – coś popiskiwało, ale co to było, bardzo długo nie mogliśmy stwierdzić. Dopiero po pewnym czasie dostrzegłem, że coś sobie śmiga w gęstwinie kwiatów, które pan dyrektor hodował na oknie. Zacząłem się przyglądać i zobaczyłem mysikrólika. Trudno było go dostrzec nawet z bliska. Okazało się, że ten mysikrólik musiał niezauważony wlecieć przez okno, gdy pan dyrektor wietrzył mieszkanie.

No dobrze, ale może uda wam się zobaczyć te niewielkie ptaszki, które dość często jesienią uwijają się w gałęziach świerków. Jak rozpoznać, że to akurat mysikróliki, a nie nieco większe zniczki? Otóż trzeba spojrzeć na główkę, a dokładnie w okolice oczka, które u zniczków ma czarną obwódkę.

Skoro napisałem, że mysikróliki to prawdziwe maleństwa, to jeszcze warto dodać, że jak ktoś jest tak mały, to musi często jeść. I rzeczywiście, mysikróliki uwijają się wśród gałęzi i igieł świerków cały czas jak nakręcone. Zobaczenie ich, jak odpoczywają, jest niemal niemożliwe. Cały czas penetrują za pomocą swego małego dziobka różne szpary i zagłębienia w poszukiwaniu owadów, ich jaj i larw. Nawet zimą, bo wtedy też można znaleźć owady, tyle że uśpione. Moja znajoma odkryła nawet, że te ptaszki nie zlatują na ziemię, aby się napić, a jedynie spijają kropelki rosy, które osadzą się na igłach drzew.

W kwietniu mysikróliki wyplatają z mchu i włókien roślin gniazdko uwieszone pod gałęzią, a nie jak u wielu ptaków na gałęzi. Nad gniazdem tworzy się więc coś w rodzaju naturalnego dachu. Jaja – od 8 do 11, ich długość nieznacznie przekracza 1 cm – przez dwa tygodnie wysiaduje tylko samica. Mniej więcej tyle samo młode spędzają w gnieździe. Mysikróliki mogą mieć dzieci dwa razy w roku. Zimą wędrują nieco na południe, ale nie oznacza to, że gdy jest zimno, u nas ich nie ma. Owszem, są – te ze Skandynawii i Rosji.

Bocian czarny

Ciconia nigra

Czasami wiosną zakręci się nad naszym domem wysoko i tyle go widzimy. Bocian czarny w przeciwieństwie do swojego białego kuzyna nie przepada za ludźmi.

Te dwa bociany są tak różne jak noc i dzień. Czarny, jak sama nazwa wskazuje, jest niemal cały czarny poza piersią, podbrzuszem oraz niewielką częścią skrzydeł na spodzie. Biały jest cały biały poza czarnymi końcówkami skrzydeł, ale to przecież wiecie. Oczywiście u czarnego i u białego czerwony jest dziób i nogi.

Te dwa gatunki mają jednak zupełnie inne upodobania. Bocian czarny nigdy, w przeciwieństwie do swojego białego kuzyna, nie założy gniazda na dachu stodoły lub słupie telegraficznym. On w ogóle nie przepada za ludźmi. Stroni od nich, jak może najbardziej.

Ten dziwny bociek zamieszkuje gęste lasy. Właśnie w nich, na rozłożystych konarach wielkich drzew, buduje gniazdo, które może być równie wielkie i ciężkie jak gniazdo bociana białego. Dlatego drzewo, na którym bociany czarne zakładają swe domy, musi być bardzo potężne. Co ciekawe, i jest to kolejna różnica między obydwoma gatunkami bocianów, czarny zachowuje się bardzo cichutko. Na pewno kiedyś widzieliście białe bociany przylatujące do gniazda. Od razu cała okolica aż trzęsie się od ich klekotu. A bocian czarny jak zaklekocze, to bardzo krótko i cicho.

W lecie bociany czarne tak jak białe mają już młode. Maluchy pożerają olbrzymie ilości pokarmu i dlatego zarówno ojciec, jak i matka muszą się wiele przy nich natrudzić. Bociany czarne podobnie jak białe żywią się różnego rodzaju małymi zwierzętami. Tylko że bociana czarnego można zobaczyć dość często brodzącego w całkiem głębokiej wodzie, co białemu zdarza się bardzo rzadko. Dlatego w jego diecie jest o wiele więcej ryb, płazów typowo wodnych, takich jak np. traszki. Nie gardzi też gadami i kiedyś, gdy pomagałem w obrączkowaniu młodych bocianów czarnych, zdarzyło się, że pewien młody zwymiotował, zapewne ze strachu, zaskrońca. Pamiętam dobrze, że nawet w czasie tego zakładania obrączek, które są bardzo pomocne w badaniu życia i wędrówek ptaków, musieliśmy zachowywać się bardzo cicho i starać się przebywać jak najkrócej przy gnieździe. Na szczęście, kiedy się tylko oddaliliśmy, do gniazda wrócili rodzice, a zwymiotowany zaskroniec, co widziałem przez lornetkę, został z powrotem zjedzony przez młodego. Młode, których jest zwykle od trzech do pięciu, opuszczają gniazdo po ponad dwóch miesiącach od wyklucia się z jaj. Pod koniec sierpnia bociany czarne odlatują do Afryki. Co ciekawe, można je dość często zobaczyć, jak lecą w towarzystwie białych. Wracają do nas w kwietniu, zwykle tydzień lub parę dni później niż białe.

Staropolska nazwa bociana czarnego to „hajstra".

BOCIAN CZARNY

WAGA
3 kg

DŁUGOŚĆ CIAŁA
96 cm

ROZPIĘTOŚĆ SKRZYDEŁ
około 2 m

Żbik

Felis silvestris

To już bardzo rzadki zwierz. Ja jeszcze nie widziałem żbika i wcale nie jestem pewien, czy go zobaczę, bo to bardzo skryte stworzenia.

Można powiedzieć, że żbiki wyglądają jak szarobure koty. Ale nie do końca. Otóż żbik jest na ogół większy od przeciętnego kota domowego. Poza tym jego ogon jest znacznie bardziej puszysty, a sylwetka potężniejsza.

U nas żbiki, których jest nie więcej niż sto, mieszkają na południowym wschodzie kraju na Pogórzu Przemyskim, trochę ich żyje też w Bieszczadach. Choć przyjęło się sądzić, że zwierzęta te uwielbiają gęste lasy, to nie jest to do końca prawda. Żbiki bardzo lubią, gdy środowisko jest zróżnicowane. To znaczy, że owszem – gęsty las może być, żeby się w nim zaszyć i odpocząć, ale również przydałaby się jakaś polana, gdzie żbiki mogłyby polować na gryzonie. Jak wszystkie koty, tak samo żbik do polowania używa głównie bardzo ostrych pazurów, którymi chwyta ofiarę. Lokalizuje ją za pomocą znakomitego wzroku i słuchu. Żbik atakuje z kryjówki i z zaskoczenia. Jeżeli może, to stara się nie gonić swojej ofiary i wykonuje jeden lub dwa skoki, by ją dopaść.

Niestety, tych tajemniczych zwierząt jest coraz mniej. Kiedyś je zabijano, bo ludzie byli przekonani, że żbiki mogą wyjadać za dużo ptaków. Dziś żbiki giną pod kołami samochodów. Poza tym wiele z nich krzyżuje się z kotem domowym i wychodzą z tego takie ni to żbiki, ni to koty. Do tego dochodzą kocie choroby, na które żbik jest bardzo mało odporny.

ŻBIK

WAGA
od 4 do 10 kg

DŁUGOŚĆ CIAŁA
55-90 cm

DŁUGOŚĆ OGONA
30-40 cm

Puszczyk mszarny

Strix nebulosa

To dopiero gigant wśród sów, na dodatek bardzo tajemniczy. Nie wiadomo nawet, czy mieszka w Polsce.

Co sprawiłoby mi największą radość? Otóż zobaczenie sowy mszarnej, zwanej też puszczykiem mszarnym. Być może jestem przekonany o niesamowitości tego ptaka dlatego, że jak mało który przypomina on, a raczej jego głowa, głowę człowieka. Bo puszczyk mszarny ma niezwykle ludzki wyraz twarzy. Głównie dlatego, że jego głowa jest olbrzymia w stosunku do reszty ciała. Na dodatek niczym ludzka jest idealnie okrągła – taki kształt nadają jej pióra.

Żółte oczy wydają się co prawda niewielkie, ale są bardzo dobrze widoczne na tle szarego upierzenia. Szlara – czyli twarz sowy – u puszczyka mszarnego jest jeszcze wyraźniejsza niż u innych sów. Pióra szlary tworzą coś w rodzaju kręgów wokół oczu. Jakby tego było mało, pióra wokół oczu przypominają brwi, a te w okolicach dzioba – brodę i wąsy.

PUSZCZYK MSZARNY

WAGA
samice do 1900 g, czyli prawie 2 kg, samce do 1100 g

ROZPIĘTOŚĆ SKRZYDEŁ
145 cm

Twarz puszczyka wygląda więc jak twarz jakiegoś dobrotliwego leśnego dziadka. Ale puszczyk wcale nie jest dobrotliwy i łagodny. Gdy jego gniazdo i znajdujące się w nim jaja lub pisklęta są zagrożone, atakuje. Nieważne, czy jastrzębia, czy człowieka. Najpierw kłapie ostrzegawczo dziobem, a potem uderza w intruza pazurami. I są to ataki znacznie silniejsze niż puszczyka uralskiego. Podobno zdarzyło się nawet, że pewien ornitolog próbujący zaobrączkować pisklęta tego ptaka stracił wzrok, gdy samica pazurami podrapała jego oczy. Na dodatek puszczyk mszarny jest całkiem duży i niemal dwa razy cięższy od i tak dużego uralskiego.

Ta sowa nie boi się człowieka i teoretycznie zobaczyć ją dość łatwo, bo poluje nawet za dnia na gryzonie, którymi się żywi. Problem w tym, że w Polsce jest na to nikła szansa, bo rodziny zakłada u nas tylko kilka ptaków na Lubelszczyźnie, czasami zalatują też puszczyki mszarne z białoruskiej części Puszczy Białowieskiej. Wiadomo, że w białoruskiej części puszczy te ptaki zakładają gniazda w starych gniazdach orłów lub na obłamanych pniach drzew. Zwykle terytorium sów określa się po głosie. Bardzo łatwe jest to w wypadku zwykłego puszczyka, który ma głos dźwięczny i donośny. Tymczasem głos puszczyka mszarnego – choć olbrzyma – jest bardzo słabiutki. Przypomina buczenie i z odległości większej niż 500-600 m nie można go już usłyszeć.

Samice puszczyka mszarnego znoszą na początku maja lub w połowie kwietnia zwykle trzy-cztery jaja. Młode po wykluciu są karmione przez oboje rodziców. Samice są większe niż samce.

Dzięcioł białogrzbiety

Dendrocopos leucotos

To jeden z najrzadszych dzięciołów w Europie. Żyje sobie tam, gdzie jest martwe drewno. Las bez martwych drzew, choćby najpiękniejszy, znaczy dla niego tyle co pustynia.

Ludzie różnie reagują na las pełen martwego drewna. Większość się zachwyca, bo powalone pnie obrośnięte mchami to niesamowity widok. Są jednak tacy, którzy twierdzą, że to czyste marnotrawstwo zostawiać w lesie takie drzewa, przecież można by z nich zrobić półki czy wieszaki. Ci ludzie nie zauważają jednak, że drewno wcale się nie marnuje – korzysta z niego masa różnych organizmów, od mikroskopijnych grzybów po zwierzaki całkiem duże, takie właśnie jak dzięcioł białogrzbiety. To jeden z naszych najpiękniejszych dzięciołów, ma biało-czarne ubarwienie, charakterystyczny biały grzbiet i czerwoną czapeczkę. Właściwie wszystkie dzięcioły potrzebują martwego drewna, ale nie wszystkie aż tak bardzo jak dzięcioł trójpalczasty oraz właśnie białogrzbiety.

W przeciwieństwie do dzięcioła trójpalczastego pokarmem białogrzbietego nie są larwy małe, ale bardzo duże, czasami grube jak palec. Szukanie ich nie jest wcale łatwe i dzięcioł musi się nieźle nawykuwać. Larwy żyją i dojrzewają sobie w próchnie lub pod korą martwych drzew czasami całymi latami, zanim przekształcą się w dorosłego chrząszcza. Więc martwe drewno nie może się pojawiać w lesie od czasu do czasu, ale musi leżeć w nim dość długo, żeby chrząszcze zniosły tam jajeczka, a larwy muszą mieć wystarczająco dużo czasu, aby się rozwinąć. Co więcej, takie larwy rozwijają się w naprawdę grubych pniach. Tymczasem ludzie stwierdzili właśnie, że martwe drzewa w lesie to marnotrawstwo, i dlatego w większości europejskich lasów ich nie ma. Nie ma też dzięciołów trójpalczastych, które uchowały się jedynie w górach, no i oczywiście w miejscach takich jak Puszcza Białowieska. Najwięcej występuje ich w rezerwacie Białowieskiego Parku

Narodowego albo w zabagnionych lasach, bo tam człowiek nie usuwa drzew i dzięcioły mają istny raj. Tylko czy taki mały rezerwat, który stanowi zaledwie jedną dziesiątą powierzchni puszczy, zapewni dzięciołom przetrwanie? Dziś blisko połowa powierzchni Puszczy Białowieskiej jest chroniona i dzięcioły mają nieco lepsze środowisko.

To jednak nie wszystko. Dzięcioł białogrzbiety, który jest całkiem spory, ma wielu wrogów naturalnych. Dla nich stanowi łakomy kąsek. Ten ptak jednak stara się bronić przed prześladowcami, jak tylko może. Składa jaja już w kwietniu, młode wylatują w maju. To znacznie wcześniej niż inne ptaki zamieszkujące dziuple. Być może dzieje się tak dlatego, że wcześniej drapieżnik taki jak kuna nie wpadnie na pomysł, że w jakiejś dziupli może na niego czekać coś smacznego. Na dodatek młode dzięcioły białogrzbiete w przeciwieństwie do innych dzięciołów nie piszczą jak oszalałe, gdy tylko zorientują się, że rodzice zbliżają się z pokarmem. Młode dzięciołki białogrzbiete są o wiele cichsze niż inne dzięcioliele maluchy.

W dziupli o głębokości do 23 cm samica składa trzy-cztery jaja.

DZIĘCIOŁ BIAŁOGRZBIETY

WAGA
około 100 g

DŁUGOŚĆ CIAŁA
26 cm

ROZPIĘTOŚĆ SKRZYDEŁ
45 cm

Borowiec wielki

Nyctalus noctula

BOROWIEC WIELKI

WAGA
od 16 do 44 g

ROZPIĘTOŚĆ
SKRZYDEŁ
od 32 do 40 cm

To największy nasz nietoperz, przynajmniej jeśli chodzi o rozpiętość skrzydeł. No i jeden z lepszych lotników wśród nietoperzy.

Borowca można odróżnić od innych nietoperzy po wąskich skrzydłach i lotach na znacznych wysokościach. Ponieważ borowce wylatują dość wcześnie, można je pomylić nawet z jakimiś późno latającymi jaskółkami lub jerzykami. W sumie technikę polowania te ssaki stosują taką samą jak jaskółki i jerzyki, czyli chwytają ofiarę w locie. Jedyną, ale bardzo zasadniczą różnicą jest system lokalizacji owada. Otóż borowiec, podobnie jak inne nietoperze, posługuje się przy tym echolokacją, czyli wydaje na ogół niesłyszalne dla naszego ucha dźwięki i na podstawie echa odbitego od owada określa jego położenie. Borowce tak jak jaskółki i jerzyki potrafią latać bardzo wysoko. Jak wysoko? Na pewno były widywane, jak polują na wysokości kilkuset metrów, ale może zapuszczają się wyżej.

Zimą borowce podobnie jak inne nietoperze hibernują, czyli zapadają w bardzo głęboki sen zimowy, w czasie którego serce uderza parę razy na minutę, liczba oddechów jest równie mała. Borowce smacznie śpią w głębokich dziuplach lub szparach budynków. Oczywiście zimowanie borowców w dziupli w Polsce mogłoby się skończyć bardzo źle, dlatego te nietoperze podobnie jak wiele ptaków migrują nieco na południe Europy, gdzie nie jest za zimno, a temperatura nawet w dziupli nie spadnie poniżej zera. Co ciekawe, borowiec nie śpi non stop od jesieni do wiosny. Choć jego sen jest bardzo głęboki, potrafi się obudzić, aby na przykład zmienić kryjówkę, wysiusiać się czy uciec przed drapieżnikiem.

Ale wróćmy do tego, co borowce robią latem. Otóż, jak już wcześniej napisałem, dźwięki wydawane przez nietoperze nie są słyszalne dla ucha ludzkiego. To prawda, ale tylko częściowa: nie wszystkie dźwięki i nie dla wszystkich ludzi. Im ktoś młodszy, tym ma wrażliwsze ucho i może usłyszeć choć część cichutkiego szczękania mroczków albo godowe podśpiewywania borowców. W sierpniu takie śpiewy wydobywające się z różnych leśnych dziupli może usłyszeć każde dziecko. Ucho dorosłego tego nie wyłapie. Na pocieszenie napiszę wam, że jeszcze długo będziecie mogli wyłapać dźwięki, jakie wydają z siebie kłócące się borowce. Otóż czasami da się usłyszeć w lesie dźwięk przypominający pocieranie styropianem o szkło. To nic innego tylko borowce dyskutujące o tym, kto ma zająć jakie miejsce w dziupli.

W maju samica borowca rodzi od jednego do dwóch młodych. Borowce dożywają w warunkach naturalnych 12 lat.

Zając bielak

Lepus timidus

Zająca szaraka spotkacie bez trudu w całej Polsce, wystarczy poprzyglądać się, co kica po łąkach i polach. Ale gdy zbliża się zima, być może uda wam się gdzieś trafić na bardzo rzadkiego i tajemniczego kuzyna szaraka – zająca bielaka.

O, nie będzie to proste, bo bielaki to absolutna w Polsce rzadkość. Są nieco mniejsze od szaraków, ważą od 3 do 4 kg, to mieszkańcy Dalekiej Północy. Polska nie jest dla nich wystarczająco zimna. Dlatego można je spotkać tylko w regionach uznawanych za najzimniejsze w naszym kraju, a więc na północnym wschodzie w puszczach Augustowskiej, Romnickiej i czasami Białowieskiej, bo bielak, w przeciwieństwie do swojego szarego kuzyna, nie lubi otwartych przestrzeni i chętniej mieszka właśnie w lasach. Czasami zdarza się, że zwykłe szaraki też wchodzą do lasu. Jak więc rozpoznać, który to szarak, a który bielak? W lecie zając bielak jest równie szary jak szarak. Wtedy można go odróżnić tylko po tym, że ma wyraźniejsze czarne obramowania na szczycie uszu. Oraz po tym, że jego stopa jest większa i bardziej owłosiona (żeby nie zapadać się w śniegu). Zimą zająca bielaka będzie bardzo łatwo odróżnić od szaraka. Skoro te zwierzaki tak dobrze przystosowane są do życia na północy, to muszą się tam jakoś maskować. A na północy, wiadomo, zimą jest głównie biało. No i bielak, który ma tyle samo naturalnych wrogów co szarak, maskuje się w ten sposób, że zmienia kolor sierści na biały. Czarne zostają tylko końcówki uszu.

ZAJĄC
BIELAK

WAGA
od 3 do 4 kg

Drozd śpiewak

Turdus philomelos

**DROZD
ŚPIEWAK**

WAGA
około 60 g

ROZPIĘTOŚĆ
SKRZYDEŁ
36 cm

Drozda śpiewaka – mieszkańca lasów i parków – najłatwiej poznać oczywiście po tym, że pięknie śpiewa i powtarza zwrotki swych pieśni. Od pieśni więc powinniśmy zacząć naszą opowieść o tym ptaku.

Żeby zaśpiewać, drozd zwykle wybiera wierzchołek jakiegoś drzewa. Śpiew jest bardzo donośny i niektórzy, jak się wsłuchają, słyszą w nim nawet ludzkie imiona. Mnie nigdy nie udało się ich wyłapać, ale podobno brzmi to jak „Dawid, Dawid, Filip, Filip". Cechą niezwykle charakterystyczną tego śpiewu jest na pewno kilkukrotne, a czasami nawet pięciokrotne powtarzanie zwrotek pieśni. Od tego właśnie zapamiętałego śpiewania pochodzi nazwa tego ptaszka. Ale to nie wszystkie ciekawe cechy drozda. Jego pożywienie to owady, dżdżownice, ślimaki, które wyszukuje w murawie. Jesienią drozdy chętnie zjadają owoce. Ale na chwilę wróćmy do ślimaków, które drozdy zapamiętale zbierają. Jak się domyślacie, ptaki te mają dość delikatne dzioby i rozbicie skorupki sprawiałoby im nie lada kłopot, gdyby nie wpadły na pewien sprytny pomysł. Otóż znajdują one odpowiednio duży kamień, chwytają ślimaka w dziób i uderzają o ten kamień. Dobierają się w ten sposób do pysznej zawartości muszli. Co ciekawe, drozdy takie zachowanie mają wrodzone i nawet ptaki, które wykluły się w niewoli i nigdy nie widziały ślimaka, jak tylko znajdą jakiś mały kamyczek, od razu chwytają go w dziób i uderzają o coś twardego.

Ale to nie ostatnia ciekawostka. Superdziwem jest gniazdo drozda. Zewnętrzne ściany są uwijane z traw, mchów i liści. Ale wnętrze jest wylepiane przez ptaka z masy, którą drozdy uzyskują poprzez pomieszanie śliny z próchnem drzew. Po zastygnięciu jest to dość twarda konstrukcja przypominająca tekturę. Z takich gniazd dość często korzysta po ich opuszczeniu przez drozdy inny ptak leśny, a mianowicie brodziec samotny. Samica drozda składa do pięciu jaskrawoniebieskich jaj z ciemnymi plamami. Czasami zdarza się, że ktoś rozwali gniazdo drozda, a samica nie może wytrzymać i składa jaja na mchu. Oczywiście takich jaj poza gniazdem, które czasami można znaleźć w lesie, drozdy nie wysiadują. Młode opuszczają gniazdo po dwóch tygodniach, gdy jeszcze niezbyt dobrze latają. Cały czas karmione są przez rodziców, a gdy zbliża się niebezpieczeństwo, szybko się chowają i zastygają w bezruchu. Drozdy odlatują na zimę, jednak czasami zdarza się niektórym osobnikom zimować na miejscu.

Koszatka

Dryomys nitedula

Pora poznać kolejnego gryzonia żyjącego na drzewach i bardzo podobnego do popielic, czyli koszatkę.

Jeżeli uda się wam ją kiedyś zobaczyć, to na pewno ją rozpoznacie. Koszatki są mniejsze od popielic, ale też mają dość długi, puchaty ogonek i szare futerko, czasami z odcieniem rudawym. Do tego dochodzą bardzo charakterystyczne czarne plamy po bokach głowy – dokładnie tam, gdzie są oczy – które trochę przypominają taką złodziejską maskę z komiksów. Problem w tym, że wcale nie będzie wam łatwo zobaczyć koszatki, bo te zwierzaki są aktywne głównie nocą. Właśnie wtedy w lasach, w których mieszkają, szukają nasion, owoców oraz owadów, jaj i ptaków. To trochę zaskakujące, ale koszatka w Puszczy Białowieskiej bardzo często plądruje ptasie gniazda. Z dostaniem się do nich nie ma problemu, bo znakomicie się wspina. Podobnie jak u wiewiórki wspinaczkę ułatwia jej ogon, który stanowi prawie połowę długości ciała. Dzięki niemu znakomicie łapie równowagę również na bardzo cienkich i chwiejnych gałązkach. A jak daje sobie radę z wyszukiwaniem różnego rodzaju pokarmu w gęstwinie gałązek? Pomaga w tym i wzrok, i węch. Niektórzy naukowcy przypuszczają, że popielicowate, czyli właśnie koszatki, popielice oraz żołędnice, wykorzystują też – podobnie jak nietoperze – ultradźwięki, których echo pozwala określić, co i gdzie się znajduje.

┌ Warto wiedzieć ─────────

Na koszatki polują sowy, lisy, kuny i ptaki drapieżne, przeciętnie więc na wolności żyją około dwóch lat.

Ale teraz najważniejsze. Pewnie bardzo byście chcieli zobaczyć te przesympatyczne gryzonie. Nocą to nie jest łatwe, ale czasami koszatki pojawiają się również w dzień. W lecie ich głównym zajęciem jest wychowywanie młodych. Na gniazdo, w którym po trwającej od trzech do czterech tygodni ciąży przychodzi na świat do sześciu młodych, koszatki wybierają dziuple, budki lęgowe albo gniazda ptaków. Młode ssą przez trzy-cztery tygodnie, ale już w czwartym tygodniu potrafią coś same schrupać. Po urodzeniu i wychowaniu młodych koszatki zaczynają się przygotowywać do snu zimowego. Muszą zasypiać na zimę, bo o tej porze roku w lesie nie ma owadów i ptaków, a owoców tyle co kot napłakał. Koszatki wolą więc tę porę roku przeczekać, śpiąc, bo jak się śpi, to się nie je. Pod koniec sierpnia i we wrześniu muszą się więc odpowiednio utuczyć. Ponieważ jedzenia w lesie jest coraz mniej, koszatki muszą się nieźle nabiegać, żeby je znaleźć, więc są aktywne nawet w dzień. To właściwie jedyna okazja, żeby je zobaczyć w całej okazałości. Najlepiej szukać ich w lasach liściastych na wschodzie kraju i w górach. W październiku koszatki schodzą z drzew i zaczynają szukać miejsca do snu. Najczęściej gdzieś pod korzeniami wielkich drzew na głębokości nawet do 60 cm przesypiają całą srogą zimę.

KOSZATKA

WAGA
15-47 g

DŁUGOŚĆ CIAŁA
7-11 cm

DŁUGOŚĆ OGONA
6-9 cm

Sikora uboga

Parus palustris

SIKORA UBOGA

WAGA
12 g

DŁUGOŚĆ CIAŁA
13 cm

ROZPIĘTOŚĆ
SKRZYDEŁ
21 cm

Większość młodych sikor w maju opuszcza swoje gniazda. Również sikory ubogie, które zamieszkały w budce lęgowej w naszym ogrodzie.

O tym, że sikorki ubogie kręcą się po okolicy, wiedziałem od dawna. Widywałem je w towarzystwie innych sikor – bogatek i modrych – gdy zimą objadały słoninkę. Oczywiście sikora uboga nie występowała w takich liczbach jak pozostałe gatunki. Gdy słonina była obwieszona bogatkami, to w pobliżu była zaledwie jedna sikora uboga, która zresztą zachowywała się jak uboga krewna i była szalenie nieśmiała. Nic dziwnego, ten ptaszek jest o wiele mniejszy od bogatki i z pewnością trudno jej się dopchać do jedzenia. Ale bynajmniej nie dlatego nazywana jest sikorą ubogą. Odpowiedź na pytanie, dlaczego sikora uboga jest uboga, jest bardzo prosta. Ma ona o wiele mniej rzucające się w oczy upierzenie niż inne sikory, a w szczególności sikora modra. Czarna główka z czarnym śliniaczkiem, szary grzbiet i brudnobiałe podbrzusze. Gdzie jej do żółtej barwy bogatki lub błękitów modraszki?! Z nazwą sikorki wiąże się też pewna, dość zabawna historyjka. Otóż w ramach ujednolicania nazw ptaków wszystkie sikorki dostały jednoczłonową nazwę. I tak sikora bogatka została bogatką, sikora modra – modraszką. Jak myślicie, jaką nazwę dostała sikora uboga? Otóż jako że jest szara, nazwano ją szarytką. Szybko jednak z tego zrezygnowano, bo przecież szarytki to zakon i głupio było nazywać tak sikorkę. Sikorka uboga więc jako jedyna zachowała dwuczłonową nazwę.

Ale to nie wszystko, co wyróżnia sikorę ubogą spośród innych. Otóż jest ona stosunkowo długowieczna. Przeciętnie może żyć nawet do 10 lat, podczas gdy inne gatunki zaledwie pięć. Dlaczego tak jest? Naukowcy tłumaczą to tym, że sikory te znoszą mało jaj – do dziewięciu, podczas gdy inne gatunki do 13 lub nawet 14. Jaja przez dwa tygodnie wysiaduje samica, młode po kolejnych niemal trzech, kiedy to są intensywnie karmione gąsienicami, opuszczają gniazdo. Poza tym gniazda sikory ubogiej są zakładane w dość bezpiecznych miejscach. Unikają one dziupli wykutych przez dzięcioły, bo jak wiadomo, te bardzo często odwiedzają swe domostwa i nie gardzą maleńkimi sikorkami, które mogą im przypominać owadzie larwy. Unikają również zakładania gniazd w dziuplach spróchniałych drzew, bo te łatwiej rozkuć. Dlatego w Puszczy Białowieskiej zaledwie co piąte gniazdko tego ptaszka jest zniszczone przez drapieżniki. To bardzo mało jak na sikorę. Wychodzi więc na to, że sikorka uboga wcale taka biedna nie jest.

Zwierzaki Wajraka

Otwarte tereny,
łąki, pola oraz bagna
na nizinach i w górach,
skraje lasów
i małe zadrzewienia

Puchacz

Bubo bubo

PUCHACZ

WAGA
od 2,4 do 4 kg

ROZPIĘTOŚĆ
SKRZYDEŁ
165 cm

Dawno, dawno temu nocą przeleciało mi nad głową coś, czego się przeraziłem. Było to coś wielkiego, jak nie wiem co. Na dodatek głowa tego czegoś nie była wąska i podłużna jak u wszystkich normalnych ptaków, tylko pękata i z przodu jakby ścięta.

To coś leciało bezszelestnie. Nie było słychać żadnego świstu skrzydeł. Nic. Oczywiście, duch to nie był. Po chwili zastanowienia doszedłem do wniosku, że tak może wyglądać tylko puchacz – największa europejska sowa. Gdyby kiedyś udało się wam zobaczyć puchacza siedzącego na drzewie, to mu się bacznie przyjrzyjcie. Od razu rzucą się wam w oczy pęczki piór na jego głowie, które bardzo przypominają uszy. Uszy to jednak nie są. Prawdziwe uszy znajdują się za jego płaską twarzą. Warto o tym pamiętać, bo nie dotyczy to tylko puchacza, ale też wielu innych sów. Na przykład sowa uszata też ma takie pęczki piórek na głowie, które nie są uszami. Najprawdopodobniej zobaczycie jednak puchacza w zoo. Na wolności jest go bardzo trudno wypatrzyć, bo jest bardzo rzadką sową. Ja miałem szczęście. W Polsce może mieszkać nie więcej niż 200 par tych wielkich ptaków. Głównie żyją one w najdzikszych miejscach Polski wschodniej i południowej, np. na Bagnach Biebrzańskich oraz w Tatrach. Można spotkać je też na wyspie Wolin, gdzie wypuszcza się te ptaki, które przyszły na świat w ogrodach zoologicznych.

Zapewne ciekawi jesteście, co taka wielka sowa je. Otóż puchacz, choć olbrzymi, potrafi polować na chrząszcze i maleńkie w porównaniu z nim samym norniki. Zabija też zwierzęta całkiem duże, np. jeże, wrony, szczury, króliki i zające, a pewien mój kolega twierdzi, że widział puchacze polujące na myszołowy. Oczywiście, jak przystało na sowę, na łów wyrusza po zachodzie słońca. W Niemczech, gdzie puchacze wyginęły, a później wypuszczono ptaki urodzone w niewoli, zdarzało się, że zbierały one zabite na drogach zwierzęta. Niestety, kończyło się to tragicznie również dla samych puchaczy, które wpadały pod pędzące samochody. Coś z tym zbieraniem musi być na rzeczy, bo pierwszego puchacza w moim życiu zobaczyłem siedzącego właśnie przy autostradzie.

Na szczęście nie słyszałem, żeby polskie puchacze robiły podobne rzeczy. W grudniu puchaczom zaczynają się gody – czas miłości – i być może gdzieś w jakiejś dziczy usłyszycie ich nawoływanie, które brzmi tak: puhu-puhuu puhu!

Przy dobrej pogodzie można je usłyszeć nawet z odległości 4 km. Gdybyście coś takiego usłyszeli, to oznacza, że gdzieś w okolicy puchacz założy gniazdo. Ponieważ puchacz sam gniazda nie buduje, będzie to gniazdo orłów albo myszołowów. Puchacze mogą też znosić jaja na półkach skalnych albo pod jakimś wykrotem lub drzewem na ziemi.

Warto wiedzieć

Samica puchacza może znieść od dwóch do pięciu jaj. Młode ważą zaraz po wykluciu około 50 g. Puchacz może żyć nawet ponad 20 lat.

Jeż wschodni
i jeż zachodni

Erinaceus concolor i *Erinaceus europaeus*

Jak odróżnić jeża wschodniego od zachodniego? To proste – wystarczy policzyć igły.

W marcu i kwietniu jeże po długim zimowym śnie wystawiają nosy ze swoich gniazd. Jak wygląda jeż? Chyba każdy wie. To taki zwierzak, który gdy się zezłości albo przestraszy, momentalnie zwija się w kłębek i wygląda wtedy jak kolczasta piłeczka.

W Polsce żyją dwa gatunki tych dziwacznych ssaków: jeż zachodni i jeż wschodni. Jak wskazuje nazwa, jeden mieszka na wschodzie, a drugi na zachodzie. Na niektórych terenach zachodniej Polski obydwa gatunki żyją razem. Jak je rozpoznać? Wystarczy policzyć igły – jeż wschodni ma ich około 6,5 tys., jeż zachodni – ponad 8 tys. Różnią się też nieco długością igieł – te u jeża zachodniego są o parę milimetrów dłuższe. Oczywiście bardzo trudno byłoby je policzyć, więc jest też inny sposób rozpoznania obydwu gatunków. Jeż zachodni ma czarny wzorek na brzuchu i podgardlu, a jeż wschodni ma często brzuch biały. Ale chciałbym znaleźć śmiałka, który obejrzy brzuch kolczastego zwierzaka.

Myszkujące w trawie jeże możecie spotkać w ciepłe letnie wieczory. Szczęściarze mogą je zobaczyć nawet w mieście.

Nocą jeże wyruszają na poszukiwanie dżdżownic, ślimaków, owadów i myszy. Czasami zjadają też różne grzyby i owoce. Uwielbiają na przykład jabłka. Szczególnie dużo jedzą w sierpniu i we wrześniu, bo muszą się przygotować do snu zimowego. A śpią naprawdę twardo. Najpierw przygotowują odpowiednią sypialnię: pod gałęzie albo korzenie wciągają dużo suchych liści, traw i mchów. Takie gniazdo ma zwykle dwa wyjścia i jest bardzo przytulne. Kiedy zrobi się chłodno, jeż wędruje do sypialni, zwija się w kłębek i zapada w sen. Temperatura ciała spada z 34 stopni do zaledwie 4, a liczba uderzeń serca zmniejsza się ze 190 do 20 na minutę. Wszystko dlatego, że jeże, kiedy śpią, to nie jedzą i muszą jakoś oszczędzać energię.

**JEŻ
WSCHODNI**

WAGA
od 238 do 1230 g

DŁUGOŚĆ CIAŁA
od 17 do 28 cm

JEŻ ZACHODNI

WAGA
od 257 do 1370 g

DŁUGOŚĆ CIAŁA
od 19 do 31 cm

Warto wiedzieć

Jeże są bardzo pożytecznymi zwierzętami. Oczyszczają ogrody z gąsienic i ślimaków, które podjadają ogrodnikom różne rośliny. Nie wolno ich łapać i trzymać w mieszkaniu, bo tam bardzo cierpią. Małe jeżyki, kiedy się rodzą, mają białe, miękkie kolce. Jeż żyje do 10 lat.

Rzekotka

Hyla

G dzie ta rzekotka? Słyszałem ją dobrze, ale jak tylko się zbliżałem, milkła. Pewnie czuła, jak drży ziemia pod moimi nogami, i wolała milczeć. Wcale się nie dziwię, przecież szedł do niej prawdziwy olbrzym.

Jeżeli jest ciepło, to bacznie nasłuchujcie. Z jeziorek, kałuż i rowów przydrożnych, w których jeszcze stoi woda, usłyszycie trajkotanie – tak jakby ktoś używał jakiejś bardzo głośnej grzechotki. To słychać rzekotkę – maleńką zieloną żabkę, która jednak żabką nie jest, bo należy do oddzielnej grupy płazów. Inne żaby czy ropuchy kumkają lub nawet ćwierkają, a rzekotkę poznamy właśnie po tym, że trajkocze. Ale nie wszystkie

RZEKOTKA

WAGA
kilka gramów

DŁUGOŚĆ CIAŁA
6 cm

rzekotki to robią. Trajkoczą tylko samce. Służy im do tego worek rezonansowy* – nabierają do niego powietrza i kiedy je wypuszczają, wydają ten niesamowity odgłos. Panowie rzekotki tak nadymają ten worek do trajkotania, że czasami jest niemal równie duży jak całe zwierzątko. To trajkotanie, które wywołuje też drgania wody, ma, po pierwsze, odstraszyć inne samce, a po drugie, przywabić samiczki. Rzekotki są bardzo czułe na wszelkie trajkotania, na przykład na głośny warkot samochodu przejeżdżającego obok.

Możecie nawet sami spróbować je zwabić, potrząsając niczym grzechotką pudełkiem zapałek.

Kiedy samczyk spotka samiczkę, bierze ją w mocny uścisk i tak razem idą znosić jaja, czyli skrzek. Oczywiście skrzek znosi samiczka, a samiec tylko go zapładnia. Skrzek rzekotki to regularne zlepione z jaj kuleczki przyczepione do podwodnych roślin.

Po złożeniu jaj rzekotki wychodzą z wody i zaczynają się wspinać na różne drzewa oraz krzewy. Bo to nie są zwykłe żaby, ale żaby nadrzewne. Jeśli uda wam się gdzieś wśród zielonych liści wypatrzyć rzekotkę i dobrze się jej przyjrzycie to zauważycie, że jej nogi bardziej niż do pływania nadają się do wspinania. Palce są długie i chwytne, a na dodatek na końcach mają przyssawki. Dzięki nim rzekotka łazi i skacze po krzewach lepiej niż niejedna małpa. Oczywiście skacze tylko wtedy, gdy chce się przemieścić. Na ogół siedzi w bezruchu i czeka, aż jakiś owad podejdzie blisko niej. A jak podejdzie, to jest po nim... Rzekotka chwyta go za pomocą swojego długiego i lepkiego na końcu języka. I zjada.

SŁOWNICZEK

* REZONANS
to zjawisko, które człowiek wykorzystuje od dawna w instrumentach muzycznych, np. skrzypcach, gitarach, fortepianach. Grają, gdy uderzone struny zaczynają drgać. Ale nie byłoby tego słychać, gdyby nie pudła rezonansowe, które pod wpływem drgania strun „ożywają" i wpadają w takie same drżenia. Wtedy grają już razem i struny, i pudła, a dźwięk jest wielokrotnie silniejszy. U rzekotek takim pudłem rezonansowym jest właśnie worek na szyi.

Warto wiedzieć

Rzekotki są maleńkimi płazami, zwykle długość ich ciała nie przekracza 6 cm. Samica składa od 400 do 1000 ziaren skrzeku. Z jajek najpierw wykluwają się kijanki, które mogą dorastać nawet do 5 cm długości. Żyją tylko w wodzie i oddychają skrzelami. Po jakimś czasie kijanka przeobraża się w małą rzekotkę, która ma około 1,5 cm długości.

Padalec

Anguis fragilis

Nie ma łap, ciało ma długie i wężowate. Na pierwszy rzut oka – wąż. Ale padalec to wcale nie wąż, tylko taka jaszczurka, która nóg nie potrzebuje i dlatego ich nie ma.

Padalce prowadzą głównie nocny tryb życia i najłatwiej zobaczyć je o zmierzchu, gdy wyruszają na poszukiwanie ślimaków i dżdżownic. Być może właśnie dlatego, że polują na stworzonka niezbyt szybkie, nogi nie są im do niczego potrzebne. Poza tym padalce dość często ryją w poszukiwaniu dżdżownic w miękkiej ściółce* i przy takim ryciu nogi mogłyby przeszkadzać. Co ciekawe, niektórzy badacze gadów, czyli herpetolodzy, porównują kształt padalca właśnie do dużej dżdżownicy.

Padalce od węży różni chociażby to, że ich głowa jest zrośnięta z tułowiem bez żadnego zwężenia i właściwie nie widać, gdzie kończy się głowa, a zaczyna tułów. Inną różnicą są otwory uszne – u węży ich nie ma, a u jaszczurek są. Gdybyście wzięli padalca do ręki, to tuż za maleńkimi okrągłymi oczkami zobaczylibyście małe dziurki – to właśnie otwory uszne. No i padalec ma powieki, a węże ich nie mają.

Warto wiedzieć

Zwykle padalce są barwy miedzianej. U niektórych osobników widać na grzbiecie ciemniejsze linie. Do najrzadszych należy odmiana turkusowa – ich ciało pokryte jest zielonkawoniebieskimi plamkami. Długość ciała padalca może przekraczać nawet pół metra, z czego połowa przypada na ogon. Padalce to gady jajożyworodne. Oznacza to, że jaja rozwijają się w ciele samicy. Tuż po złożeniu jaj młode rozrywają ich osłonki. Od razu są samodzielne, mają około 10 cm długości.

SŁOWNICZEK

* ŚCIÓŁKA
– igliwie, liście, gałęzie, uschłe runo leśne, szczątki i wydaliny zwierzęce, czyli to wszystko, co leży na ziemi w lesie.

Ale lepiej nie bierzcie padalców do ręki, w ogóle ich nie łapcie i dajcie im spokój. Nie dlatego, że mogą wam zrobić coś złego, ale dlatego, że wy możecie zrobić im krzywdę. Podobnie jak wiele jaszczurek bronią się one przed atakiem, odrzucając część własnego ogona. Drapieżca, który zaatakował padalca, zostaje z takim ruszającym się kawałkiem ogona w paszczy i zanim się zorientuje, że to nie padalec, tylko jego ogon, nasz bohater może uciec. Padalcowi oczywiście ogon odrasta, ale tylko w części. A im mniejszy ogon, tym mniejsza szansa, że uda mu się wymknąć kolejny raz.

PADALEC

DŁUGOŚĆ CIAŁA
do 50 cm

Orlik krzykliwy

Aquila pomarina

**ORLIK
KRZYKLIWY**

WAGA
do 1,5 kg

ROZPIĘTOŚĆ
SKRZYDEŁ
od 145 do 160 cm

Jedne ptaki drapieżne lubią polować, atakując ofiarę z powietrza, inne czekają ukryte w zaroślach. A orlik gustuje w polowaniu na piechotę.

To dość duży ciemnobrązowy ptak. Lata z dumnie rozpostartymi skrzydłami i wtedy najłatwiej go odróżnić od innych skrzydlatych drapieżników. Jego skrzydła są bowiem podgięte do dołu, a nie do góry, jak np. u myszołowów i orłów. Najwięcej orlików jest na wschodzie kraju, a ich prawdziwym królestwem jest Puszcza Białowieska, a dokładnie miejsca, gdzie graniczy z otwartymi przestrzeniami, na których orliki polują. Ja widzę prawie codziennie, jak orliki latają nad łąkami.

Ale wróćmy do sposobów polowania, bo są one bardzo ciekawe. Oczywiście, czasami widzę, jak orliki spadają z góry na ofiarę. Ale równie często szukają ofiary, spacerując po łąkach, a nawet skacząc. I przez to już nieraz, widząc to zwierzę z daleka, myliłem je z zającem. Taki dziwaczny sposób polowania bierze się stąd, że orliki są duże, a jeść lubią zwierzątka małe: żaby, norniki i myszy. Czasami zdarzy im się upolować jakiegoś węża, a te przecież poruszają się i żyją nie gdzieś wysoko, tylko właśnie w trawach. Być może orlikowi bardziej opłaca się najpierw je płoszyć, chodząc, a potem chwytać, niż wypatrywać z przestworzy.

Gniazda orlików są dość duże i usytuowane w lesie na wysokich drzewach, niemal zawsze w pobliżu otwartych terenów. Poznać je łatwo po tym, że niemal zawsze obłożone są świeżymi zielonymi gałązkami. Orliki składają w maju dwa jaja w odstępach trzech-czterech dni. Po prawie 40 dniach wysiadywania wykluwają się pisklaki. Kiedy w okolicy jest mało pokarmu i rodzice nie nadążają z nakarmieniem maluchów, zdarza się, że ten pisklak, który wykluł się pierwszy – a więc większy i silniejszy – pożera swego braciszka lub siostrzyczkę. Dla nas, ludzi, brzmi to nieco okropnie, ale takie są prawa natury.

Warto wiedzieć

Orliki krzykliwe to ptaki letnie i już we wrześniu zaczynają opuszczać Polskę. I stare, i młode lecą do wschodniej Afryki na zimowanie. Trudno im się zresztą dziwić, bo przecież zimą na łąkach mało co dałoby się upolować na piechotę. Do Polski wracają w kwietniu, gdy na łąkach znów zaczyna się życie. Zamieszkują wyłącznie Europę Wschodnią. Bardzo podobny i możliwy do odróżnienia od orlika krzykliwego tylko przez specjalistów jest orlik grubodzioby (Aquila clanga). Największe znane ich skupisko jest na Bagnach Biebrzańskich. Mieszka tam kilkanaście par.

Zaskroniec

Natrix natrix

O j, nie łapcie zaskrońców. Kiedyś to zrobiłem i biedak bardzo się wystraszył. A mnie dostało się białą śmierdzącą mazią. Trudno się było pozbyć tego zapachu, oj, bardzo trudno.

Ich nazwa bierze się stąd, że po obu stronach czarnej głowy w tyle mają dobrze widoczne żółte plamy. Te plamy są jakby za skronią* i stąd „zaskroniec".

ZASKRONIEC

DŁUGOŚĆ CIAŁA
**samce do 1 m,
samice do 1,5 m**

Te najczęściej spotykane węże są niemal bezbronne. Czasami, kiedy ktoś jest bardzo blisko i zaskroniec nie ma gdzie uciec, to syczy jak oszalały i jeszcze unosi głowę niczym kobra. W ten sposób chce pokazać, jaki to on jest groźny, choć tak naprawdę groźny nie jest.

Jeżeli będziecie chcieli spotkać zaskrońca, to najlepiej rozejrzeć się tam, gdzie jest sporo żab, na łąkach podmokłych. Tam jest ich najwięcej. Dość często można je też spotkać w lasach, gdzie wygrzewają się na słońcu w suchych miejscach, często blisko wody. Zaskrońce świetnie zresztą pływają, a ich głównym pokarmem są płazy. Chwytają je niezwykle mocnymi szczękami, a potem połykają w całości. Bardzo rzadko zdarza im się zjeść rybę albo jakiegoś gryzonia.

Czas miłości u zaskrońców to kwiecień i maj. Jaja tych węży nie przypominają ptasich, bo są niemal kuliste, a nie jajowate. A na dodatek są miękkie – nie mają twardej skorupki. Samice nie opiekują się jajami, ale wcale nie składają ich byle gdzie. Na „gniazdo" wybierają miejsce, w którym jest dużo gnijących szczątków roślin – bardzo lubią na przykład góry kompostu**, gdyż podczas gnicia roślin wydziela się ciepło i jaja nie są narażone na gwałtowne wyziębienie.

SŁOWNICZEK

* SKROŃ
to u człowieka miejsce po prawej i lewej stronie głowy, między uchem i czołem.

** KOMPOST
robi się, układając w stosy różne resztki, głównie roślinne, i przekładając je ziemią lub torfem. W takiej mieszance zbierają się bakterie, które przerabiają ją na naturalny nawóz.

Warto wiedzieć

Samica zaskrońca może złożyć nawet do 30 jaj. Młode po wykluciu przypominają grube sznurowadło i mierzą około 20 cm.

Lis

Vulpes vulpes

Kiedyś zobaczyłem lisa, który na wyprostowanych łapach odbijał się niczym na sprężynach. Skakał tak po całej łące i wszystko wskazywało na to, że się bawi. Ale on wcale się nie bawił, tylko polował.

Właśnie tak, skacząc jak szalony, lis poluje na wszelkiego rodzaju gryzonie, które smakują mu o wiele bardziej niż cokolwiek innego. Lisy przedkładają tłustego nornika nawet nad kurę, choć ludziom wydaje się, że jest akurat na odwrót. Ale nie tylko gryzoniami się żywią. Nie pogardzą jajami ptaków albo pisklętami. Mogą też zjeść dżdżownicę albo ślimaka. Czasami – czarne jagody. Bardzo chętnie zjadają wszelką padlinę, dlatego dość często można je spotkać przy drogach, z których zabierają zabite przez samochody zwierzęta. Żeby dowiedzieć się, co jedzą lisy w waszej okolicy, musielibyście znaleźć ich nory i popatrzeć, jakie resztki leżą przed wejściem do nich. Ale raczej nie liczcie na to, że zobaczycie samego lisa.

Lisia nora jest mieszkaniem bardzo specjalnym, bo prawie zawsze oprócz wejścia głównego ma przynajmniej jedno wyjście awaryjne. Zwierzęta te po prostu lubią mieć drogę ucieczki na wypadek, gdyby zostały zlokalizowane przez człowieka.

Lis musi się naprawdę dobrze nauganiać za pokarmem, kiedy – najczęściej w kwietniu – w norze pojawiają się młode. Zwykle rodzi się ich pięć, ale zdarzają się rodzinki z ósemką, a nawet dwunastką szczeniaków. Na szczęście wykarmieniem tej całej hałastry poza matką często zajmują się też jej starsze siostry. Młode dopiero w wieku dwóch miesięcy wyłażą przed norę i tam zaczynają się bawić jak szalone – ta zabawa, podobnie jak u wilków, to nauka polowania. Dla lisków to ważne, bo już jesienią przynajmniej część z nich musi opuścić rodzinę i radzić sobie sama. Młody lis zaraz po urodzeniu waży nieco ponad 100 g.

LIS

WAGA
od 6 do 10 kg

DŁUGOŚĆ CIAŁA
około 70 cm

DŁUGOŚĆ KITY
około 40 cm

Warto wiedzieć

Jeżeli zobaczycie lisa, który nie boi się ludzi, nie zbliżajcie się, bo może być chory na wściekliznę.

Otwarte tereny, łąki, pola oraz bagna na nizinach i w górach, skraje lasów i małe zadrzewienia

Ropucha szara

Bufo bufo

W moim ogrodzie mieszka sobie ropucha. Spotykamy się w nocy – ja spaceruję, ona dumnie kroczy po ścieżkach. Wy też możecie się napatoczyć w ciepłe letnie wieczory na takie stwory.

Ale nie bierzcie ich do rąk, bo tego nie lubią, a w dodatku na skórze mają jadowitą wydzielinę. I nie całujcie, bo ropuchy raczej nie zamieniają się w królewny.

Piszę „stwory", bo rzeczywiście ropuchy wyglądają na niesamowite stwory. Są bardzo duże – mogą mierzyć nawet do 15 cm długości. Ale to jeszcze nic. Ropucha, jak wspomniałem, ani nie biega, ani nie skacze, tylko kroczy, a jak ktoś kroczy, to nie ma szansy zwiać przed drapieżnikiem, bo kroczy się na ogół powolutku. Ropucha szara – jak sama nazwa wskazuje, jest koloru szarego – ma inny system obrony.

ROPUCHA SZARA

DŁUGOŚĆ CIAŁA
do 15 cm

Otóż kiedy zaatakuje ją jakiś drapieżca, momentalnie staje na sztywno wyprostowanych nogach i się nadyma niczym balon. To ostrzeżenie dla prześladowcy: „Patrz, jestem taka duża, że mnie nie połkniesz. A poza tym skoro jestem duża, to jestem silna". Oczywiście, nie każdy da się na coś takiego nabrać. Dla śmiałków, którzy pomimo ostrzeżenia zaatakują, ropucha ma inną niespodziankę. Na jej skórze znajdują się gruczoły produkujące trującą wydzielinę. Dla małych zwierząt może być ona nawet zabójcza.

Na ogół jednak kończy się na tym, że drapieżnik, taki jak np. młody lis, stwierdza, że ropucha jest bardzo niesmaczna i nie należy jej już nigdy próbować. Z tego, co wiem, jedynie borsuki są uodpornione na jad tych płazów i zjadają je bez zahamowań. Właśnie ze względu na jad i na to, że ropuchy bardzo tego nie lubią, nie powinniście ich dotykać. Zresztą nie ma co ich męczyć, bo zjadają wiele owadów i ślimaków, które niszczą nasze ogródki. A zimą nie przeraźcie się, jak znajdziecie ropuchę w piwnicy. I najlepiej zostawcie ją wtedy w spokoju. Dopiero wiosną, kiedy okaże się, że nasza ropucha nie może się wydostać z miejsca, w którym zimowała, należy jej pomóc.

Warto wiedzieć

Skrzek ropuch – zarówno ropuchy szarej, jak i paskówki oraz zielonej – można poznać po tym, że tworzy coś w rodzaju galaretowatych sznurów. Składany jest pod koniec marca lub w kwietniu. Wykluwają się z niego kijanki, które po dwóch miesiącach pobytu w wodzie przeobrażają się w małe ropuszki. Czeka je bardzo długi żywot, bo ropucha może żyć nawet ponad 20 lat.

Żmija zygzakowata

Vipera berus

K iedy spotykam wygrzewającego się węża z zygzakiem, obchodzę go szerokim łukiem. Nie lubię przeszkadzać wężom w kąpielach słonecznych. A poza tym nie chciałbym mu nadepnąć przypadkiem na ogon.

W Polsce mieszka tylko jeden jadowity wąż. To właśnie żmija zygzakowata. Możecie ją spotkać właściwie wszędzie: w lasach, na łąkach i na bagnach. Co ciekawe, żmije są bardzo przywiązane do miejsc, w których żyją – jeżeli gdzieś natkniecie się na tego gada, możecie się spodziewać, że będzie też tam w następnych latach.

Nazwa „żmija zygzakowata" pochodzi od czarnego zygzaka na plecach. Jej ciało jest znacznie grubsze niż ciała innych węży. Kolejnym znakiem rozpoznawczym jest główka o kształcie przypominającym serce. Żmije mają różne barwy: czasami są miedzianobrązowe, czasami szarosrebrne, a czasami czarne. Na grzbiecie czarnej żmii zygzak jest niemal niewidoczny, ale ta odmiana zdarza się bardzo rzadko. Na głowie gady te mają czarny znak w kształcie liter X lub H.

Jad wcale nie służy żmii do tego, żeby kąsać ludzi, ale do tego, żeby polować na gryzonie, żaby, młode ptaki, a czasami jaszczurki. Po ukąszeniu jad unieruchamia ofiarę i dzięki temu gad może ją spokojnie połknąć. Jad może też służyć jako broń na wypadek ataku. Żmije zwykle usuwają się z drogi większym od siebie przeciwnikom, ale gdyby ktoś zaczął je szturchać lub kopać albo starał się wziąć do rąk, mogą ukąsić. Dlatego nie wolno tego robić! Jeśli nie będziecie denerwować żmii, to na pewno was nie ukąsi.

Żmije lubią się wygrzewać w dobrze nasłonecznionych miejscach, my też lubimy posiedzieć w takim miejscu. Dlatego zawsze, kiedy jesteśmy w lesie i gdzieś chcemy usiąść, trochę pohałasujmy. Jeśli jest tam żmija, to sama ucieknie. Jeśli zdarzy się, że przypadkiem nas ukąsi, nie można się denerwować. Trzeba się starać jak najmniej ruszać, żeby jad nie rozchodził się po ciele. Miejsce ukąszenia trzeba zdezynfekować i założyć ucisk powyżej ukąszenia. I natychmiast trzeba pójść do lekarza, który poda surowicę. Uwaga: nie można jadu wysysać!

Może się zdarzyć, że wczesną wiosną zobaczycie zaloty żmij. To piękny widok – te gady po prostu tańczą. Stają dęba i zawijają się jeden w drugiego. Trzy miesiące po takich godach mama żmija rodzi od 8 do 12 małych żmijek. Nie jest to takie rodzenie jak u ludzi. Jaja rozwijają się w ciele żmii i młode wychodzą z nich tuż przed porodem albo zaraz po nim. Maluchy żmii mają około 16 cm długości i żywią się owadami, małymi żabkami i jaszczurkami. Na zimę żmije chowają się pod zwalone drzewa lub do różnych nor.

Warto wiedzieć

Żmije łatwo pomylić z innym wężem – gniewoszem (też ma zygzak). Ale głowa gniewosza ma kształt bardziej opływowy niż głowa żmii. Poza tym tęczówki jego oczu są okrągłe, a żmii – elipsowate i pionowe. Samce są mniejsze i smuklejsze niż samice.

Zając szarak

Lepus europaeus

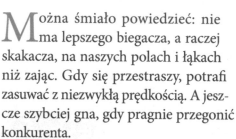

Można śmiało powiedzieć: nie ma lepszego biegacza, a raczej skakacza, na naszych polach i łąkach niż zając. Gdy się przestraszy, potrafi zasuwać z niezwykłą prędkością. A jeszcze szybciej gna, gdy pragnie przegonić konkurenta.

Bardzo lubię obserwować zające. Szczególnie łatwo je zobaczyć jesienią, gdy nie mogą się już chować w wysokim zbożu. Co ja plotę. Wcale nie jest tak łatwo je wypatrzyć. Szare futerko to niby takie nic, a jak wspaniale maskuje te zwierzaki! Gdy zobaczą prześladowcę, potrafią przycupnąć, położyć uszy po sobie i stać się niemal niewidzialne. Dopiero gdy poczują, że zagrożenie jest poważne, zrywają się do ucieczki. Wtedy ich głównym atutem są długie i świetnie umięśnione tylne kończyny. To dzięki nim zające odbijają się takimi skokami; właśnie dlatego na tylne nogi zająca mówi się skoki. Na krótkich dystan-

ZAJĄC SZARAK

WAGA
do 6 kg

DŁUGOŚĆ USZU
do 11,5 cm

sach przestraszony zając może osiągnąć zawrotną prędkość nawet do 80 km na godzinę. A ma przed kim uciekać: poluje na niego człowiek, lis, pies, jastrząb. Dlatego biedny cały czas sprawdza, co się wokół niego dzieje, i nasłuchuje. Wzrok ma niezły. Wyłupiaste oczy, nazywane trzeszczami, nie są zbyt piękne, za to bardzo praktyczne. Umieszczone są po obu stronach głowy i dzięki temu zając widzi niemal wszystko, co się dzieje dokoła. Tak, tak, pole widzenia zająca to prawie 360 stopni. Olbrzymie i ruchome są także uszy, zwane słuchami, które wyłapują każdy szmer.

Zając nie traci czujności, nawet gdy je zioła, trawy czy też – zimą – korę drzewek (ogrodnicy go za to nie lubią). Dziennie może zjeść nawet kilogram pokarmu, ale wystarczy podejrzany szmer i zwiewa.

Zając nie biega z zawrotną szybkością wyłącznie ze strachu. Gania też z miłości. Zajęcze gody mogą trwać cały rok, poza październikiem i listopadem. Wszystko zależy od pogody. W naszych warunkach klimatycznych miłosne gonitwy najłatwiej zobaczyć wiosną i latem. Po trwającej czterdzieści kilka dni ciąży przychodzą na świat młode zajączki, które od razu potrafią biegać i mają otwarte oczy.

Warto wiedzieć

Małe zajączki ważą od 60 do 150 g. W Polsce bardzo rzadko (na północnym wschodzie) jest spotykany północny zając bielak, którego futerko zimą robi się niemal zupełnie białe. Szarak może żyć do 13 lat.

Łasica

Mustela nivalis

To naprawdę maleństwo ta łasica. Ale jest to maleństwo bardzo drapieżne.

Zobaczyć ją nie jest łatwo, ale jeżeli pod nogami przebiegnie wam brązowawe zwierzątko o podłużnym ciele, nie ma wątpliwości, że była to łasica. Może zobaczycie, jak staje słupka i rozgląda się w trawie. Zaraz. Napisałem, że jest brązowa, ale to nie do końca prawda. Może kiedy zobaczycie łasicę, wcale nie będzie brązowa, tylko biała albo na przykład trochę biała, a trochę brązowa. Otóż im bliżej zimy, tym bielsze stają się nasze łasice. W lecie biały mają tylko spód ciała i pierś, ale zimą już są całe białe. No cóż, muszą się maskować z kilku powodów. Po pierwsze, są maleńkie, więc mogą zostać upolowane – na przykład przez sowy albo ptaki drapieżne. Po drugie, same są myśliwymi, i to znakomitymi. Polują głównie na gryzonie. Teraz zapewne się domyślacie, dlaczego same są takie cienkie i dlaczego mają takie krótkie nóżki. Tak, dlatego, żeby móc bez żadnych przeszkód wślizgnąć się do mysiej dziury, i to nawet najmniejszej.

Być może zimą natraficie na ślady gryzoni czmychających z norki we wszystkich kierunkach. To będzie znaczyło właśnie, że do nory wkradła się łasica. Łasice polują zarówno w nocy, jak i w dzień. Kilka godzin odpoczywają, potem polują i znów odpoczywają. Polować non stop muszą dlatego, że zaledwie 24 godziny bez jedzenia powodują, że te małe zwierzątka giną z głodu. Dlatego łasice można spotkać często w tych latach, kiedy pojawiają się masowo gryzonie. W latach, gdy gryzoni jest mało, łasic też jest jak na lekarstwo. Zresztą nie ma się co dziwić. Aby przeżyć, łasica musi zjeść w ciągu doby pokarm odpowiadający jednej trzeciej wagi swojego ciała, czyli na przykład jedną mysz. Kiedy gryzoni jest dużo, łasice bardzo szybko się rozmnażają. Samice mogą rodzić nawet dwa razy do roku (w kwietniu-maju, a później w lipcu-sierpniu) od czterech do sześciu młodych, które po zaledwie dwóch miesiącach potrafią same polować i opuszczają matkę.

ŁASICA

WAGA
**od 70 g (samice)
do 140 g (samce)**

DŁUGOŚĆ CIAŁA
**11-19 cm (samice)
do 22 cm (samce)**

Warto wiedzieć

Łasica jest naszym najmniejszym zwierzęciem drapieżnym. Na wolności żyje bardzo krótko, nie więcej niż dwa lata. Natomiast w niewoli, gdy ma pod dostatkiem pokarmu, może przeżyć nawet do 10 lat.

Kukułka

Cuculus canorus

O tym, że kukułki podrzucają swoje jaja innym ptakom, na pewno wiecie. Opowiem wam, jak sprytnie to robią.

Kiedy małe ptaszki (jak pleszki czy świergotki) widzą kukułkę, natychmiast starają się ją odgonić. Zadaniem samca kukułki jest odciągnięcie ptaszków od ich gniazd. Gdy mu się to uda, samica cichutko zakrada się do gniazda i znosi w nim jajo do złudzenia przypominające te, które już tam leżą. Zdarza się, że ptaszki poznają podrzutka i rozbijają albo wyrzucają jajo. Częściej jednak, na ich nieszczęście, je wysiadują.

Pisklak kukułki wykluwa się po 11-13 dniach (czyli znacznie wcześniej niż jego przybrane rodzeństwo) i z zapałem wywala inne jaja z gniazda. Kiedy tylko olbrzymi pisklak kukułki się wykluje, przybrani rodzice karmią go jak szaleni. Małym ptaszkom nie przeszkadza nawet to, że kukułcze pisklę może być od nich o wiele większe. Ten sposób na „wychowywanie" młodych wymaga od kukułek olbrzymiego wysiłku: muszą być gotowe do składania jaj bardzo długo (od początku maja do połowy lipca) i żeby jakieś pisklę przeżyło, muszą podrzucić całą masę jaj (od 5 do 25 w ciągu sezonu). Kukułki potrafią podrzucić jajo 120 gatunkom europejskich ptaków!

KUKUŁKA

WAGA
120 g

ROZPIĘTOŚĆ
SKRZYDEŁ
60 cm

Sowa błotna

Asio flammeus

Sowy błotne to dziwne ptaki. Raz widziałem je na Bagnach Biebrzańskich. Patrzę: leci sobie jastrząb. Leci spokojnie, patroluje okolicę, rozgląda się za czymś do zjedzenia. Aż nagle gdzieś z zarośli startuje dziwne ptaszysko. Wydaje się całkiem spore, rozpiętość skrzydeł około metra. Po głowie można poznać, że to sowa. No i to ptaszysko leci do jastrzębia, zaczyna go gonić, pędzić, prześladować. Zdziwiłem się bardzo, bo co to za sowa, która lata w dzień i gania dzienne ptaki? Aż tu nagle olśnienie. Przecież to nie jest zwykła sowa, tylko sowa błotna, która jest sową jak najbardziej dzienną!

Dość często można zobaczyć te sowy, jak latają nad łąkami w biały dzień i polują na gryzonie. Natomiast gdy sowa błotna siedzi gdzieś w trawach, tak dobrze się maskuje, że zobaczenie jej jest prawie niemożliwe. Sowy błotne zakładają gniazda na ziemi, w wygniecionych wysokich bagiennych trawach.

┌ Warto wiedzieć ─

Sowy w gnieździe składają nawet do 14 jaj (ale na ogół jaj jest około pięciu). To, ile młodych się z nich wychowa, zależy od tego, ile w okolicy jest gryzoni. Im więcej gryzoni, tym większa szansa, że wychowa się więcej młodych. A jak gryzoni jest bardzo mało, to sowy błotne w ogóle nie zakładają rodzin w Polsce. Lecą wtedy w takie miejsce w Europie, gdzie jedzenia jest dużo.

SOWA BŁOTNA

WAGA
350 g

ROZPIĘTOŚĆ
SKRZYDEŁ
około 1 m

Sarna

Capreolus capreolus

Czasami w lecie nad łąkami rozchodzi się takie suche szczekanie. Każdy pomyśli, że to pies, a to może być sarna, a dokładnie koziołek sarny, czyli samiec.

Tym szczekaniem koziołki odstraszają inne koziołki ze swego terytorium oraz wabią samice. Gody saren odbywają się w lecie, a ciąża trwa 300 dni, czyli prawie cały rok. Maleńkie sarenki, które ważą około 1,5 kg, przychodzą na świat w maju. Różnią się od swoich rodziców tym, że są całe nakrapiane białymi plamkami. Zupełnie jak małe jelonki. Sarna i jeleń po prostu stosują tę samą strategię maskowania. Takie plamki powodują, że kształt małej sarenki rozmywa się w oczach drapieżnika. Plamki są przecież bardzo podobne do plamek światła, które wpada przez gęste gałęzie drzew lub krzewów.

Maluchy trzymają się mamy i starają się jej nie odstępować. Już po trzech miesiącach przestają ssać i zaczynają jeść różne rośliny – trawy i zioła, liście drzew i krzewów. Dorosłe sarny nie są zbyt wielkie, ich waga zwykle nie przekracza 25 kg. Na takie małe zwierzęta czyha cała masa drapieżników – rysie, wilki; młode zabijane są czasami przez orły przednie. Dlatego sarny muszą się cały czas pilnować. A jak wiadomo, łatwiej pilnować się w stadku. Wiosną są to niewielkie stadka liczące około trzech sztuk, głównie samic. Jesienią, gdy trudniej jest o pokarm, stadka tak się powiększają, że czasami można zobaczyć na polach nawet 10 pasących się razem saren. Jedna z nich nie je, ale bacznie obserwuje okolicę i na widok niebezpieczeństwa zaczyna uciekać. To jest sygnał dla innych, że również trzeba zwiewać.

SARNA

Otwarte tereny, łąki, pola oraz bagna na nizinach i w górach,
skraje lasów i małe zadrzewienia

Kuropatwa

Perdix perdix

KUROPATWA

WAGA
400-500 g

ROZPIĘTOŚĆ
SKRZYDEŁ
52-55 cm

Kiedy na polach zobaczycie stadko czegoś, co przypomina zbite w grupę kulki, to zapewne będą to kuropatwy.

Ptaki niegdyś bardzo rozpowszechnione teraz są coraz rzadsze. Jeszcze 15 lat temu wystarczyło zerknąć na pole, by zobaczyć stadko kuropatw. Potem robiło się coraz mniej i mniej tych ptaków. Przyczyn było wiele. Po pierwsze, kuropatwy uwielbiają się kryć w trawie i zakładają w niej swoje gniazda. Niestety, trawy są bardzo często niszczone przez mechaniczne kosiarki. Inny powód to to, że na naszych polach jest coraz mniej zarośli, w których kuropatwy mogłyby się kryć przed drapieżnikami. Poza tym na pewno zaszkodziły im środki owadobójcze.

Kuropatwy żyją w stadkach i są ptakami szalenie towarzyskimi. Czasami zdarza się nawet, że dwie samice składają jaja do jednego gniazda. Wtedy może się w nim znaleźć rekordowa liczba nawet 24 jaj. W maju z jaj wykluwają się pisklęta, które niemal od razu opuszczają gniazdo i zaczynają wędrówkę za matką. Wystarczy, że wyda ona z siebie ostrzegawczy głos, a maluchy rozbiegają się na wszystkie strony i bardzo szybko chowają się w trawach. Ponieważ życie kuropatwy, którą może upolować lis lub jastrząb, jest pełne niebezpieczeństw, już po trzech tygodniach młode latają równie dobrze jak rodzice. Oczywiście nie jest to lot długodystansowy, ale za to kuropatwy potrafią wystartować niemal pionowo. Jesienią i zimą, gdy zaczyna brakować owadów, kuropatwy przestawiają się na pokarm roślinny. Najciężej jest im oczywiście zimą, ale nawet tę porę roku potrafią przetrwać. Gdy naprawdę jest zimno, zbijają się w zwarte stadka i ogrzewają się wzajemnie.

Gronostaj

Mustela erminea

O j, to zwierzątko to bardzo trudno zobaczyć, bo jest dość rzadkie. Na dodatek jest bardzo podobne do innego zwierzaka spotykanego dość często – łasicy.

GRONOSTAJ

WAGA
do ponad 200 g

DŁUGOŚĆ CIAŁA
do 27 cm

Gronostaje, które kiedyś były zabijane dla bardzo cennego futra, rzeczywiście niewiele różnią się od łasicy. Są od nich większe, bo mogą mieć nawet 27 cm długości, czyli niemal o połowę więcej niż łasica, i ważyć nawet ponad 200 g. Ale z podłużnego kształtu i sposobu poruszania się skokami są do siebie bardzo podobne. Ubarwienie gronostaja w lecie też niewiele różni się od łasicy. Jedynie zimą, gdy zarówno łasice, jak i gronostaje stają się białe, można się dopatrzyć różnic.

Otóż łasice na ogół bieleją całe. Natomiast u gronostaja pozostaje czarna końcowa część ogona. Nie należy się tym jednak sugerować, gdyż bardzo często łasica bieleje płatami i może się okazać, że jakaś część jej ogona została ciemna. To bielenie gronostaja i łasicy jest oczywiście związane z tym, że oba zwierzaki muszą się jakoś zimą maskować. Po pierwsze dlatego, że same są niewielkie, a po drugie, bo gdy jest się niewidocznym, łatwiej jest polować.

Gronostaj ma jeszcze jedno zimowe ułatwienie. O tej porze roku jego stopy obrastają gęstym włosem, dzięki czemu łatwiej jest mu się poruszać w sypkim śniegu. Gronostaje zajmują o wiele większe terytoria niż łasice, ale mają równie wilczy apetyt. Polują na gryzonie, ptaki, wybierają ich jaja. Dziennie gronostaj musi zjeść nawet 30 proc. wagi ciała.

Badylarka

Micromys minutus

Może ją widziałem raz, a może nie widziałem jej w ogóle. Nie wiem, bo trwało to ułamki sekund. Jakieś maleńkie zwierzątko wspięło się na źdźbło trawy przede mną i równie szybko z niego zeskoczyło. Czyżbym widział badylarkę?

Nie byłem pewien, bo naszego najmniejszego gryzonia wcale nie tak łatwo zobaczyć. Oczywiście głównie dlatego, że jest to zupełne maleństwo. Waży od 5 do 10 g, czyli dwa razy mniej niż mysz domowa. Poza tym badylarki mieszkają głównie w gęstych trawach, zwanych turzycami, nad brzegami rzek i w wilgotnych lasach.

A w takich chaszczach często trudno dostrzec znacznie większe zwierzaki. Tymczasem ja bardzo chciałbym kiedyś zobaczyć badylarkę. Nie ze względu na to, że jest taka mała, ale dlatego, że ma wiele ciekawych przystosowań. Dla maleńkiej badylarki kępy wysokich traw to to samo co dla człowieka dżungla amazońska. I badylarka ma cechy zwierzaka żyjącego w dżungli. Przede wszystkim – dość długi ogonek, za pomocą którego potrafi się chwytać łodygi, co bardzo ułatwia jej wspinaczkę po nasiona. Ale to nie wszystko.

Podobnie jak wiele innych zwierząt żyjących w takich gęstwinach buduje wiszące gniazdo. Jest ono misternie utkane z traw i liści, ma kształt kuli z jednym wejściem i dość łatwo może zostać pomylone z gniazdem ptasim. Zresztą gniazdo badylarki i gniazdo ptasie służy do tego samego celu – wychowywania młodych.

Otwarte tereny, łąki, pola oraz bagna na nizinach i w górach,
skraje lasów i małe zadrzewienia

Kraska

Coracias garrulus

KRASKA

WAGA
140-190 g

DŁUGOŚĆ CIAŁA
32 cm

ROZPIĘTOŚĆ
SKRZYDEŁ
72 cm

Wiecie, jak się czułem, gdy zobaczyłem pierwsze w życiu kraski? Czułem się tak, jakbym raptownie się znalazł w Ameryce Południowej albo w Afryce.

Siedziały sobie na drutach, były wielkości kawki, tylko nieco smuklejsze. Tak niebieskie, że aż biło w oczy od tej niebieskości z pomarańczowymi dodatkami na skrzydłach. A kiedy podlatywały, to już zupełnie wyglądały, jakby nie były ptakami, tylko tropikalnymi motylami albo papugami.

I w sumie czułbym się tropikalnie, ale krajobraz wokół był zupełnie nietropikalny – szczere pola, jakieś ścierniska, linie elektryczne, krzaki, miedze, topole. Jak wszędzie w Polsce. Widok niezapomniany. Tylko zastanawiam się, czy kiedy wy będziecie w moim wieku albo ja będę starym dziadkiem, to jeszcze zobaczymy kraski. Tak, tak, wcale nie żartuję. Szanse na to, że należycie do pierwszego pokolenia, które nie zobaczy krasek, są całkiem spore. Dziś w Polsce żyje jeszcze nieco ponad 60 par tych ptaków. W połowie lat 80. było ich 600. A jeszcze dawniej, kiedy moi dziadkowie byli dziećmi, kraska należała do jednych z najpospolitszych polskich ptaków żyjących na wsiach. Dlaczego tak jest z nimi kiepsko? Otóż kiedyś, gdy rolnictwo nie było tak intensywne, było znacznie więcej ugorów i nie używano tyle chemii chroniącej rośliny przed szkodnikami. Wszystko to powodowało, że kraska bez trudu mogła upolować wielkiego pasikonika lub chrząszcza. A to właśnie ich główny pokarm. Ale to nie wszystko.

Kraski najczęściej zakładają gniazda w dziuplach drzew owocowych lub głowiastych wierzb. Są niesłychanie przywiązane do dziupli i kiedy ich drzewo zostanie wycięte lub zwalone przez wiatr, rezygnują z założenia gniazda. Są tak stałe w swych upodobaniach, że nie zajmują podobnych dziupli nawet bardzo bliskich, a wieszanych dla nich budek lęgowych nie uznają. Kraski, jak przystało na ptaki ciepłolubne, składają jaja pod koniec maja lub w czerwcu. Jeżeli początek lata jest zimny lub deszczowy, o potomstwie nie ma mowy. Ale kiedy jest sucho i ciepło, mogą wychować nawet piątkę młodych. Młode, kiedy wyskakują z dziupli, nie mają jeszcze dobrze wykształconych lotek i sterówek, więc zamiast latać, podskakują. Dlatego dość często padają ofiarą kotów.

W Polsce ptaki te żyją jeszcze na Kurpiach, Podlasiu, gdzieniegdzie na Mazowszu i Kielecczyźnie. Pod koniec kwietnia przylatują do nas te, które zimowały na południe od Sahary. Odlecą w sierpniu i wrześniu. Przed odlotem będą się zbierać na drutach telefonicznych i elektrycznych. Będą chciały upolować jak najwięcej owadów przed długą drogą do Afryki.

Kraski poza Europą zamieszkują Afrykę i Azję Południową, Środkową oraz Mniejszą.

Dzięcioł zielonosiwy

Picus canus

DZIĘCIOŁ ZIELONOSIWY

WAGA
do 250 g

ROZPIĘTOŚĆ
SKRZYDEŁ
45 cm

Wiadomo, że dzięcioły pukają i stukają. Ale jedne stukają mniej, a inne więcej. Do tych stukających mało należy właśnie dzięcioł zielonosiwy.

Poznać go dość łatwo, bo ma po prostu zielonkawe ubarwienie z niedużą ilością szarości. Jest całkiem spory jak na dzięcioła, bo może ważyć nawet do 250 g. Jego samce mają na głowie maleńką czerwoną czapeczkę. Zimą ten ciekawy ptak jest stałym gościem w naszym sadzie i ogrodzie. Czego tam szuka? Otóż, jak już wspomniałem, mało kuje – robi to tylko w okresie godowym. Najpierw wydaje z siebie głos, jakby cichutko się śmiał, a potem właśnie bębni sobie w drzewo. Bębnienie trwa bardzo krótko. Co do kucia, to dzięcioł zielonosiwy nie kuje prawie wcale. Wszystko przez to, że jego dziób jest o wiele słabszy niż dziób dzięcioła średniego czy dużego, które wykuwają głównie swoje pożywienie, czyli larwy i owady spod kory drzew. Tymczasem główny pokarm dzięcioła zielonosiwego to mrówki, więc zamiast kuć, rozkopuje mrowiska. Czyni to łapami i dziobem. Jak przystało na mrówkojada, ma bardzo długi i lepki język. Największym jego przysmakiem są mrówcze larwy, którymi karmi swoje młode, jeśli tylko może. Przyczyną zimowych wizyt dzięcioła w naszym sadzie jest brak mrówek. Dlatego wtedy zmuszony jest poszukać czegoś w zakamarkach starych drzew.

Szop pracz

Procyon lotor

Pomyślicie, że coś mi się pomyliło, bo szop pracz to zwierzak amerykański. Jak on się tu znalazł? Sam przepłynął ocean?

Owszem, szopy świetnie pływają, ale ocean to jednak trochę za dużo. Szopy zostały sprowadzone do Niemiec, gdzie hodowano je jako zwierzęta futerkowe. A ponieważ są niezwykle sprytne, zaczęły zwiewać z hodowli. Najpierw zasiedliły Niemcy, a całkiem niedawno zaczęły się pojawiać u nas. Są już widywane w zachodniej i północno-zachodniej Polsce. To, że są u nas, niepokoi naukowców i ludzi zajmujących się ochroną przyrody. Czemu? Otóż te niewielkie zwierzątka jedzą: owoce, trawy, nasiona, owady i ich larwy, małe ssaki i ptaki oraz ich jaja, potrafią też łowić ryby. Jednym słowem – zjadają wszystko, co przed nimi nic ucieka. Dlatego istnieje obawa, że nasze europejskie zwierzaki mogą nie potrafić się obronić przed szopem.

Poza tym szopy mogą mieć nawet do siedmiu młodych. Jedyne pocieszenie to to, że na zimę zapadają w bardzo płytki sen.

Warto wiedzieć

Nazwa „szop pracz" wzięła się od tego, że te zwierzaki, gdy nie są głodne, mają zwyczaj moczyć swój pokarm w wodzie i pocierać przednimi łapkami, co wygląda na pranie. Gdy burczy im w brzuchu, zapominają o praniu i pożerają jedzonko od razu.

SZOP PRACZ

WAGA
7 kg

DŁUGOŚĆ CIAŁA
ponad 1 m

Żaba trawna

Rana temporaria

Większość żab, jakie spotykacie, to właśnie żaby trawne, które u nas są szalenie pospolite. Ale pospolite nie znaczy, że nieciekawe.

Coraz częściej się zdarza, że żaby budzą się z zimowego snu w czasie, gdy powinna być jeszcze zima. Nawet w lutym lub w marcu. Budzą się, bo jest tak ciepło, że myślą, że oto nadeszła wiosna. Te żaby dały się nabrać i ruszyły ze swoich zimowych kryjówek na poszukiwanie małych zbiorniczków wodnych, w których mogłyby złożyć swoje jajeczka, czyli skrzek. Nie przeszkadza im to, że woda jest lodowata.

ŻABA TRAWNA

DŁUGOŚĆ CIAŁA
do 10 cm

Wystarczy, że słoneczko trochę przygrzeje, i już samce zaczynają wydawać charakterystyczne pomruki, które odstraszają konkurencję i wabią do wody samice. Oczywiście wcale nie jest powiedziane, że żaby już niedługo złożą skrzek – może zima wróci i będą musiały schować się z powrotem do swych kryjówek?

Skrzek zresztą dojrzewa w samicy przez całą zimę i jest go całkiem dużo – jedna samica może złożyć nawet do 3,5 tys. takich jajeczek. Z pewnością widzieliście je kiedyś w wodzie jakiegoś bajora. Takie całkiem spore galaretowate kuleczki z czarnym środkiem. Ale jak to możliwe, że w brzuchu samicy, która ma nie więcej niż 10 cm długości, mieści się aż tyle tych kuleczek? Przecież one wraz z galaretowatą otoczką mają wielkość ziarenek grochu! Odpowiedź jest bardzo prosta. Kiedy samica je składa, są o wiele mniejsze. Takie duże i nabrzmiałe robią się dopiero wtedy, gdy zetkną się z wodą. Ta galaretowata osłona nie dość, że chroni zarodek przed uszkodzeniami mechanicznymi, to jeszcze jest niestrawna dla wielu zwierząt. Wiele razy widziałem, jak drapieżniki, takie jak tchórze czy wydry, zjadały samicę z jajami, trawiły ją całą, a nie mogły za nic strawić jajeczek. Na dodatek jajeczka nabrzmiewały im w brzuchu i musiało im się robić bardzo nieprzyjemnie. No cóż, nie ratowało to życia samicy ani samych jajeczek, ale drapieżnik miał nauczkę, że żaby z wielkim brzuchem lepiej nie ruszać. W przeciwieństwie do ropuch żaby nie mają gruczołów jadowych i nie mają jak odstraszyć swego wroga. Pozostaje im albo się maskować, albo uciekać. Ucieczkę, i to szybką, umożliwiają im tylne nogi, które u żaby trawnej są całkiem długie. Dzięki nim żaby mogą bardzo daleko skakać, czasem na odległość ponad metra. Oczywiście ten sposób poruszania się jest szalenie męczący. Normalna, nieprzestraszona żaba po prostu sobie kroczy. No dobrze, a czy skoki nie przydają się przy polowaniu, przy pogoni za owadami? Owszem, ale jest też inna strategia: żaba się po prostu nie rusza i czeka, aż nieostrożny owad lub niewielki ślimak zbliży się do jej pyska, a wtedy chwyta go swoim długim i lepkim jęzorem. I na koniec ciekawostka – pamiętam, że kiedyś łapano masowo żaby trawne i wysyłano je do Francji. Ich udka są tam przecież przysmakiem. Ostatnio jakoś nie słyszałem, aby ktoś to robił. Tym lepiej dla żab.

Dudek

Upupa epops

Wszyscy stukają się w głowę, że w moim sadzie nie wycinam w pień starych, zmurszałych i dziuplastych jabłoni. A ja nie mam zamiaru tego robić, bo wciąż mam nadzieję, że może z którejś z tych dziur skorzysta dudek.

Jak wygląda to śmieszne ptaszysko, każdy wie. Pomarańczowy kolor jego głowy i grzbietu jest tak jaskrawy, że aż trudno oderwać oczy. Na dodatek skrzydła czarne z białymi pasami dodają mu uroku. Ale kolory to nic w porównaniu z wielkim czubkiem na głowie. Czub ten często nosi złożony ku tyłowi, ale kiedy jest podniecony lub zaniepokojony, rozkłada go niczym wspaniały wachlarz. Czasami robi to nawet podczas lotu. Dudek dzięki swemu ubarwieniu przypomina ptaki tropikalne, obok np. zimorodka jest jednym z tak bajecznie wyglądających ptaków.

No dobrze, a ilu z was widziało dudka w naturze? Oj, chyba nie za wielu. Ja też widuję go bardzo rzadko – raz, góra dwa razy do roku. Na polanie, na której mieszkam, żyje może jedna para dudków, i to wszystko. Ale kiedy pytam o te ptaki starszych ludzi, ci tylko machają ręką. – O, kochany, od dudków to się tu roiło – mówią. No dobrze, kiedyś było ich pełno, a teraz nie ma prawie wcale, więc co się z nimi stało? Zacząłem dopytywać i okazało się, że ptaki te zakładały gniazda w różnych starych dziuplastych drzewach, które – niestety – zostały wycięte. No i dudki zniknęły, bo one zakładają gniazda tylko w dziuplach. To właśnie tam w maju samica na wyściółce z trawy i liści składa do dziewięciu jaj, które później twardo wysiaduje – w tym czasie karmi ją samiec. Potem na świat przychodzą młode.

I tu opowiem wam pewną historię. Otóż gdzieś usłyszałem, że dudki są nazywane śmierdzącymi ptakami. Zacząłem się dopytywać, skąd ta nazwa się wzięła. Okazało się, że młode oraz wysiadująca samica mają paskudny system obrony przed wrogami. Ponieważ dudki czasami zakładają dziuple dość nisko, a otwory do nich są duże, niejeden drapieżnik mógłby się na nie połasić. A jak one mają się bronić, skoro nie mają pazurów, silnych dziobów, i w ogóle są niewielkie? Otóż mają na to sposób. Gdy tylko do dziupli włazi drapieżnik albo zajrzy nieostrożny człowiek, młode odwracają się do jej wylotu kuprami i z wielką siłą wystrzykują z nich cuchnącą maź. To bardzo podobne do zachowania skunksa. Ponieważ zapachu bardzo trudno się pozbyć, mało kto ma ochotę zjeść dudka. Ale to nie wszystko. Kiedyś dudki były posądzane o pożeranie krowich i końskich odchodów. Działo się tak dlatego, że dość często obserwowano, jak ptaki te spacerują między końmi i krowami i od czasu do czasu grzebią w ich odchodach. Prawda jest jednak taka, że dudki nie zajadały tego, co przeżuła krowa lub koń, tylko owady oraz ich larwy, które łatwo znaleźć w odchodach, szczególnie gdy jest gorąco. Zresztą właśnie to, że na pastwiskach jest coraz mniej koni i krów, może być – podobnie jak brak dziuplastych drzew – przyczyną tego, że co roku w kwietniu przylatuje do nas z Afryki coraz mniej tych ptaków.

DUDEK

WAGA
50-80 g

ROZPIĘTOŚĆ
SKRZYDEŁ
46 cm

Orzeł przedni

Aquila chrysaetos

ORZEŁ PRZEDNI

WAGA
od 4 do 6 kg

ROZPIĘTOŚĆ SKRZYDEŁ
od 185 do 230 cm

WYSOKOŚĆ SIEDZĄCEGO ORŁA
do 90 cm

Dwa razy go widziałem. I zawsze omal nie oniemiałem z wrażenia. Jest wielki i wspaniały, a jednocześnie wcale nie sprawia wrażenia ociężałego.

Pierwszy raz było to w górach, w Tatrach, chyba słowackich. Latał wysoko między skałami. Lot był niezwykły, bo ledwo ruszał skrzydłami. Ślizgał się po prostu. Coś niesamowitego. Przypomniałem sobie, jak latają orły bieliki – nasze największe ptaki drapieżne – i w myślach porównałem sobie z lotem przednich. Niebo a ziemia. Bielik, który lata naprawdę wspaniale, przy tym królu przestworzy wydaje się ptakiem ociężałym. Nagle orzeł spadł jak kamień na coś, czego nie widziałem. Rozległ się przeraźliwy ni to gwizd, ni to świst. Okazało się, że polował na świstaki. A trzeba wam wiedzieć, że orzeł przedni należy do jednych z najlepszych pierzastych myśliwych. Potrafi upolować kota, lisa, zająca, królika, małą sarnę lub kozicę. Nawet myszołowy padają jego ofiarą. Cóż, mało kto ucieknie przed ptakiem, który spada na ofiarę z szybkością nawet do 300 km na godzinę i potrafi unieść ofiarę wielkości małej sarny. Oczywiście taki myśliwy potrzebuje odpowiedniego terytorium, na którym znalazłoby się wystarczająco dużo pokarmu dla niego i jego rodziny. Zwykle ma ono około 100 km kw.

Ale terytorium orła przedniego to nie tylko teren łowiecki. To również miejsce, w którym na skałach lub bardzo wysokich drzewach zakłada swoje olbrzymie gniazda. Co ciekawe, pary orłów mają tych gniazd bardzo dużo. Niektóre nawet do 10. Zwykle jednak są to dwa lub trzy gniazda używane na przemian. Dlaczego tak się dzieje? Może to sposób na zmylenie jakichś prześladowców? Ale kogo poza człowiekiem mogłyby się bać olbrzymie orły? Otóż jest ktoś taki – to maleńkie pasożyty. I właśnie coroczna zmiana gniazd jest na to sposobem. Rok przerwy i pasożyty, które pożywiały się albo orlimi piórami, albo orlą krwią, giną.

Co roku w marcu lub na początku kwietnia samica składa w gnieździe dwa jaja. Wysiaduje zwykle ona, a samiec donosi pokarm. W końcu w odstępach parodniowych wykluwają się pisklęta. Oczywiście to, które przebiło skorupkę jako pierwsze, jest większe i dość często zdarza się, że jeśli rodzicom nie uda się przynieść wystarczająco dużo pokarmu, to większe pisklę pożera swojego mniejszego brata lub siostrzyczkę.

Nam, ludziom, ten zwyczaj może się wydawać paskudny, ale trzeba pamiętać, że w niektórych przypadkach orły nie byłyby w stanie wykarmić dwójki, bo orla rodzina potrzebuje około 1300 kg pokarmu w trakcie wysiadywania jaj i wychowywania młodych.

Młody orzeł, który opuszcza gniazdo po 10-12 tygodniach, jeszcze przez ponad miesiąc przebywa z rodzicami. Uczy się dobrze latać, no i oczywiście polować.

Orły przednie niemal doszczętnie wyginęły w Polsce na skutek zatrucia środowiska, zdarzały się też przypadki strzelania do tych pięknych ptaków. W Polsce żyje około 30 par, większość w Bieszczadach, na Pogórzu Przemyskim i w Beskidzie Niskim oraz Tatrach. Na nizinach żyje tylko kilka par. Orzeł przedni na wolności żyje nawet do 20 lat.

Kumak górski

Bombina variegata

Wędrując po górach, nawet wcale nie wysokich, na pewno je spotkacie. Będą siedzieć w każdej najmniejszej kałuży czy koleinie wypełnionej wodą, jaką napotkacie.

Zawsze, gdy chodzę po górach, spotykam kumaki górskie. Wypatrzyć je jest co prawda dość trudno, bo siedzą w błocie, a zabarwione są z wierzchu dokładnie jak to błoto, czyli szarawoziemiście. Nad powierzchnię błota albo wody wystają tylko oczka. Ale kiedy się do nich zbliżycie, na pewno się poruszą, żeby uciec. To dobry sposób, żeby wypatrzyć kumaka. Tylko że taki moment trwa bardzo krótko i wypłoszony kumak z pewnością momentalnie ukryje się w mule. No tak, znów jakiś szary, zlewający się z otoczeniem płaz – pomyślicie sobie. Otóż nie, kumak górski jest niezwykle kolorowy. Tyle że nie na całym ciele. Góra jest ziemista, za to brzuszek żółty lub pomarańczowy z niebiesko szarymi plamami. Dobrze, ale jaki ma to sens – góra maskująca, dół jaskrawy? Otóż kumak maskuje się, dopóki może. A jak nie może już dłużej się chować, to wykonuje coś, co naukowcy nazywają refleksem lub odruchem kumaka. Unosi wówczas łapki, wygina się w pałąk i okazuje swoje kolory w całej okazałości. Po co? Jaskrawy kolor w języku zwierząt oznacza: nie zjadaj mnie, jestem trujący albo bardzo niesmaczny. I rzeczywiście górna część jego ciała pokryta jest gruczołami, które wydzielają żrącą substancję. Na dodatek w gruczołach umieszczone są małe wyrostki rogowe, które sprawiają, że skóra na grzbiecie kumaka jest drapiąca i szorstka. Kto by chciał coś takiego zjeść?

Ale wróćmy do tych kałuż. Kumaki uwielbiają w nich przebywać, gdy polują na bardzo drobne żyjątka. No i oczywiście potrzebują wody do rozmnażania. Od kwietnia do czerwca samce zaczynają wydawać ciche odgłosy wabiące samice i odstraszające inne samce. Odstraszanie polega na tym, że samiec nie zbliża się do samca na odległość mniejszą niż 30 cm. Panowie dają znać o sobie nie tylko głosem, lecz także poruszając rytmicznie łapkami. To wywołuje wibracjc wody, które są wyczuwalne dla innych samców. Kiedy do kałuż dotrą samice, zaczyna się składanie jajeczek. Samice kumaka składają ich bardzo mało jak na płaza, bo około stu. I co również nietypowe, składają je pojedynczo lub w małych skupiskach. Dlaczego? To bardzo proste – kałuże szybko wysychają, lepiej więc złożyć po kilka jajeczek do kilku kałuż niż dużo do jednej. Poza tym w takiej małej kałuży nie wyżywi się zbyt wiele kijanek.

Kiedy nadchodzą jesienne chłody, kumaki zakopują się w ziemi lub mule i tak doczekują do wiosny. Ale to nie wszystko. Choć same są niepozorne, stoi za nimi kawał historii. Kumaki pojawiły się na ziemi zaraz po tym, jak wyginęły dinozaury. Są więc bardzo starym gatunkiem. W Polsce poza kumakiem górskim mieszka jeszcze kumak nizinny.

Wilga

Oriolus oriolus

Na wilgi czekam zawsze z utęsknieniem. Te pięknie ubarwione i jeszcze piękniej śpiewające ptaki przylatują, gdy wiosna zagości u nas na dobre.

W marcu i kwietniu przyloty-powroty trwają w najlepsze, są już bociany, skowronki, szpaki, zięby i wydawałoby się, że już prawie wszystko, co miało przylecieć, przyleciało, a jednak tak nie jest. W podróży jest masa ptaków, które można określić jako ciepłolubne. Na przykład wilgi. Na świecie żyje ponad 40 gatunków tych śpiewających ptaków, ale ich najważniejszą ojczyzną jest subtropikalna i tropikalna Azja i Afryka. Najbardziej na północ wysunięte są tereny zamieszkane przez żyjącą w Azji wilgę chińską i oczywiście naszą wilgę, która wbrew zwyczajom swych kuzynek zasiedla tereny naprawdę północne, bo można ją spotkać nawet w Finlandii czy Szwecji.

WILGA

WAGA
około 80 g

DŁUGOŚĆ CIAŁA
25 cm

ROZPIĘTOŚĆ
SKRZYDEŁ
45 cm

Nic więc dziwnego, że nasza wilga nie spieszy się z powrotem. W kwietniu przecież bywa jeszcze dość zimno. Dopiero na przełomie kwietnia i maja robi się na tyle ciepło, że decyduje się na powrót. Co ciekawe, nie wszystkie wilgi wracają od razu. W liściastych lasach i parkach nie dostrzeżemy od razu szaro-zielonkawo-żółtych samic i żółtych niczym żółtko samców. Jedyne, co podobne u obu ptaków, to czarne skrzydła i różowawy dziobek.

Pierwsze przybędą samce, które od razu zaczną piękne śpiewy. Ponieważ ich głośny śpiew przypomina brzmienie fletu, od dawien dawna zachwycali się nim artyści, a prości ludzie wsłuchujący się w te wołania słyszeli imię Zofia. I rzeczywiście coś takiego jak „zofija" można w tej pieśni usłyszeć. Co ciekawe, samice tak ładnie nie śpiewają, a ich głos można porównać do skrzeku sójki.

Dodam jeszcze, że zobaczenie tych ptaków wielkości kosa będzie dość trudne, bo niezbyt chętnie pojawiają się na ziemi (niektórzy twierdzą, że w ogóle) – najchętniej przebywają w gęstych koronach drzew. Tam szukają owadów, głównie larw i gąsienic, a przed odlotem także owoców. Lepiej więc wilg nasłuchiwać, niż wypatrywać. Zresztą gniazdo wilgi, które jest uwite z niezwykłą precyzją, zwykle znajduje się bardzo wysoko. W tym gniazdku samica składa najczęściej cztery różowawe jaja, które oboje rodzice wysiadują na zmianę. Po dwóch tygodniach wykluwają się z nich pisklęta, które od razu wczepiają się pazurkami w konstrukcję gniazda. Nic dziwnego, że to robią, bo przecież na wielkich wysokościach takim małym gniazdkiem kołyszą silne wiatry i wypaść z niego wcale nie jest trudno. Po dwóch tygodniach maluchy już latają. Z wyglądu przypominają samice. W sierpniu i we wrześniu wilgi odlatują na południe Afryki. Są u nas krótko, bo boją się, aby nie zastały ich mrozy.

Szczygieł

Carduelis carduelis

To jeden z najpiękniejszych naszych ziarnojadów. A na dodatek jeszcze pięknie śpiewa, przez co kiedyś miał kłopoty.

Z rozpoznaniem szczygła nie będziecie mieli problemu. Wokół dziobka ma coś w rodzaju czerwonej maseczki, którą widać z daleka. Potem idzie biel, a potem czerń. Na czarnych skrzydłach tego niewielkiego ptaszka można znaleźć pasek biały i żółty. Szczygły możecie spotkać wszędzie – w parkach, w sadach, ale najłatwiej zobaczyć je na łąkach i polach, gdy siedzą na różnych chwastach i zajadają się ich nasionkami. Lubią jeść nasiona ostów, nie gardzą mleczem, a gdy mają młode, dość często pożywiają się mszycami. Teoretycznie człowiek powinien być wdzięczny tym pięknym i pożytecznym ptakom. Ale wcale tak nie było. Przez to, że są one takie ładne i pięknie śpiewają, ludzie łapali je i trzymali w klatkach jako ozdoby. Szczygły oczywiście były z tego powodu nieszczęśliwe, bo życie w klatce to dla ptaków koszmar. Na szczęście obecnie prawo zabrania i trzymania, i łapania szczygłów oraz innych chronionych ptaków.

Nie oznacza to, że szczygły nadal nie mają kłopotów z ludźmi. Nasze pola i ogrody przez różne chemikalia zostały niemal zupełnie oczyszczone ze wszelkiego rodzaju chwastów, które są przecież podstawowym pokarmem szczygła. Nic więc dziwnego, że ten pospolity kiedyś ptak staje się coraz rzadszy. Może dlatego od czasu do czasu warto zostawić w jakimś kącie ogrodu kępę chwastów – najlepiej ostów – z których szczygły mogłyby korzystać. Odpłacą nam, oczyszczając ogród z owadów.

Ja sam jestem szczęśliwym posiadaczem parki szczygłów, która dwa razy do roku buduje gniazdo w naszym ogrodzie. To prawdziwa przyjemność patrzeć, jak robią swój domek, który przypomina koszyczek wpleciony w gałązki. Szczygły wyplatają gniazdo z włosów, włókien, a w całą konstrukcję utykają mchy, porosty, puch mleczy lub ostów oraz puch ptasi, no i oczywiście pióra. Wszystko, co jest mięciutkie, ale bardzo trwałe. W takim gnieździe samica wysiaduje przez mniej więcej dwa tygodnie zwykle od czterech do pięciu jaj. Młode (można poznać je po tym, że nie mają czerwonej maseczki), które są karmione nasionkami i owadami, rosną bardzo szybko i po kolejnych dwóch tygodniach opuszczają gniazdo. Wtedy parka szczygłów dość często plecie kolejne gniazdo – przynajmniej tak robią szczygły mieszkające u mnie – i wychowuje jeszcze raz młode. Jesienią szczygły łączą się w niewielkie stadka i razem ruszają na poszukiwanie jesiennych chwastów na polach. Można je zobaczyć, jak sobie zwisają na łodygach i objadają nasionka. Czasami są widywane zimą, choć gdy jest ona ciężka, większość przemieszcza się bardziej na południe.

SZCZYGIEŁ

WAGA
16 g

DŁUGOŚĆ CIAŁA
12 cm

ROZPIĘTOŚĆ SKRZYDEŁ
24 cm

Błotniaki: stawowy, zbożowy i łąkowy

Circus aeruginosus, Circus cyaneus i *Circus pygargus*

Błotniaka nie pomylicie z żadnym innym ptakiem drapieżnym. Gdy szybuje nad polami, ma charakterystycznie podgięte do góry wąskie, ale bardzo długie skrzydła i śmiesznie się przy tym kołysze.

To kołysanie i te podgięte do góry skrzydła bardzo przypominają mi lot samolotu z papieru. Błotniaki mają dość długi i wąski ogon, tak jak samoloty, które kiedyś sobie robiłem, i głównie szybują, podobnie jak moje samolociki. Co ciekawe, szybują nie tak jak większość ptaków drapieżnych (na przykład orły) gdzieś wysoko, tylko nisko, niemal tuż nad ziemią. Dlaczego? Otóż błotniaki polują na gryzonie, jaszczurki, małe ptaki oraz owady na terenach porośniętych czymś gęstym i wysokim, najczęściej trzcinami. Z góry wypatrzenie czegoś tak małego w takiej gęstwinie byłoby bardzo trudne. Błotniaki muszą więc latać nisko, w przeciwieństwie na przykład do myszołowów, które polują nad łąkami, gdzie można się wzbić dość wysoko. Zresztą ich nazwa bierze się zapewne od błot, a błota, czyli bagna, zwykle są porośnięte gęstą roślinnością. Patrolowanie trzcinowisk z małych wysokości

BŁOTNIAKI

WAGA
**samiec około 500 g,
samica około 700 g**

ROZPIĘTOŚĆ
SKRZYDEŁ
około 130-140 cm

to jednak nie wszystko. Gdy przyjrzycie się siedzącemu błotniakowi, to zobaczycie, że ma niezwykle długie nogi w porównaniu z dobrze wam już znanym myszołowem. To też przystosowanie do chwytania zdobyczy w gęstwinie. Oczywiście takie szybowanie na niskich wysokościach wymaga nie lada umiejętności lotniczych, i rzeczywiście błotniaki są genialnymi lotnikami. Tylko że ich najwspanialsze akrobacje można zobaczyć akurat nie w czasie lotów łowieckich i patrolowych, ale w czasie zalotów. To naprawdę coś niesamowitego. Ptaki wzbijają się w powietrze i opadają, koziołkują itp. Naprawdę wyczyniają niesamowite rzeczy. Te zaloty można zobaczyć tylko wiosną. Po godach ptaki robią gniazdo i tu znów niespodzianka – nie tak jak większość drapieżnych na wysokich drzewach lub skałach, ale na ziemi: wśród trzcin, wysokich traw lub zboża. Jaja wysiaduje samica. Gdy młode się już wyklują, samica na chwilę wzbija się nad gniazdo i odbiera w locie pokarm od samca. Samiec nie zbliża się do młodych, gdy pisklęta są jeszcze małe. Gdy mają grubo ponad miesiąc i zaczynają latać, karmią je oboje rodzice, i to dość długo, bo przez kilka tygodni. Muszą się dobrze najeść, bo wszystkie błotniaki na jesieni odlatują na południe Europy i na północ Afryki.

Warto wiedzieć

Najbardziej rozpowszechniony jest w Polsce błotniak stawowy. U większości błotniaków bardzo łatwo odróżnić brązową samicę od samca, którego upierzenie albo w większej części jest popielate, tak jest u błotniaków łąkowych i zbożowych, albo tak jak u błotniaka stawowego – popielate są brzegi skrzydeł. Samice natomiast u wszystkich błotniaków są brązowawe. Błotniak łąkowy, choć nie tak liczny jak stawowy, również jest dość często u nas widywany. Najrzadszym przedstawicielem błotniaków zakładających u nas gniazda jest błotniak zbożowy. Zdarza się, że w czasie jesiennych lub wiosennych wędrówek pojawia się u nas błotniak stepowy.

Jaszczurka żyworodna

Lacerta vivipara

Nie będziecie mieli żadnego kłopotu ze spotkaniem tego gada. Można go zobaczyć i w górach, i na nizinach. Wszędzie tam, gdzie nie ma cienia i można się powygrzewać na słoneczku.

Niektórzy szczęściarze, tacy jak my, mają jaszczurki żyworodne w ogródku. Tak, wcale nie żartujemy, mieszkają u nas od zawsze. Na początku ich terenem były walące się ścianki pewnej piwniczki. Ale od czasu, gdy piwniczka stała się ulubionym miejscem naszego bociana ze złamanym skrzydłem, jaszczurki zniknęły. Podejrzewaliśmy, że bocian je po prostu zjadł. Na szczęście okazało się, że coś im przeszkadzało. Otóż uporządkowaliśmy nasze obejście i w ten sposób pozbawiliśmy jaszczurki ich kryjówek oraz miejsc do wygrzewania się. Nie było wyjścia. Nazbieraliśmy różnych kamieni i grubych gałęzi, poskładaliśmy je w sterty i jaszczurki wróciły. Co jakiś czas możemy obserwować, jak siedzą na wystającym nad trawę konarze albo kamieniu. Szczególnie w słoneczne dni.

Te małe zwierzaki bardzo lubią się wygrzewać. Jak mało które zwierzęta jaszczurki (i gady w ogóle) potrzebują dużo słońca. Ponieważ są to zwierzaki zmiennocieplne, to im cieplej jest dookoła, tym lepsza jest ich przemiana materii, tym więcej mają energii i tym szybciej mogą się ruszać. Kiedy spotkacie jaszczurki lub inne gady wczesną wiosną, od razu zobaczycie, że są ospałe. Można do nich podejść bardzo blisko, a czasami nawet dotknąć. Co innego latem, gdy już mogą się solidnie nagrzać. Wtedy na widok człowieka pryskają z szybkością błyskawicy.

Przy takim miejscu do wygrzewania się powinna jednak być jeszcze kryjówka, w której można by się schować przed wrogiem. Jaszczurka co prawda poza ucieczką ma jeszcze jedną metodę na odparcie ataku – zaatakowana odrzuca ogon. To dość dobry sposób, bo drapieżca, zamiast zjeść całą jaszczurkę, zostaje z jej wijącym się ogonem w pysku. Ale choć wszyscy są przekonani, że jaszczurka nic na tym nie traci, bo ogon jej odrasta, to jednak nie jest to do końca prawda. Nowy ogon nie jest już taki długi jak kiedyś. Dlatego nie należy łapać jaszczurek, bo przerażone mogą odrzucić zupełnie bez potrzeby swój ogonek.

W maju, kiedy jest już naprawdę ciepło, jaszczurki nabierają intensywnych kolorów. W sierpniu lub we wrześniu z jaj rozwijających się w ciele samicy wykluwają się młode i wtedy następuje poród, stąd jej nazwa – „jaszczurka żyworodna". Młode (zazwyczaj od sześciu do ośmiu, choć zdarzają się mioty nawet do 13) są naprawdę maleńkie – mierzą około 4 cm. Nie mają na swoim ciele wzorków ani plamek jak dorosłe; wyglądają, jakby całe były odlane z miedzi. Jesienią młode i dorosłe, dość często w dużych grupach, zaszywają się w swoich kryjówkach i drętwieją. W takim stanie doczekują wiosny i pierwszych promieni naprawdę ciepłego słońca. Żywią się małymi owadami. Potrafią też zjeść dżdżownicę.

Kobuz

Falco subbuteo

Kobuzy widujemy bardzo często. Głównie dlatego, że często obserwujemy kruki. A co ma wspólnego kruk z kobuzem, który jest po prostu małym sokołem, za chwilę wam wyjaśnię.

Zacznijmy od czego innego. Kobuz nie jest ptakiem zbyt rzadkim. Zobaczyć go i rozpoznać jest dość łatwo. Najłatwiej zobaczyć, jak śmiga w przestworzach. Ma bardzo charakterystyczne, sierpowato zagięte i ostro zakończone skrzydła oraz dość krótki ogon. Właściwie kobuz ze swoją sylwetką wygląda jak olbrzymi jerzyk lub gigantyczna jaskółka. Oczywiście jego ogon w przeciwieństwie do ogonów tych dwóch ptaków nie ma charakterystycznego wcięcia. Co ciekawe, sposób lotu kobuza jest całkiem podobny do lotu jerzyka. Mało w nim pracy skrzydłami, a bardzo dużo szybowania. To podobieństwo w wyglądzie i locie ma swoje uzasadnienie – jerzyk i kobuz polują na swoje ofiary w locie. Tylko że jerzyk chwyta owady, a kobuz poza całkiem dużymi owadami poluje również na małe ptaki, w tym jerzyki i jaskółki. Pewnie widzieliście wiele razy, jak sprawnymi lotnikami są jerzyki. To teraz – oczywiście, jeżeli jeszcze nie widzieliście kobuza w akcji

KOBUZ

WAGA
około 200-230 g

ROZPIĘTOŚĆ
SKRZYDEŁ
do 80 cm

– wyobraźcie sobie, jaki on musi być dobry w lataniu, żeby chwytać jerzyki! I właśnie budowa ciała przypominająca jerzyka umożliwia kobuzowi polowanie na jerzyki.

A teraz wróćmy do tego, co napisaliśmy na początku, czyli do kruków. Czyżby maleńkie kobuzy polowały na kruki? O nie. Również kruki nie mają szans schwytać kobuza. Co więc je łączy? Otóż wspólne mieszkanie, czyli gniazdo. Oczywiście kobuzy nie mieszkają w kruczym gnieździe razem z krukami. Kiedy wracają z zimowania w Afryce pod koniec kwietnia lub w maju, kruki opuszczają gniazdo, by włóczyć się ze swymi młodymi po okolicy i uczyć je życia. Kobuzy mogą się kręcić wokół upatrzonego gniazda, nawet gdy kruki jeszcze je zajmują. A kiedy tylko je opuszczą, wprowadzają się kobuzy. Samica znosi do trzech jaj, z których po miesiącu wykluwają się młode. Opiekę nad nimi sprawują oboje rodzice. Kobuzy zachowują się przy gnieździe bardzo cicho; po walających się pod nim piórach małych ptaków dość często można poznać, że krucze lub wronie gniazdo jest zajęte właśnie przez te ptaki.

Po miesiącu małe wylatują z gniazd, ale dalej są karmione przez rodziców, od których jedzonko odbierają w powietrzu. We wrześniu kobuzy zbierają się do odlotu i znikają z naszego nieba jak wiele ptaków, na które polują.

Kobuz jest jednym z najpiękniej ubarwionych ptaków drapieżnych. U dorosłych skrzydła, grzbiet i ogon są ciemnobrązowe, niemal czarne. Pierś biała, nakrapiana ciemnymi cętkami. Głowa ciemna jak skrzydła i grzbiet, a na białą do połowy szyję zachodzą od głowy dwa pasy, tzw. wąsy. Do tego wszystkiego należy dodać rdzawoczerwone lub wręcz czerwone pióra na nogach, które powodują, że ma się wrażenie, jakby kobuz był odziany w gustowne czerwone portki. Samiec jest nieco mniejszy od samicy.

Kruk

Corvus corax

Już chyba pisałem wam o gawronach i o tym, że dość często nawet dorośli mylnie nazywają je krukami. Więc skoro już wiecie, jak rozpoznać gawrona, warto się dowiedzieć czegoś o kruku.

Oczywiście kruki nie jest wcale tak łatwo zobaczyć jak gawrony. W miastach te wielkie ptaki – największe z naszych krukowatych – pojawiają się szalenie rzadko. Nie zawsze jednak tak było. Dawno, dawno temu, w średniowieczu, kruki często żyły w miastach, gdzie zajmowały się głównie usuwaniem nieczystości i odpadków po człowieku. Pozostałością po tych czasach są kruki mieszkające na Tower w Londynie, które zgodnie z rozkazem króla Karola II są pod ochroną. Według podania kruki ostrzegły króla przed atakiem Cromwella, a on z wdzięczności postanowił, że w Tower ma mieszkać zawsze sześć kruków. Oczywiście dziś nie są to dzikie ptaki.

Niestety kruki, których w zamierzchłych czasach musiało być bardzo dużo, wyniosły się z miast i w ogóle zaczęły unikać kontaktu z człowiekiem. Wszystko przez to, że przynajmniej od XVIII do połowy XX w. były bardzo tępione. Niszczono ich gniazda, truto je, strzelano do nich, bo uważano je za szkodniki zjadające zające i kuropatwy. Na szczęście obecnie są chronione i zrobiło się ich całkiem dużo.

Dziś wiemy, że, jak powiedział pewien naukowiec, kruki zjadają wszystko – od dżdżownicy po wieloryba. Oczywiście zjadają głównie to, co martwe, bo kruki to tacy czyściciele naszej strefy klimatycznej. Bardzo chętnie zjadają też nasiona zbóż.

Jeżeli znajdziecie się w lesie i coś zakracze nad waszymi głowami, możecie być pewni, że to kruk. To krucze krakanie jest bardzo dźwięczne i zupełnie inne niż charkoczące krakanie gawrona. Oczywiście kruk nie tylko kracze, ale również gulgocze, piszczy i wydaje wiele różnych dziwacznych głosów. Jak obliczyli naukowcy, są ich 64 rodzaje.

Bardzo dużo z tych dziwnych głosów będziecie mogli usłyszeć w lesie w lutym, kiedy kruki zaczynają okres godowy. Tańczą wówczas w powietrzu, wykonując wiele dziwnych ewolucji. Potem na wysokim drzewie, najczęściej na sośnie, poprawiają swoje gniazdo z poprzedniego roku. Warto wspomnieć, że kruki należą do ptaków, które bardzo wcześnie składają jaja, nawet wtedy, gdy jeszcze leży śnieg. Samica składa i wysiaduje od czterech do pięciu jaj. W tym czasie jest karmiona i pilnowana przez samca. Młode, których przeżywa zwykle od dwóch do trzech, są karmione przez oboje rodziców. Ten cykl powtarzają co roku te same ptaki, bo łączą się one w pary na całe życie.

KRUK

WAGA
1-1,5 kg

ROZPIĘTOŚĆ
SKRZYDEŁ
120 cm

Warto wiedzieć

Samice są mniejsze. Młode kruki do trzeciego roku życia latają w stadach, które mogą liczyć kilkadziesiąt, a czasami kilkaset ptaków. Takie stada mogą się przemieszczać do kilkuset kilometrów. Kruki w niewoli dożywają 30 lat.

Sowa uszata

Asio otus

Choć to jedna z najliczniej występujących po puszczyku polskich sów, z zobaczeniem jej będziecie mieli kłopot, bo poluje głównie nocą, a na dodatek świetnie się maskuje.

Rozglądajcie się za nią w laskach położonych wśród pól. A zimą zerkajcie do gęstych świerkowych młodników. Rozpoznać sowę uszatą nie jest wcale trudno. Oczywiście, jak sama nazwa wskazuje, sowa uszata ma uszy. Nic w tym dziwnego, bo wszystkie sowy mają znakomity słuch. Problem tylko w tym, że tych prawdziwych sowich uszu nie widzimy, bo są schowane za piórami szlary, czyli sowiej twarzy. Uszy, którym sowa uszata zawdzięcza swoją nazwę, to po prostu pęczki piórek na głowie, które rzeczywiście przypominają albo uszy, albo rogi, ale wcale uszami nie są i ze słuchem mają niewiele wspólnego. Inną cechą sowy uszatej są intensywnie pomarańczowe oczy.

SOWA USZATA

WAGA
**samce 280 g,
samice 330 g**

DŁUGOŚĆ CIAŁA
od 36 do 38 cm

ROZPIĘTOŚĆ
SKRZYDEŁ
około 90 cm

Może się wam zdarzyć zobaczyć tę sowę, gdy siedzi na gałęzi. I tu uwaga – napuszona sowa uszata to sowa spokojna. Sowa zaniepokojona albo taka, która ma zamiar wtopić się w otoczenie, wyciąga się i z puchatego grubaska robi się cienka jak patyk. Taka zmiana w posturze sowy może zmylić i może się wam wydawać, że to dwa różne gatunki, ale pamiętajcie, że wcale tak nie jest.

Innym dziwactwem sowy uszatej jest jej gniazdo. A właściwie nie jej, bo sowa uszata sama niczego nie buduje. Samica w marcu zaczyna się rozglądać za opuszczonym gawronim, wronim lub kruczym gniazdem. W tym czasie samiec, bucząc, broni terytorium. Zdarza się, że sowy w czasie miłosnego lotu klaszczą, uderzając u dołu ciała skrzydłami. W kwietniu lub maju pojawiają się jaja, zwykle około pięciu – po jednym co drugi dzień. Po miesiącu wysiadywania, głównie przez samicę, wykluwają się młode. Jak u większości sów różnią się wielkością – największe jest to, które wykluło się najwcześniej. Maluchy rosną dość szybko, ale dopiero w drugim tygodniu życia można zauważyć pojawiające się u nich uszka. Po trzech tygodniach jeszcze nielotne maluchy wyłażą z gniazda i siadają na okolicznych gałęziach. Rodzice karmią je aż do drugiego miesiąca życia. Młode jedzą przede wszystkim gryzonie. To główny pokarm sowy uszatej, choć czasami zdarza się jej upolować ptaki. Sowy, choć teoretycznie osiadłe, potrafią od czasu do czasu wędrować właśnie w poszukiwaniu gryzoni.

Najciekawsze u uszatych jest jednak to, że w przeciwieństwie do innych sów lubią towarzystwo przedstawicieli swego gatunku, szczególnie zimą. Kilka razy udało mi się zobaczyć stadka liczące około 10 ptaków, które w najlepsze odpoczywały razem po nocnych łowach. Zdarzają się podobno grupy liczące nawet 30 ptaków. Najczęściej na miejsca odpoczynku sowy uszate wybierają właśnie gęste świerkowe młodniki. Takie noclegowisko najłatwiej poznać po całej masie wypluwek, czyli czegoś w rodzaju kluseczek z sierści i kości gryzoni, które sowa zwraca po konsumpcji.

Jaszczurka zwinka

Lacerta agilis

Upalne i suche lato jest w sam raz dla jaszczurek. Jestem pewien, że widzieliście ich w czasie wakacji całą masę. Na pewno też natrafiliście na jaszczurkę zwinkę, której zielonych samców nie sposób nie zauważyć.

To prawdziwe pawie w porównaniu z jaszczurkami żyworodnymi, o których niedawno pisałem. Samiec jaszczurki zwinki potrafi być zielony niczym najzieleńsza trawa. Oczywiście tę barwę przybiera w okresie godowym, czyli w kwietniu i maju. Ale ubranko jaszczurki, nawet gdy godów nie ma, jest też o wiele bardziej interesujące niż szarobrązowej żyworódki. Jaszczurki zwinki mają bardzo ciekawe brązowo-kremowe plamy na grzbiecie. Do tego wzdłuż grzbietu idą jasne linie. Boki ciała samców nawet poza okresem godowym są zielone i pełne różnych plamek. Samice są znacznie skromniej ubarwione, przeważają u nich brązy, a w czasie godów nie zmieniają się w ogóle.

Jaszczurki zwinki bardzo lubią suche, mocno nasłonecznione miejsca. Odpowiadają im różne stoki, skarpy. Dość często można je też spotkać na nasypach kolejowych. Tam właśnie polują na owady, a czasami nawet na małe jaszczurki, głównie żyworodne. Choć są ciepłolubne, przenoszą się do cienia, gdy temperatura otoczenia zbliży się do 40 st. C. Wtedy grozi im przegrzanie. Taka temperatura w Polsce zdarza się jednak bardzo rzadko i częściej traficie na zwinkę wygrzewającą się na słońcu niż chowającą się w cieniu.

Wróćmy do godów, które są bardzo ciekawe. Otóż samce naprawdę potrafią walczyć o swe terytorium i o samice. Zanim jednak dojdzie do prawdziwej walki, nadymają podgardle i starają się pokazać przeciwnikowi tak, aby wydawać się jak największym. Jeżeli to nie pomaga, mogą pójść w ruch szczęki (jaszczurki nie mają zębów). Samce łapią się za głowy, w końcu któryś nie wytrzymuje tego uchwytu i daje za wygraną. W maju samice składają do wykopanych w nasłonecznionych miejscach jamek od 6 do 14 jajeczek, które różnią się od ptasich miękką skorupką. Jeżeli jest ciepło, po dwóch miesiącach wykluwają się z nich młode. Im cieplej, tym więcej młodych opuszcza jamki. Zastanawiacie się zapewne, skąd nazwa „zwinka". No cóż, wystarczy poobserwować tego gada, żeby przekonać się, jak bardzo potrafi być szybki i zwinny.

Jaszczurki zwinki mogą mierzyć wraz z ogonem do 23 cm. Dlatego dość często, szczególnie samce w zielonej szacie godowej, są mylone z wielką jaszczurką zieloną, co do której naukowcy wciąż nie są pewni, czy występuje w Polsce, czy nie. Młode po wykluciu mają około 6 cm.

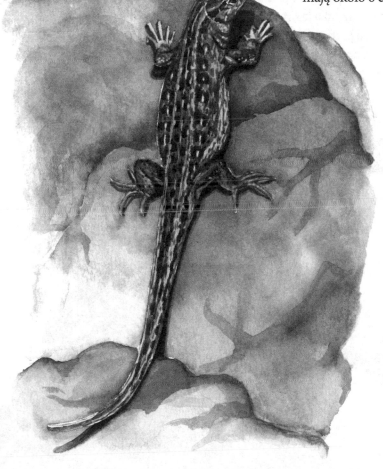

Kania czarna
i kania ruda

Milvus migrans i *Milvus milvus*

K ania czarna jest zaliczana do najliczniejszych ptaków drapieżnych na świecie. Można ją spotkać nawet w Australii, natomiast u nas wcale nie tak łatwo. Podobnie jak jej kuzynkę kanię rudą.

Kania czarna to obywatel świata – wspomniałem o Australii, ale poza nią i Europą tego ptaka można spotkać w Azji oraz Afryce. Kania ruda nie jest aż taką kosmopolitką i zamieszkuje właściwie tylko Europę i północną Afrykę.

U nas jednak obydwa gatunki spotkać wcale nie jest łatwo. Ptaki te występują właściwie tylko w zachodniej i północnej Polsce.

KANIA CZARNA

WAGA
od 800 do 850 g

ROZPIĘTOŚĆ
SKRZYDEŁ
około 150 cm

Kani czarnej według danych Komitetu Ochrony Orłów – organizacji zajmującej się ochroną ptaków drapieżnych – jest nie więcej niż 400 par, a kani rudej mamy około 300 par. Dlaczego u nas kań tak mało, skoro już w sąsiednich Niemczech na niektórych terenach można znaleźć nawet ponad 10 gniazd tych ptaków na kilometrze kwadratowym? Odpowiedź jest bardzo prosta – Polska jest na granicy naturalnego zasięgu kań. To tłumaczy, dlaczego tych ptaków jest u nas tak mało. Tym bardziej że w przeciwieństwie do wielu drapieżników kanie wcale od człowieka nie stronią. Żywią się gryzoniami, chwytają płazy i drobne ptaki, nie gardzą też padliną lub śniętymi rybami i – co ciekawe – lubią grzebać w ludzkich śmieciach i odpadkach. W niektórych miastach Azji można zobaczyć kanie krążące nad wysypiskami. Podobnie jest w Europie, gdzie kanie nie gardzą odpadkami z rzeźni, przy których potrafią czatować całymi godzinami. Zresztą kanie korzystają nie tylko z ludzkich śmieci. Lubią zakładać swe gniazda w koloniach czapli lub kormoranów i tam zbierają ryby, które wypadną tym ptakom z gniazd. Czasami nie czekają na odpadki, ale starają się odebrać zdobycz innym ptakom drapieżnym, na przykład myszołowom.

Zamiłowanie do odpadków nie ogranicza się u kań tylko do pokarmu. Otóż w ich gniazdach, które zwykle zakładają na wysokich drzewach, jako wyściółkę można znaleźć nie tylko suchą trawę czy sierść zwierząt, lecz także wszelkiego rodzaju papiery, a nawet foliowe torebki.

Obydwa gatunki kań w tak wysłanym gnieździe składają zwykle do trzech jaj, które wysiaduje samica. Samiec podaje jej tylko pokarm. W sierpniu kanie odlatują do Afryki – zimują tam na południe od Sahary. Ornitolodzy donoszą jednak o coraz częstszych przypadkach zimowania kań w Europie. Czyżby pozwalały im na to coraz łagodniejsze zimy i coraz większa ilość śmieci?

Na koniec warto wspomnieć, że kanie niezwykle łatwo rozpoznać. Mają dość długie i wąskie skrzydła, no i – co najbardziej charakterystyczne – niespotykany u innych naszych ptaków drapieżnych wcięty jak u jaskółki ogon. Kania ruda oczywiście jest rudawa, a czarna ma bardzo dużo czarnego. U obu gatunków samica jest większa od samca.

KANIA RUDA

WAGA
od 900 g do 1 kg

ROZPIĘTOŚĆ
SKRZYDEŁ
około 160 cm

Gadożer

Circaetus gallicus

Jeśli spotkacie tego dziwnego ptaka drapieżnego, będziecie mieli dużo szczęścia. Oczywiście na wypatrywanie gadożera musicie poczekać do lata.

Nigdy nie widziałem go w Polsce, ale za to w Hiszpanii mi się zdarzyło. Gadożer w locie wygląda na całkiem sporego – znacznie większego od myszołowa. W odróżnieniu od niego czy orlika od spodu jest bardzo jasny. Można wręcz odnieść wrażenie, że jest całkowicie biały, choć trochę ciemnych cętek ma zarówno na spodzie skrzydeł, jak i na tułowiu. Głowa, zwykle jasnobrązowa, odcina się wyraźnie od reszty ciała. Czasami gadożer lata ze zwisającymi łapami.

Problem w tym, że wcale nie tak łatwo u nas go zobaczyć. W całym kraju według najbardziej optymistycznych szacunków żyje nie więcej niż 15-20 par tych ptaków. Zakładają gniazda głównie na wschodzie kraju. Podobno jedno gniazdo było nawet w Puszczy Białowieskiej, ale nie wiadomo, czy jest nadal.

Jak się dobrze domyślacie, gadożer zjada – jak sama nazwa wskazuje – głównie gady. Bardzo lubi polować na zaskrońce, jaszczurki oraz żmije. Właśnie dlatego odlatuje na zimę, bo co miałby robić tutaj, skoro gady w tym czasie głęboko się chowają. Na razie wszystkie nasze gadożery są więc w Afryce, gdzie gadów z pewnością nie brakuje. Do nas przylecą w kwietniu lub w maju. Ale wróćmy do polowania na gady. Jeżeli obserwujecie ptaki drapieżne, to wiecie, że ruszają one na polowanie wcześnie rano. Tymczasem gdy inne ptaki już polują, gadożer jeszcze siedzi na gałęzi i albo śpi, albo odpoczywa. Na łowy rusza dopiero wtedy, kiedy reszta ptaków drapieżnych odpoczywa, czyli wczesnym popołudniem. Dlaczego tak się dzieje? Otóż wtedy jest już naprawdę ciepło i zaczynają się ruszać gady, na które ten ptak poluje. Jak już wspomniałem, gadożer łapie nawet żmije. Co prawda nie jest odporny na ich jad, ale potrafi je łapać na tyle sprytnie, że żmije nie

GADOŻER

WAGA
około 1,7 kg

ROZPIĘTOŚĆ
SKRZYDEŁ
około 180 cm

są w stanie go ukąsić. A jego łapy pokryte są bardzo twardą i grubą łuską rogową, co stanowi dość dobre zabezpieczenie – różnią się one od łap innych ptaków drapieżnych tym, że mają bardzo krótkie szpony (kiedyś gadożer nazywany był zresztą krótkoszponem). Widać do łapania gadów nie są potrzebne dłuższe.

W maju, gdy gadów jest już naprawdę dużo, gadożery zabierają się do budowy gniazda, zwykle na obłamanym wierzchołku drzewa. Gniazdo jest całkiem spore jak na tej wielkości ptaka, ale tak naprawdę olbrzymie w porównaniu z samymi rodzicami jest zniesione przez samicę jedno jajo. Jajo jest tylko jedno, bo jest naprawdę duże – waży około 150 g, czyli niemal tyle samo co jajo o wiele większego orła przedniego. Nic dziwnego, że jajo to bardzo długo jest wysiadywane przez samicę – nawet 47 dni. W końcu wykluwa się z niego młody, który jest karmiony oczywiście gadami.

Z Polski gadożery odlatują we wrześniu i październiku.

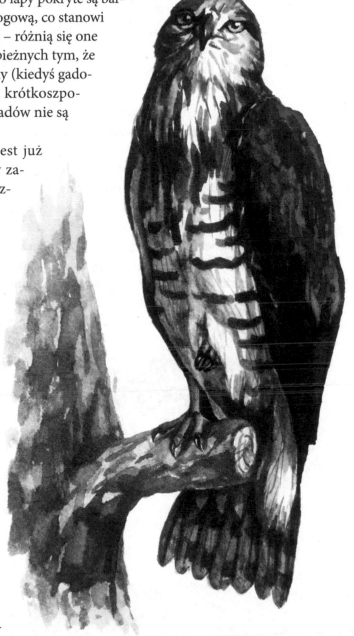

Śnieguła

Plectrophenax nivalis

Pewno nie byliście nigdy na Spitsbergenie ani na Grenlandii. Ja byłem. Jest tam zimno i bardzo fajnie. I mieszkają tam ptaki, które można też zobaczyć w Polsce.

Takim małym przybyszem z północy jest śnieguła – przesympatyczny mały ptaszek wróblowaty o czarno-białym upierzeniu. To znaczy główka, brzuszek i pierś samców są śnieżnobiałe, a skrzydełka czarno-białe. Samiczki mają więcej szarości. Naprawdę coś ślicznego. Na dodatek wszyscy polarnicy kochają śnieguły, bo gdy się one pojawiają, to niechybny znak, że po długiej i ciemnej arktycznej zimie nadchodzi wiosna. Pogwizdywanie śnieguł tam daleko na północy jest tym samym, czym u nas śpiew skowronka. Ponieważ w Arktyce nie ma drzew, śnieguły zakładają gniazda w szczelinach między kamieniami. To są przecież najbezpieczniejsze miejsca w tundrze. Nie zgadniecie, co takiego one na tej lodowej pustyni jedzą. Otóż pożywiają się owadami, których wcale w Arktyce

ŚNIEGUŁA

WAGA
35 g

ROZPIĘTOŚĆ
SKRZYDEŁ
29 cm

nie brakuje. Nawet na śniegu można je znaleźć. Śnieguły jak szalone przeszukują więc kępki mchów, szpary w skałach i lodzie. Oczywiście liczba owadów żyjących w Arktyce jest o wiele mniejsza niż żyjących u nas, ale za to na północy mieszka bardzo mało ptaków. A to oznacza, że śnieguła nie ma wielkiej konkurencji w zdobywaniu pożywienia.

Jednak nie zawsze śnieguły zwiastują wiosnę. U nas zwiastują zimę. Przecież przylatują do Polski dopiero w październiku. I ich pojawienie się oznacza, że definitywnie zaczyna się ornitologiczna zima. Unikają lasów i parków, bo drzewa nie kojarzą się z ich zimną ojczyzną. Małe ich stadka, liczące od kilku do kilkudziesięciu ptaków, pojawiają się za to na przykrytych śniegiem polach. Tu czują się jak w domu, bo jest płasko i zimno. Problem w tym, że zimą na naszych polach jest bardzo mało owadów. Śnieguły się tym nie przejmują, tylko zmieniają dietę. Tym razem szperają w poszukiwaniu różnych nasion. Zajadają nasionka traw i chwastów, wędrując z miejsca na miejsce. Warto wybrać się za miasto, aby je zobaczyć. I tu uwaga – śnieguły, które są u nas na wakacjach, wcale nie przypominają tych śnieguł z Arktyki. Otóż kolor biały w wielu miejscach ustępuje szarości. Szara robi się główka i pierś samczyka śnieguły. Dlaczego? No cóż, u nas jest mniej śniegu, poza tym ta śnieżna biel oznacza, że śnieguła jest gotowa do zalotów i założenia rodziny, a przecież u nas nie będzie tego robić. Na początku marca śnieguły znikają z Polski. Ich odlot to pewny znak, że wiosna już blisko.

Samiczka znosi od czterech do sześciu jaj.

Nornik polny

Microtus arvalis

Słyszeliście zapewne o lemingach – śmiesznych północnych gryzoniach, w niektórych latach pojawiających się w ogromnych ilościach. Te tysiące lemingów to jednak nic w porównaniu z masami norników, jakie czasem zjawiają się na naszych polach.

Nornika, podobnie jak wiele innych gryzoni, zobaczyć dość trudno. To niewielkie zwierzątko ma zbyt wielu wrogów, takich jak lisy, łasice, tchórze, kuny, myszołowy czy sowy, żeby łazić sobie beztrosko po polach. Oczywiście czasami, gdy przystaniecie na chwilę w bezruchu, możecie dostrzec małą szarą błyskawicę mknącą od jednej norki do drugiej. Za to bardzo łatwo zobaczyć ślady nornika. Otóż do tych najłatwiejszych do dostrzeżenia należą nory. Nornik, jak sama nazwa wskazuje, jest specjalistą w ich kopaniu. Na ogół mają głębokość około 30 cm, ale zdarza się, że to zwierzątko drąży korytarze do 70 cm otaczające komorę, w której norniki śpią lub wychowują młode. Taka komora jest wysłana siankiem lub zeschłą trawą. W innych komorach nornik gromadzi zapasy. Ponieważ żywi się nasionami i miękkimi częściami roślin, w takiej spiżarni można znaleźć nawet do 3 kg różnego rodzaju kłosów, bulw lub korzonków.

Zimą norniki kopią swoje korytarze na powierzchni ziemi pod śniegiem i kiedy śnieg stopnieje, można dostrzec na polach dziwaczną sieć labiryntów oraz gniazda. Wielka liczba takich labiryntów to znak, że właśnie ten rok był rokiem norników. Te masowe pojawiania się gryzoni, które następują co trzy-cztery lub co siedem lat, są jedną z największych zagadek ekologii, czyli nauki zajmującej się zwierzętami i wpływem środowiska na ich życie. Ludzie od czasów starożytnych zastanawiają się, jak to możliwe, że w niektórych latach tych gryzoni nie ma wcale, a w innych raptem pojawia się cała masa – bywa, że na jednym hektarze można naliczyć 3 tys. norników. Najprostsza odpowiedź na to pytanie brzmiałaby tak: norniki potrafią się rozmnażać w wielkich ilościach. Jedna samica ma od 8 do 13 młodych, a ciąża trwa 19-21 dni. Młode norniki gotowe są do rozrodu po 40 dniach, niektóre dane mówią nawet o 14 dniach. Mogą mieć młode od wczesnej wiosny do jesieni. No tak, ale gdyby to tylko od ich płodności zależało, to norników powinno być zawsze dużo. Skąd więc te różnice w populacji pomiędzy latami? Naukowcy przypuszczają, że może to być wynik braku lub dużej ilości pokarmu, wpływu drapieżników albo stresu związanego z tym, że żadne zwierzę nie lubi, gdy jest go za dużo. Jak dotąd nie ma dobrej odpowiedzi na to pytanie. Za to wielu naukowców uważa, że bajka o królu Popielu, którego zjadły myszy, wcale nie musi do końca być bajką. Może właśnie w tym czasie, gdy zginął Popiel, na polach pojawiło się mnóstwo norników i te dwa wydarzenia ktoś ze sobą powiązał?

Nornik może być barwy płowej, alc zdarzają się też norniki czarne lub srebrzyste. Zwierzęta te mają wielu wrogów, dlatego na wolności żyją przeciętnie dwa miesiące, a w niewoli nawet cztery lata.

NORNIK POLNY

WAGA
do 40 g

DŁUGOŚĆ CIAŁA
do 13 cm

DŁUGOŚĆ OGONA
do 5 cm

Otwarte tereny, łąki, pola oraz bagna na nizinach i w górach, skraje lasów i małe zadrzewienia

Krętogłów

Jynx torquilla

Pisałem wam o dzięciołach, które bębnią lub kują. Pora więc napisać o dzięciole, który ani nie bębni, ani nie kuje, czyli o krętogłowie.

Krętogłów zresztą nie wygląda jak dzięcioł. Przypomina raczej jakiegoś dziwacznego ptaka wróblowatego o dość dużej głowie i długim ogonie. Najbardziej charakterystyczne jest jego ubarwienie, które należy uznać za szczyt kamuflażu. Piórka ma szaro-brązowo-czarne, pełne plamek i prążków, które na tle drzew zlewają się z ich korą. Jedyne, co krętogłów ma naprawdę dzięciolego, to przeciwstawnie ustawione pary palców. Dwa z przodu i dwa z tyłu. To, podobnie jak innym dzięciołom, ułatwia mu wspinaczkę po pionowych pniach. Krętogłowy możecie spotkać właściwie we wszystkich lasach mieszanych i liściastych.

Wspomniałem już, że to dziwne stworzenie ani nie kuje, ani nie bębni jak jego kuzyni. Dlaczego tego nie robi? Odpowiedź jest bardzo prosta. Otóż ma za słaby dziób. Dlatego krętogłowy, które podobnie jak inne dzięcioły żywią się owadami, muszą je zbierać z liści i pni drzew.

KRĘTOGŁÓW

WAGA
od 30 do 45 g

ROZPIĘTOŚĆ
SKRZYDEŁ
około 30 cm

Jednym z największych ich przysmaków są mrówki, dość często kolekcjonują je na ziemi lub po prostu rozgrzebują kopce mrowisk. Ponieważ krętogłów nie kuje, nie są dla niego dostępne owadzie larwy żyjące w drewnie, więc gdy owadów robi się coraz mniej, musi odlatywać na zimę do Afryki, czego inne nasze dzięcioły nie robią. Słaby dziób ma też inne wady. Otóż biedaczek nie może wykuć sobie dziupli i skazany jest na zajmowanie dziupli po innych dzięciołach lub budek lęgowych. Dlatego znosi jaja jak na dzięcioła dość późno, bo dopiero w połowie maja, kiedy już duża część ptaków żyjących w dziuplach wychowała swoje pociechy i wiele dziupli jest wolnych.

Ponieważ nie może sobie wykuć dziupli na swoją miarę, to jego pisklaki są znacznie bardziej narażone na ataki drapieżników. Ale na to krętogłowy mają sposób. Kiedyś zajrzałem do takiej budki lęgowej, w której mieszkały. Wydobywało się z niej ni to bzyczenie szerszeni, ni to syczenie węża. Aż się wzdrygnąłem, choć dobrze wiedziałem, że zamiast jakiegoś kąśliwego zwierzaka siedzą tam zupełnie niegroźne pisklątka krętogłowa. Zresztą same pisklęta są przerażające. W mroku budki widać było nagie długie szyje wijące się wężowato. Wyobraźmy sobie, że takie gniazdo atakuje kuna. Wspina się po drzewie i nagle taki syk i bzyczenie. Na pewno od razu traci apetyt.

Samica krętogłowa składa od 7 do 12 jaj. Przez blisko dwa tygodnie wysiadują oboje rodzice. Na swoje zimowiska w dorzeczu Nilu krętogłowy odlatują we wrześniu.

Warto wiedzieć

Skąd dziwna nazwa „krętogłów"? Otóż, jak opowiadali mi znajomi naukowcy badający te ptaki, złapany krętogłów potrafi tak się wić, kręcić szyją i wydawać takie odgłosy, że trzeba mieć stalowe nerwy, aby utrzymać go w rękach.

Gołąb grzywacz

Columba palumbus

GOŁĄB GRZYWACZ

WAGA
do ponad 0,5 kg

DŁUGOŚĆ CIAŁA
około 40 cm

ROZPIĘTOŚĆ SKRZYDEŁ
75 cm

Od niedawna już prawie we wszystkich miastach poza zwykłymi gołębiami żyją też gołębie leśne, czyli grzywacze. To nasze największe gołębie.

Niestety, gdy przelatują dolinami Pirenejów z Hiszpanii do Francji, wracając ze swoich zimowisk, lub w odwrotnym kierunku w czasie jesiennej wędrówki, tamtejsi myśliwi ustawiają olbrzymie sieci, do których wpadają tysiące grzywaczy. Kiedyś coś takiego widziałem i muszę powiedzieć, że jest to niezwykle przykry widok. W Polsce również poluje się na piękne dzikie gołębie, na szczęście coraz mniej.

Ale zostawmy przykry aspekt wędrówek. Grzywacze od początku kwietnia rozpoczynają zaloty. Tego nie da się nie zauważyć, bo samiec tych największych naszych gołębi wzlatuje wysoko i klaszcze skrzydłami, a potem zlatuje lotem ślizgowym z rozpostartymi skrzydłami i szeroko rozłożonym ogonem. Oczywiście jak przystało na gołębie, grzywacze również gruchają, nadymając przy tym pierś. Ale co ciekawe, zaloty nie trwają tylko po przylocie. Grzywacze zalecają się do siebie aż do końca lata i mogą mieć młode nawet trzy razy w roku. Wszystko dlatego, że samica składa nie więcej niż dwa jaja w gnieździe zbudowanym z suchych gałęzi, najczęściej na bardzo wysokim drzewie. Jaja wysiadują oboje rodzice.

Podobnie jak u innych gołębi gniazdo grzywaczy wygląda jak kupa chrustu, która zaraz się rozpadnie. Pomimo to po nieco ponad dwóch tygodniach wykluwają się młode. Czym są karmione? A jak myślicie, skąd się wzięła nazwa „ptasie mleczko"? To właśnie wydzielinie z wola o białawym kolorze, którą gołębie karmią swe pisklęta, zawdzięczamy nazwę czekoladek. Młode jedzą ptasie mleczko tylko na początku, potem wprost do dzioba dostają nieco przemielone rośliny i ziarna, czyli to, czym się grzywacz żywi. Po jakimś czasie konstrukcja gniazda staje się dla szybko rosnących młodych zbyt nietrwała i młode wyłążą na pobliskie gałęzie.

Wspomniałem już, że grzywacze żywią się ziarnami i roślinami. Zapewne dlatego w naszym świecie pełnym pól żyje im się całkiem dobrze i ich liczba w różnych krajach liczona jest w milionach sztuk. Szczególnie wielkie ich stada widać na polach w trakcie wędrówek. Być może przez to, że jest ich tak dużo, niektóre postanowiły przenieść się na nowe tereny, czyli z lasów do miejskich parków.

I na koniec wróćmy do nazwy – czyżby grzywacz miał jakąś grzywę? Ależ nie! Ma tylko białą plamkę na szyi, po której poznacie go nawet z daleka. Ta plamka skojarzyła się kiedyś komuś z grzywą i tak już zostało.

Grzywacze, które przyleciały do nas w marcu i kwietniu, będą zbierać się do odlotu w październiku i listopadzie.

Skowronek

Alauda arvensis

Skąd wiem, że nadeszła wiosna? Dzięki skowronkom. Kiedy te małe ptaszki zaczynają swoje trele, wisząc w powietrzu, to choćby na polach jeszcze leżał śnieg, wiadomo, że to już koniec zimy.

Skowronki rzeczywiście wyczuwają wiosnę. I są jednymi z pierwszych ptaków, które do nas przylatują. Oczywiście z tym wyczuwaniem różnie bywa. Czasem w połowie marca nadchodzi piękna pogoda i skowronki przylatują. Wzbijają się w powietrze, wiszą sobie w powietrzu niczym ważka albo helikopter i śpiewają w pięknym wiosennym słońcu. Aż tu nagle napada tyle śniegu co zimą. Jak sobie wtedy radzą te małe szare ptaszki, które wśród traw wyszukują owady i nasiona? Czy przenoszą się w te części kraju, gdzie zima nie jest dotkliwa, czy przeczekują ją na miejscu? Zapewne stosują obie strategie. Część leci nieco na południe i zachód, ale część zostaje i czeka, aż minie załamanie pogody. Siedzą w śniegu zbite w małe grupki i ogrzewają się nawzajem. A jak tylko śnieg stopnieje i wiosna wróci, znów zaczną śpiewać na niebie.

Właśnie, dlaczego skowronki wzbijają się tak wysoko, żeby sobie zaśpiewać? To bardzo proste. Ptak broniący swojego terytorium musi być dobrze widoczny i dobrze słyszalny. A skoro skowronki mieszkają na polach i łąkach, gdzie nie ma za wiele drzew, to muszą wzbijać się wysoko, żeby konkurencja wiedziała, że ten teren jest już zajęty. Gniazda zakładają na ziemi. Są one uplecione z traw i zlewają się z otoczeniem. Sam skowronek ubarwiony jest tak, że zupełnie zlewa się z podłożem. To też logiczne, bo przecież do takiego naziemnego gniazda może się dobrać wiele drapieżników. Młode zresztą nie przebywają w nim długo, bo około 10 dni. A gdy już są samodzielne, rodzice zabierają się do budowy nowego gniazda i starają się o następne pociechy. W sumie skowronki mogą mieć nawet do trzech lęgów w roku. Można odnieść wrażenie, że jest ich wszędzie pełno. Ale to nie do końca praw-

SKOWRONEK

WAGA
40 g

ROZPIĘTOŚĆ
SKRZYDEŁ
36 cm

da. Tam, gdzie rolnictwo jest bardzo zmechanizowane i używa się dużo chemii, gdzie zamiast małych różnorodnych pól są tysiące hektarów tych samych roślin, skowronki są wręcz uważane za ptaki ginące. Tak dzieje się na zachodzie Europy, w Polsce na szczęście wciąż mieszka około 9 mln par tych ptaków. Jaka będzie ich przyszłość, nie wiadomo. W zachodniej Polsce skowronków jest już kilkakrotnie mniej niż we wschodniej. To bardzo niedobrze, bo jak twierdzą naukowcy, skowronek poza tym, że pięknie śpiewa, jest też znakomitym wskaźnikiem tego, jaka żywność produkowana jest na polach. Im więcej skowronków, tym większa pewność, że to, co jemy, nie było ani pryskane, ani nawożone jakąś paskudną chemią.

Skowronki przylatują w marcu i kwietniu. Odlatują we wrześniu do południowej Europy i Afryki Północnej. Samica składa do pięciu jaj, które są wysiadywane dwa tygodnie.

Dzierzba gąsiorek

Lanius collurio

Choć te niewielkie ptaki wyglądają zupełnie niewinnie, to podobnie jak ich więksi kuzyni dzierzby srokosze mają zwyczaj nadziewania swych ofiar na kolce.

Można je spotkać w ogrodach i na skrajach lasów. Czasami wystarczy im kępa krzaków na polach. Oczywiście w okolicy musi być jakaś otwarta przestrzeń, na której gąsiorki mogą polować.

Pamiętacie dzierzbę srokosza, o której kiedyś wam pisałem? To właśnie ona – największy ptak wśród naszych dzierzb – nadziewa duże ofiary, takie jak gryzonie, żaby albo jaszczurki. Natomiast gąsiorki nadziewają przeważnie owady. Jaszczurki to największe ofiary, na jakie się porywają. Raz widziałem, jak złapanego chrząszcza gąsiorek nawlekał na kolec, a potem objadał po kawałku, zdejmował i znów nadziewał. Podobnie jak u srokosza przypuszcza się, że to nadziewanie i objadanie po kawałku bierze się stąd, że dzierzby mają dzioby nie tak mocne jak ptaki drapieżne i po prostu pomagają sobie w dzieleniu ofiary właśnie za pomocą kolca. Inne teorie mówią, że nadziana ofiara

DZIERZBA GĄSIOREK

WAGA
30 g

ROZPIĘTOŚĆ
SKRZYDEŁ
29 cm

to coś w rodzaju spiżarni, a jeszcze inne, że jest to oznakowanie terytorium. Gąsiorek żywi się mniejszymi zwierzętami, a srokosz większymi. Choć nie jest to jedyna różnica. Otóż u dużego srokosza samica wygląda tak jak samiec, natomiast u gąsiorka nawet dziecko rozpozna, kto pan, a kto pani. Pana zresztą zauważyć nie jest trudno. Lata sobie, przysiada na drzewach, krzakach, drutach telefonicznych i intensywnie poluje. Trochę zjada, ale większość zanosi samicy, która siedzi na jajach w gniazdku solidnie uwitym i znajdującym się najczęściej w gęstych krzewach lub wśród gałęzi drzew. Na pewno łatwiej zobaczyć samczyka, którego można poznać po szarej główce, czarnym pasku na oczach przypominającym złodziejską maskę oraz rdzawym grzbiecie i czarnym ogonie. Samiczka nie jest taka ładna, bo owszem, jest nieco rdzawa i mocno prążkowana, ale ponieważ są to kolory maskujące, to nie rzuca się zbytnio w oczy. Zresztą nic dziwnego, skoro to właśnie ona wysiaduje pięć-sześć jaj. Za to na samcu spoczywa zadanie wyżywienia jej i potomstwa, które po dwóch tygodniach wysiadywania jaj pojawia się w gnieździe. Samiec nie dość, że karmi, to jeszcze dba o czystość gniazda. Kiedy pisklęta trochę podrosną, zupełnie nie można się połapać, które to młode, a które samica. Są upierzone niemal tak samo jak ich mama i można je odróżnić od niej tylko po tym, że ciągle domagają się jedzenia. Młode opuszczają gniazdo po dwóch tygodniach.

Zupełnie bym zapomniał, że między srokoszem a innymi dzierzbami, w tym gąsiorkiem, jest też inna ważna różnica. Otóż gąsiorki w przeciwieństwie do srokoszy odlatują na zimę. Dlaczego? No bo niby jak miałyby polować na owady zimą? Przecież wtedy żaden chrząszcz się nie pojawi. Nasze gąsiorki, które przylatują pod koniec kwietnia, odlatują w sierpniu i we wrześniu do wschodniej Afryki.

Ortolan

Emberiza hortulana

Spieszcie się oglądać ortolany, a raczej słuchać ich śpiewu, bo przyszłość tych ptaków, choć jeszcze bardzo w Polsce licznych, jest niepewna.

Ptaszki te nie mają pięknego, wyszukanego upierzenia. Jedynie głowa samca w okresie godowym i okresie lęgów rzuca się w oczy – jest wtedy stalowoszara z żółtym podbródkiem i żółtymi obwódkami wokół oczu. Na grzbiecie ortolan jest jakby pomazany w czarne kreski. Reszta piórek jest koloru cynamonu, czyli jasnobrązowa z czarnymi lub szarymi dodatkami. Samica wygląda podobnie, jednak jej kolory są nieco bledsze i nie tak kontrastowe. Trzeba też dodać, że jest to ptak niewielki – rozmiarami przypomina wróbla. Takie maleństwo naprawdę łatwo przeoczyć. Za to śpiew samca jest niesamowity. Początek bardzo przypomina pierwsze takty V symfonii Ludwiga van Beethovena. To jest to słynne „ta-ta-ta-taa", a nie „Oda do radości", która jest hymnem Unii Europejskiej. Wielu specjalistów twierdzi, że wielki kompozytor, zanim ogłuchł zupełnie, przysłuchiwał się śpiewającym ortolanom i od nich właśnie zapożyczył początek słynnego utworu. Beethoven, jak wiadomo, żył na przełomie XVIII i XIX w. Właśnie wtedy ortolany były bardzo rozpowszechnione w całej Europie i muzyk mógł je bez trudu podsłuchiwać. Dziś takiej szansy by nie miał, bo te małe ptaszki niemal zupełnie wyginęły w Europie Zachodniej, a w ojczyźnie Beethovena – Niemczech – są uznane za gatunek rzadki i silnie zagrożony wyginięciem.

Zastanawiacie się pewnie, co takiego stało się z ortolanami. Czyżby ktoś na nie polował i je wytępił? Otóż nie. Ortolany wybiło coś zupełnie innego. Zanim jednak to wyjaśnię, musicie się dowiedzieć, gdzie te ptaki żyją. Otóż ortolan to ptak polny. Zamieszkuje pola, ale lubi mieć w pobliżu ogrody, parki albo przynajmniej kępy krzewów, na których samiec mógłby sobie pośpiewać. Odżywia się nasionami różnych roślin – często chwastów – a swoje młode karmi owadami. Na dodatek gniazdo uwite z trawy, korzonków i chwastów zwykle umieszcza na ziemi w niezbyt gęstych roślinach. Ornitolodzy twierdzą, że bardzo trudno jest je znaleźć. W nim samica składa cztery-pięć jaj, z których po dwóch tygodniach wysiadywania wykluwają się młode. Pewnie już teraz się domyślacie, dlaczego na zachodzie Europy tak dużo ortolanów wyginęło. Od czasów Beethovena rolnictwo się bardzo zmieniło – zaczęto opryskiwać ziemię różnymi związkami chemicznymi przeciw chwastom i owadom, a pola zamieniono w jednorodne uprawy, w których trudno schować gniazdo. Ortolan nie miał więc czego szukać w takim środowisku. Na szczęście w Polsce tych małych ptaków przetrwało jeszcze dość dużo, głównie dzięki temu, że rolnictwo nie jest aż tak intensywne. Ale gdy to się zmieni, ortolany wyginą także i u nas.

Ortolany przylatują do nas w kwietniu i w maju, odlatują w sierpniu. Zimują w Afryce.

ORTOLAN

WAGA
21 g

ROZPIĘTOŚĆ
SKRZYDEŁ
26 cm

Kulik wielki

Numenius arquata

To dopiero dziwne ptaszysko. Największy z naszych ptaków bekasowatych, który na dodatek ma największy, a raczej najdłuższy dziób.

Kulik wielki ma upierzenie szaro-brązowe, z podłużnymi ciemnymi plamami, spód ciała jasny, a kuper wręcz biały. Oczywiście u tych ptaków bardzo trudno rozróżnić płeć, bo ani samiec, ani samica nie mają żadnych znaków szczególnych, ale przyjmuje się, że pani kulikowa jest większa od pana.

To, co rzuca się w oczy, to nie upierzenie, ale szalenie długi, wygięty ku dołowi dziób oraz bardzo długie patyczkowate nogi. Po co im coś takiego? Otóż kuliki zamieszkują podmokłe łąki. Tu od razu nasuwa

KULIK WIELKI

WAGA
od 50 do 60 cm

ROZPIĘTOŚĆ
SKRZYDEŁ
od 95 do 110 cm

się wniosek, że długie nogi są mu potrzebne do brodzenia w wodzie. Ale po co taki dziób? Kuliki żywią się bezkręgowcami – ślimakami, owadami, skorupiakami i pierścienicami, np. dżdżownicami. Żeby je dobrze wyszukiwać w gęstwinie traw lub w ziemi, trzeba mieć odpowiednie narzędzie. A taki dziób nadaje się do tego w sam raz. Jego wygięcie ku dołowi powoduje, że ptak nie musi się bardzo schylać, gdy szuka pożywienia. To, że dziób jest cienki, sprawia, że kulik może go zagłębiać w ziemi, a to, że jest długi, pozwala mu nawet znaleźć coś pod wodą. Prawda, że to uniwersalne narzędzie?

Ale to nie wszystkie ciekawostki. Jak twierdzi wielu moich znajomych, ptaki te zakładają gniazda na kępach turzyc (to takie trawy), najczęściej otoczonych wodą. Nic w tym dziwnego, bo bekasy robią podobnie. U kulików ciekawe jest jednak to, że są one szalenie przywiązane do miejsca i potrafią mieć gniazdo w tym samym miejscu latami. Jaki to ma sens? Naukowcy uważają, że kuliki obrały taką strategię, że jeżeli raz znalazło się odpowiednie i bezpieczne miejsce, należy go pilnować.

Ponieważ kuliki mogą żyć bardzo długo, nawet do 30 lat, możemy podejrzewać, że w okolicy widzimy te same ptaki.

W kwietniu w gnieździe pojawiają się cztery jaja. Kulik nie składa nigdy więcej ani mniej. Wysiadywane są długo, bo czasami aż miesiąc. Gdy wyklują się pisklęta, opiekują się nimi oboje rodzice. Maluchy opuszczają gniazdo po paru dniach i zaczynają wędrówkę na swych długich nogach za rodzicami. Po pięciu tygodniach potrafią już latać. Kuliki odlatują od nas od lipca do listopada, a przylatują w marcu.

Rycyk

Limosa limosa

Ponieważ ostatnio dużo pisałem wam o siewkowatych, nie sposób nie wspomnieć o rycyku. To ptak dość niesamowity, który, niestety, staje się u nas coraz rzadszy.

Jest on mniejszy od kulika wielkiego, choć bardzo go przypomina sylwetką. Tak samo ma długie nogi i długaśny dziób. Tu pierwsza różnica – dziób rycyka w przeciwieństwie do tego kulikowego nie jest zagięty, ale prosty. I ciekawostka – jak pamiętacie, z ptaków siewkowatych opisywałem wam już sieweczkę obrożną o krótkim dziobku oraz kulika wielkiego o długim zagiętym dziobie. Gdybyście zajrzeli do atlasu, to tuż obok rycyka być może znajdziecie szlamika rdzawego, który ma również dziób zagięty, tylko nie tak jak kulik do dołu, ale do góry. I wszystkie te dzioby należą do ptaków siewkowatych. A teraz kolejny siewkowaty – rycyk o dziobie długim, ale prostym. Skąd takie różnice w dziobach? Otóż ptaki te szukają pokarmu w różny sposób i w różnych miejscach, dzięki czemu nie wchodzą sobie w drogę. Jedne zbierają różne żyjątka z powierzchni mułu, inne z wody, a jeszcze inne przeszukują trawy. Rycyk swój długi i prosty dziób pakuje w miękką glebę lub muł, gdzie wynajduje różne bezkręgowce. Niestety, taki sposób odżywiania się sprowadza na rycyka kłopoty. Ponieważ ptaszek ten żyje na łąkach, to nie mogą być to takie zwykłe łąki, ale łąki bardzo podmokłe, o miękkiej ziemi. Na suchych łąkach, gdzie gleba jest w miarę twarda, rycyk być może prędzej by dziób złamał, niż go gdzieś wsadził w poszukiwaniu pokarmu. A takich łąk podmokłych jest bardzo mało i coraz mniej, bo nikomu nie uśmiecha się ich koszenie. Tak więc łąki albo zarastają, albo są osuszane i rycyki tracą swoje środowisko. A szkoda, bo to bardzo ciekawe i piękne ptaki. Szczególnie samce, które w czasie lotów godowych wykonują całą masę dziwnych ewolucji powietrznych i na dodatek wydają z siebie przy tym niezwykle dźwięczny głos.

Rycyki są wtedy pięknie ubarwione. Ich pierś, głowa oraz długa szyja stają się rdzawe (a gdy gody mijają, rycyki robią się szare). Efektem godów są znakomicie zamaskowane jaja – zielone w ciemnozielone ciapki. Podobnie jak u innych siewkowatych gniazdo rycyka nie jest jakąś specjalną konstrukcją, ale zwykłym zagłębieniem w trawie. Młode wykluwają się po trzech tygodniach, a po czterech, które spędzają pod opieką obojga rodziców, są zdolne do lotu. Te piękne ptaki nie przebywają u nas zbyt długo. Ich strategia polega na jak najszybszym wychowaniu potomstwa i opuszczeniu miejsca zamieszkania. Rycyki przylatują do nas w marcu i kwietniu, a niektóre odlatują już w czerwcu lub na początku lipca. Czyli możemy się nimi nacieszyć tylko przez dwa-trzy miesiące. Zimują w Afryce.

RYCYK

WAGA
około 400 g

ROZPIĘTOŚĆ
SKRZYDEŁ
72 cm

Otwarte tereny, łąki, pola oraz bagna na nizinach i w górach,
skraje lasów i małe zadrzewienia

Bekas dubelt

Gallinago media

**BEKAS
DUBELT**

WAGA
180-250 g

DŁUGOŚĆ DZIOBA
7 cm

ROZPIĘTOŚĆ
SKRZYDEŁ
49 cm

Niedawno byłem nad Biebrzą, która poza tym, że jest słynna jako ostoja łosia, wśród ornitologów jest znana jako jedno z największych miejsc lęgowych w Europie pewnego ginącego ptaka.

Jakiś czas temu opisywałem wam bekasa kszyka. To ten ptak, który w czasie lotu godowego buczy, i to buczenie nie wydobywa się z dzioba, ale buczą wibrujące sterówki, czyli pióra jego ogona. Skoro mowa była o kszyku, nie sposób nie napisać o jego kuzynie, a mianowicie o dubelcie. Te dwa ptaki są właściwie nie do odróżnienia. Widoczna różnica polega tylko na czterech sterówkach znajdujących się na skraju ogona, które u dubelta są od połowy do końca białe. Za to istnieją różnice w zachowaniu. Jak pamiętacie, bekas kszyk zalecał się do samic, wykonując lot pełen różnych ewolucji. Strategia dubelta jest nieco inna. Otóż samce tokują na ziemi. Rozkładają przy tym skrzydła i swój ogon z białymi sterówkami. Długie dzioby przyciskają do szyi, co sprawia, że wyglądają, jakby były naburmuszone. Do tego wszystkiego wydają z siebie dziwny dźwięk, który przypomina albo bardzo szybkie uderzenia patyczkami o siebie, albo jeżdżenie po zębach plastikowego grzebienia. Ale najśmieszniejsze jest to, że samce co jakiś czas podskakują, tak jakby chciały, żeby było je lepiej widać. Co ciekawe, takie popisy zwykle odbywają się w nieco suchszych częściach bagien, a każdy z samców ma swoje miejsce, którego strzeże i z którego przepędza rywali. Popisy te odbywają się zwykle w wiosenne noce. Samiczki, które mają gniazda w pobliżu, tylko co jakiś czas odwiedzają popisujących się panów. Efekt tych spotkań to cztery jaja, które samica wysiaduje przez 24 dni. Młode podobnie jak u innych bekasów są niezwykle samodzielne i gdy tylko wyschną, opuszczają gniazdo. Dość szybko zaczynają jeść to co dorosłe, czyli wszelkiego rodzaju bezkręgowce.

Zastanawiacie się, dlaczego piszę wam o dubeltach, skoro są one tak podobne do kszyków? Otóż dlatego, że nie wiadomo, jak długo jeszcze będziemy oglądać tokujące samce tych ptaków. Dziś właściwie jedyną ich ostoją są Bagna Biebrzańskie. Dubelty są na granicy wymarcia, ponieważ osuszamy łąki, na których lubią przebywać, lub ich nie kosimy i zarastają one krzewami. Ocenia się, że w całej Polsce co roku podskakuje i popisuje się nie więcej niż 850 samców. To bardzo mało, skoro jeszcze w XIX w. ptak ten był mieszkańcem niemal całej części nizinnej Polski.

Dubelty odlatują w październiku i wracają w marcu lub kwietniu. Zimują głównie w Afryce.

Trznadel

Emberiza citrinella

U wielbiam trznadle, bo towarzyszą mi cały rok – i zimą, i latem. A kiedyś miałem nawet bardzo blisko domu gniazdko tego ptaka.

Tego ptaszka możecie spotkać wszędzie tam, gdzie jest trochę pól i łąk poprzetykanych krzewami i drzewami. Trznadle nie mają wielkich wymagań. Gniazdo potrafią założyć nawet na ziemi, choć nie gardzą niewysokimi drzewami. To, które było koło mojego domu, ptaki uwiły na małym świerku. Zresztą samo gniazdko znajdowało się niezbyt wysoko. „Niezbyt wysoko" to może złe określenie – dokładnie na wysokości mojej twarzy, dzięki czemu mogłem dokładnie obserwować perypetie trznadlej rodzinki. Było łatwe to nie tylko ze względu na położenie gniazda, ale również na to, że u trznadla bardzo łatwo poznać, kto jest mamą, a kto tatą. Otóż samiczka tego ptaszka jest oliwkowo-brązowawa, za to samczyk aż bije żółcią. Ma ją na głowie i na piersiach. Na łebku można dostrzec coś w rodzaju żółtej czuprynki. Długo zastanawiałem się, skąd u tego ptaszka taka kanarkowa barwa. Aż wyjaśnił mi to kolega naukowiec. Otóż żółta barwa samca bierze się ze specjalnego barwnika, który trznadle uzyskują, spożywając pokarm. Im lepiej odżywiony samiec, tym bardziej żółty. Oczywiście, ta żółć samcowi nie jest do niczego potrzebna poza tym, że dzięki niej jego przyszła żona wie, w jakiej jest on kondycji. Im bardziej żółty, tym więcej jadł, to znaczy jest silniejszy i bardziej się nadaje na ojca. Dochodzi nawet do tego, że samiczki potrafią na chwilę związać się z innym samcem niż ten, z którym mają gniazdko, tylko dlatego, że jest bardziej żółty.

Gniazdo trznadla to prawdziwy majstersztyk. Potrafi być uplecione misternie z różnych części roślin, a wysłane jest dość często włosiem. W takim gniazdku samica składa od trzech do pięciu jaj, które wysiadywane są przez dwa tygodnie. Maluchy karmione są przez oboje rodziców. Po dwóch tygodniach młode są już poza gniazdem, a dorosłe ptaki zabierają się do budowania następnego. W sumie od kwietnia do lipca mogą mieć dwa, a niektórzy twierdzą, że nawet trzy razy dzieci. Maluchy podobnie jak u innych ziarnojadów bynajmniej nie ziarnem są karmione, ale pożywnymi owadami. Takimi ziarnojadami pełną gębą trznadle stają się dopiero zimą. Wtedy łączą się w stadka, które mogą liczyć nawet kilkadziesiąt ptaków. Razem przemierzają łąki i pola w poszukiwaniu czegoś do zjedzenia. Do ich przysmaków należą nasiona różnych chwastów. A ja w tym czasie wysypuję im ziarno przed oknem i zawsze mogę liczyć na to, że się pojawią. Niestety, zmiany w rolnictwie powodują, że trznadli powolutku ubywa w całej Europie.

WAGA
30 g

DŁUGOŚĆ CIAŁA
19 cm

ROZPIĘTOŚĆ
SKRZYDEŁ
27 cm

Otwarte tereny, łąki, pola oraz bagna na nizinach i w górach,
skraje lasów i małe zadrzewienia

Pomurnik

Tichodroma muraria

POMURNIK

DŁUGOŚĆ CIAŁA
do 18 cm

ROZPIĘTOŚĆ
SKRZYDEŁ
27 cm

Tego ptaka jeszcze nie widziałem i jestem z tego powodu szalenie nieszczęśliwy. Chciałbym go zobaczyć przede wszystkim dlatego, że jest piękny jak motyl.

Mam jednak usprawiedliwienie – szukałem. Łaziłem po Tatrach, Pieninach, zapuściłem się nawet w Alpy. Widziałem masę różnych ciekawych górskich ptaków, ale tego akurat nie. A właśnie tylko w górach można go zobaczyć. Najpierw napiszę wam jednak, dlaczego pomurnik jest jak motyl. Otóż jak się go już zobaczy, to najczęściej z rozłożonymi skrzydłami. I chociaż w upierzeniu tego ptaka dominuje szarość i czerń, to na skrzydłach ma bardzo dużo bieli i czerwieni, która w zestawieniu z tą czernią i szarością wygląda jeszcze bardziej czerwono. Na dodatek skrzydła są zaokrąglone właśnie jak u motyla. Zastanawiacie się, dlaczego pomurnik tak często je rozkłada? Przyjrzyjcie mu się na rysunku. Czy jakiegoś ptaszka wam on nie przypomina? Wygląda jak bardzo duży pełzacz, który znakomicie wspina się po drzewach. Pełzacz w czasie swej wspinaczki opiera się na ogonku. Pomurnik, który wchodzi sobie dość często nawet po pionowych skałach, opiera się, rozpościerając skrzydła. Podobnie jak pełzacz po drzewach pomurnik zwykle wędruje po skale z dołu do góry. Co ciekawe, ten górski ptak ma dziób o bardzo podobnym kształcie jak pełzacz. Jest on długi, cienki i lekko zakrzywiony ku dołowi. Podobnie jak u pełzacza służy do wyszukiwania owadów, tylko że w szczelinach skalnych. Pomurniki przemierzają skały, dokładnie je przeszukując, a gdy już są na górze, zlatują na dół.

Ponieważ ptaki te żyją na terenach, gdzie człowiekowi bardzo trudno wleźć, o pomurnikach wiadomo niewiele. Wiemy, że gniazda budują w niedostępnych szczelinach skalnych i że między majem a lipcem samica składa w takim wysłanym mchem i porostami gnieździe do pięciu jaj. Prawdopodobnie wysiaduje tylko mama, a młode wykluwają się po mniej więcej 20 dniach. Po blisko miesiącu opuszczają gniazdo. Gdy ich dzioby są już odpowiednio wyrośnięte, stare ptaki przeganiają je z terytorium. Wiadomo też, że pomurniki, które mogą żyć nawet do wysokości 4 tys. m, na zimę nie odlatują, lecz jedynie przemieszczają się nieco niżej. Wtedy też zamiast szczelin w skałach przeszukują w poszukiwaniu owadów drzewa. Chcielibyście zobaczyć takiego ptaka. No cóż. Tatry to północna granica ich zasięgu. W tych górach po polskiej stronie granicy żyje nie więcej niż kilkanaście par. W Pieninach jest może jedna para, a może pomurniki, które tam się czasami widuje, to przybysze z Tatr? Nie będzie więc wam łatwo zobaczyć pomurnika, ale życzę powodzenia.

Sikora czarnogłowa

Parus montanus

Pisałem wam o sikorce ubogiej. Teraz przyszedł czas, aby napisać o czarnogłówce, czyli sikorce czarnogłowej.

Obydwa gatunki nie różnią się niemal niczym. Czarna czapeczka na głowie sikory czarnogłowej jest nieco bardziej matowa, a na jej skrzydłach można dostrzec jasne plamy. W praktyce rozróżnienie tych dwóch gatunków jest niezwykle trudne, prawie niemożliwe. Nawet najbardziej doświadczeni ornitolodzy mają z tym kłopoty. Sikory różnią się bardzo, gdy śpiewają, i po tym najłatwiej je rozpoznać.

SIKORA CZARNOGŁOWA

WAGA
11 g

ROZPIĘTOŚĆ SKRZYDEŁ
21 cm

Ale nie zawsze sikorka śpiewa. Co wtedy? Podam wam prostą receptę. Otóż gdy widzicie tak ubarwionego ptaka w lasach iglastych lub mieszanych, to jest to sikorka czarnogłowa, a gdy w lasach liściastych i parkach, to uboga. Jest to jednak tylko połowiczna prawda, bo sikorkę czarnogłową można spotkać również w nadrzecznych wierzbowych lasach. Co te dwa rodzaje środowiska mają ze sobą wspólnego i co sprawia, że sikorki czarnogłowe je lubią, wyjaśnię za chwilę. Sikorki pan i pani trzymają się razem nawet zimą, a wiosną samica przystępuje do wyszukiwania odpowiedniej dziupli. Gdy jej nie ma, samica sikorki czarnogłowej wydłubuje sobie dziuplę. Tak, wydłubuje, a nie wykuwa, jak to robią dzięcioły. Sikorka czarnogłowa podobnie jak inne sikory ma dość słaby dziobek i o kuciu nie ma mowy, za to o wydłubywaniu jak najbardziej. Dłubać jednak można wyłącznie w miękkim martwym drewnie. Takiego drewna na pewno nie brakuje w nadrzecznych lasach wierzbowych, bo wierzba ma przecież bardzo miękkie i kruche drewno. Podobnie miękki jest również martwy świerk. Nie można tego powiedzieć o drewnie drzew liściastych czy owocowych i dlatego, jak się domyślacie, sikora czarnogłowa nie ma czego szukać w sadach.

Po wydłubaniu dziupli samica siada na siedmiu-ośmiu jajach, które samotnie wysiaduje przez 14 dni. Samiec w tym czasie przynosi jej jedzenie. Czasami wlatuje do dziupli, a czasami wywołuje samicę na zewnątrz. Po 19 dniach wykluwają się młode. I tu ciekawostka. Sikorki czarnogłowe mają bardzo duże terytoria, czego konsekwencją jest między innymi to, że wszystkie okoliczne pisklaki są dziećmi tego samego samca. A to u sikor i innych małych ptaków jest wyjątkiem.

Młode po wylocie z gniazda jeszcze przez jakiś czas trzymają się rodziców. Później coraz bardziej samodzielnie zaczynają wyszukiwać owady, a gdy robi się nieco chłodniej – także nasiona, które stanowią podstawowy pokarm sikory.

Wodniczka

Acrocephalus paludicola

Ten niewielki ptaszek przykuwa uwagę ornitologów z całej Europy. Dzieje się tak dlatego, że jest zagrożony wymarciem. Ale zanim napiszę wam, dlaczego wodniczek jest coraz mniej, opiszę, jak ten ptaszek wygląda.

Jest to maleństwo, które można spotkać na podmokłych terenach otwartych, takich jak torfowiska, trzcinowiska lub podmokłe łąki porosłe ostrą trawą zwaną turzycą, którą można się pokaleczyć. Bardzo podobna do wodniczki jest rokitniczka i rozpoznać te gatunki jest dość trudno. Najpewniejszymi znakami rozpoznawczymi wodniczki są kremowa brew nad okiem oraz dwa ciemne pasy na głowie przedzielone jasnym, szerokim pasem biegnącym przez środek łebka. Ponieważ – jak się domyślacie – tereny, na których żyją te małe ptaszki, to absolutna gęstwina, spotkać je bardzo trudno. Najłatwiej zobaczyć śpiewające samce. Dlatego ornitolodzy nie liczą wszystkich ptaków, tylko właśnie samce, i po nich oceniają, jak się ma cała populacja. Wiemy na przykład, że w Europie jest od 13 do 21 tys. śpiewających samców, w Polsce około 3 tys., z czego grubo ponad połowa na Bagnach Biebrzańskich.

Kryje się jednak w takim liczeniu pewna pułapka. Otóż liczba śpiewających samców wcale nie jest zbliżona do liczby samic, bo wodniczka ma bardzo dziwne zwyczaje rozrodcze. Otóż wiosną, najczęściej w drugiej połowie maja, w uwitym wśród roślin gniazdku samica składa jaja. Podobnie jak u wielu ptaków żyjących wśród traw lub trzcin gniazdo wodniczki jest wplecione w kłącza i świetnie zamaskowane. Najczęściej można w nim znaleźć do pięciu jaj. Problem w tym, że ojcami piskląt, które wyklują się z tych jaj, są różne samce. Czasami może być więc pięć jaj i pięciu różnych ojców. Nic więc dziwnego, że ojcowie nie za bardzo przywiązują się do swych pociech i nie biorą udziału ani w wysiadywaniu jaj, ani w karmieniu młodych. Ze wszystkim samica musi sobie radzić sama. Wykarmienie pociech w samotności byłoby

nie lada problemem, gdyby nie to, że środowisko, w którym żyją wodniczki, jest pełne dużych pajęczaków i owadów. Żeby więc wykarmić pisklaki, nie trzeba się tyle napracować. To też pozwala mieć wodniczkom młode drugi raz w ciągu roku. Po półtora miesiąca pierwsze młode opuszczają gniazdo i można powtarzać lęg.

Niestety, taki frywolny żywot można pędzić tylko w środowisku obfitującym w pokarm. A takich miejsc jest coraz mniej, bo osuszamy bagna, kosimy łąki, gdy ptaki siedzą na jajach, albo wręcz ich w ogóle nie kosimy, przez co zarastają lasem, a tam już nie ma takiego środowiska i pokarmu, jakiego potrzebuje wodniczka. Nic więc dziwnego, że coraz mniej tego skrytego i bardzo ciekawego ptaszka żyje w Europie. I coraz mniej wraca z zimowisk w Afryce Zachodniej.

WODNICZKA

WAGA
13 g

ROZPIĘTOŚĆ
SKRZYDEŁ
19 cm

Zwierzaki Wajraka

EUROPA, czyli co u nas nie mieszka, a warto zobaczyć

Drop

Otis tarda (ang. *Great Bustard*)

Mam w domu bardzo cenny skarb. To pióro jednego z ostatnich polskich dropi. Czasami sobie spoglądam na nie i zastanawiam się, czy jeszcze kiedyś wrócą do Polski.

Dropie są prawdziwymi olbrzymami wśród naszych ptaków. To do nich należał tytuł najcięższego ptaka Europy. Kiedyś pisałem, że najcięższym ptakiem jest łabędź. Tak, to prawda, bo dropie, niestety, już wyginęły. Polowania, chemia w rolnictwie i stałe ich niepokojenie sprawiły, że już w drugiej połowie lat 80. zeszłego wieku raz na zawsze znikły ze swej ostatniej ostoi w naszym kraju, czyli ziem zachodnich. W 1963 roku było ich u nas jeszcze 305, w 1972 – 159, a w 1980 zostało zaledwie 16. W 1986 roku nie było już żadnego polskiego dropia na wolności. Co prawda naukowcy próbowali je jeszcze hodować, ale bez efektu.

W Europie jednak przetrwały. Żyją w Hiszpanii, Portugalii, ale też całkiem blisko nas – we wschodniej części Niemiec, na Słowacji, w Czechach i na Węgrzech. Pewnie się zastanawiacie, jak wyglądają. Otóż chodzą na dość wysokich nogach, krótszych jednak niż u bociana czy żurawia. Dziób mają krótki, masywny. Bardzo ładnie są też ubarwione. Głowa i szyja popielata, grzbiet ciała rdzawy pokryty czarnymi plamkami układającymi się w pręgi. Samce poza tym mają odchodzące od dzioba ukośnie w dół pióra przypominające wąsy.

Dropie to ptaki otwartych przestrzeni – wielkich pól, które trudno ogarnąć wzrokiem. Właśnie tam czują się najlepiej. Wędrują sobie po takich polach w niewielkich stadkach. Oczywiście, jak przystało na ciężkie ptaki, wędrują na piechotę. Skubią sobie roślinki, czasami zjedzą jakąś myszkę albo jaszczurkę, no i oczywiście bacznie się rozglądają. Dropie jak wiele zwierząt żyjących na otwartych przestrzeniach są po prostu szalenie płochliwe. Wystarczy, że zobaczą człowieka z odległości kilkuset metrów, i już wzbijają się w powietrze.

Wiosną zaczynały się zaloty dropi, które były niezwykle efektowne. Samce opuszczały skrzydła, rozkładały białe pióra ogona i wyginały szyję tak, że niemal się w nich chowała. Tańczący samiec dropia zamieniał się po prostu w coś, co przypominało wielki biały kwiat. Wydawał przy tym dźwięk zupełnie niepasujący do tego spektaklu, bo taki, który przypomina głośne bąki. Wśród takich tańczących samców przechadzały się samice. To one po zalotach zakładały na ziemi gniazda. Zwykle składały do nich dwa-trzy jaja, z których po miesiącu wykluwały się młode. Opiekowały się nimi wyłącznie samice. Maluchy z początku były karmione przez mamę, ale tylko przez kilka dni. Potem zaczynały za nią chodzić, a po sześciu tygodniach potrafiły latać.

Chociaż dropia już nie ma, to mam nadzieję, że kiedyś do nas wróci. Czasami się zdarza, że przylatują do nas ptaki z Niemiec, Czech i ze Słowacji. Poza tym wielu naukowców wciąż myśli o powtórnym osiedleniu tych wielkich ptaków w Polsce.

DROP

WAGA
**samiec
od 6 do 17 kg,
samica 4-6 kg**

DŁUGOŚĆ CIAŁA
**samiec
do 100 cm,
samica do 85 cm**

ROZPIĘTOŚĆ
SKRZYDEŁ
do 218 cm

Sowa śnieżna

Nyctea scandiaca (ang. *Snowy Owl*)

SOWA ŚNIEŻNA

WAGA
samice do 2,9 kg, samce do 2,3 kg

ROZPIĘTOŚĆ SKRZYDEŁ
145 cm

Gdy zbliża się zima, warto się rozglądać po polach. Może zobaczycie na nich olbrzymią białą kulę pierza o żółtych oczach nakrapianą czarnymi cętkami. To będzie sowa śnieżna.

Oczywiście musicie mieć bardzo, bardzo dużo szczęścia, bo sowy śnieżne w Polsce nie mieszkają. Jak wiecie z różnych przyrodniczych filmów, to mieszkańcy Dalekiej Północy.

Najbliższe miejsce, w którym te ptaki zakładają gniazda, to północna Skandynawia. Tam w tundrze, czyli na takich terenach, gdzie drzewa, jeżeli są, to bardzo karłowate, gdzie dominują mchy, porosty i trawy, sowy śnieżne znoszą jaja i wychowują młode. Przesadą jest pisanie, że zakładają gniazda, bo gniazdo sowy śnieżnej to po prostu dołek lub zagłębienie właśnie w mchach. Co one tam jedzą na takiej zimnej pustyni? Otóż jedzą lemingi, czyli przypominające chomika północne gryzonie. Mogą także polować na zające bielaki lub na północne ptaki, ale główne ich pożywienie to gryzonie. Lemingi mają jednak to do siebie, że w niektórych latach jest ich bardzo dużo, a w niektórych bardzo mało. Od ich liczby zależy, jak będą się miały sowy śnieżne – gdy lemingów jest mało, ptaki te znoszą bardzo mało jaj albo nie robią tego w ogóle, a gdy lemingów jest dużo, sowa może znieść nawet do 11 jaj.

To, że sowy żyją tak daleko, wcale nie oznacza, że nie pojawiają się u nas. Co rok lub dwa ornitologom udaje się zaobserwować sowę śnieżną u nas. Głównie na polach, bo to ptak uwielbiający otwarte przestrzenie. Ja sam od jakiegoś czasu staram się zobaczyć pewną sowę śnieżną, która regularnie pojawia się na wielkich polach i łąkach pod miastem Hajnówka w pobliżu Puszczy Białowieskiej. Moi koledzy widują ją dość często, ale mnie na razie się to nie udaje. Co pędzi te wielkie ptaki tak daleko na południe od ich miejsc lęgowych? Naukowcy mają bardzo różne teorie. Może brak pokarmu, może srogie zimy na północy? Tak czy inaczej, w Polsce obserwowano sowy śnieżne nawet całkiem daleko na południu. W XIX w. widywano je nawet na Śląsku. Co więcej, zdarzało się, że przylatywały całe stada liczące po kilkadziesiąt sztuk. Wy także macie szansę na zobaczenie czegoś, po co normalnie trzeba by się wybrać przynajmniej do Szwecji.

Warto wiedzieć

Samca sowy śnieżnej dość łatwo odróżnić od samicy, gdyż ma on bardzo mało czarnych cętek, samice i ptaki młode są nimi upstrzone. Sowa śnieżna jest drugą co do wielkości, po puchaczu, sową europejską.

Orłosęp

Gypaetus barbatus (ang. *bearded vulture*)

Chyba nie ma dziwniejszego ptaka drapieżnego niż orłosęp. Przynajmniej nie na naszym kontynencie. Dziwny jest jego wygląd i zwyczaje.

Zwierzaki, które można spotkać w innych europejskich krajach, są równie ciekawe jak zwierzaki egzotyczne, mieszkające w dżunglach Ameryki Południowej lub na sawannach Afryki. Na przykład taki orłosęp. Jak sama nazwa wskazuje, ten drapieżny ptak to coś w rodzaju skrzyżowania orła z sępem. Dobrze jego wygląd oddaje angielska nazwa – „brodaty sęp". Bo ptaki te mają coś w rodzaju czarnej bródki. Rzuca się też w oczy ciemna, niemal czarna przepaska na oczach – same oczy mają czerwoną obwódkę, czarny grzbiet i skrzydła, które kontrastują z bardzo jasną, kremową głową i piersią oraz podbrzuszem. Ale tu pierwsza ciekawostka. W większości wypadków pierś, podbrzusze i szyja wcale nie są kremowo-białe, ale rudordzawe. Skąd ten kolor? Otóż orłosępy się malują. Czasami po prostu robią sobie kąpiele w glebie o dużej zawartości tlenków żelaza – stąd właśnie rudawa barwa.

Orłosępy są mieszkańcami wysokich gór południowej Europy. Można je spotkać w Grecji i Turcji, hiszpańskich i francuskich Pirenejach. Od niedawna na powrót też są w Alpach. Dlaczego napisałem „na powrót"? Jest to ściśle związane ze sposobem odżywiania się tych ptaków. Orłosępy zajadają się padliną, a kiedyś podejrzewano, że aby tę padlinę uzyskać, strącają różne zwierzęta, np. owce, w górskie przepaści. Tępiono je więc bezlitośnie, strzelano do nich i wykładano zatrutą padlinę, aż wyginęły w Alpach zupełnie. No i teraz człowiek stara się je przywrócić tym pięknym górom. Orłosęp zresztą nie jest zwykłym padlinożercą. Potrafi się pożywić również kośćmi. Oczywiście połknąć kość kozicy może nie być wcale łatwo. Co robią więc orłosępy? Otóż chwytają gnaty w szpony, unoszą się w powietrze i z wysokości kilkudziesięciu metrów zrzucają je na twarde skały. Robią tak kilka razy, aż kość popęka na kawałki, które będą w stanie połknąć. Nie muszą być to zresztą tylko kości. W niektórych krajach tak samo robią z żółwiami, do których chcą się dobrać.

Ptaki te składają dwa jaja w gnieździe położonym na skalnej półce, ale zwykle wychowują tylko jedno młode. Wszystko przez to, że bardzo trudno jest dziś w Europie znaleźć padlinę. Podobno jedna para tych ptaków, aby wyszukać odpowiedni pokarm, musi skontrolować obszar kilkuset kilometrów kwadratowych. Młode orłosępy łatwo odróżnić od dorosłych. Mają czarną głowę i ciemne brunatnoczarne upierzenie piersi i brzucha. Samica jest nieco większa od samca.

ORŁOSĘP

WAGA
od 5 do 7 kg

ROZPIĘTOŚĆ
SKRZYDEŁ
do 280 cm

Rosomak

Gulo gulo (ang. *wolverine*)

O agresywności, krwiożerczości i nieposkromionym apetycie tego
zwierzęcia krążą różne opowieści. Na szczęście są to tylko legendy.
A rosomak to szalenie interesujące zwierzę.

Nigdy nie widziałem go na wolności. Za to kiedy byłem w Finlandii, odwiedziłem park dzikich zwierząt, w którym mieszkały rosomaki.
Nigdy czegoś takiego nie widziałem. Ni to mały niedźwiedź, ni to pies
o krępej budowie ciała, bardzo długich włosach i potężnych łapach.
Dziwny zwierz, ale widać, że piękny i strasznie silny, choć niezbyt duży.
Tak naprawdę rosomaki nie są spokrewnione ani z psami, ani z niedź-
wiedziami. To zwierzaki łasicowate, czyli ich najbliższymi kuzynami
są borsuki, kuny, łasice
i wydry. Ze względu
na wygląd ludzie
kiedyś zalicza-
li je właśnie
do psów lub
niedźwiedzi.

ROSOMAK

WAGA
od 10 do 25 kg

DŁUGOŚĆ CIAŁA
do 95 cm

DŁUGOŚĆ OGONA
20 cm

Ale to niejedyna pomyłka dotycząca rosomaka. Otóż miał on i ma nadal opinię niezwykle krwiożerczego zwierzęcia, którego agresywność nie ma równych w świecie zwierząt. Gdy spytałem pewnego norweskiego znajomego, czy widział rosomaka, ten odpowiedział pytaniem: „A widzisz jakieś blizny na moim ciele?". U nas też można spotkać niepochlebne opinie o rosomakach, które podobno najadały się, a potem naciskały sobie na brzuch, żeby zwymiotować, i znów jadły. O ludziach, którzy jedli zbyt dużo i zachłannie, mówiło się: „Je jak rosomak".

A jaka jest prawda? Otóż rosomaki nie jedzą ani mniej, ani więcej, niż potrzebują. A ponieważ żyją w rejonach zimnych, takich jak północna część Kanady, Alaska, Norwegia, Szwecja, Finlandia czy północna Rosja, muszą jeść sporo. Żywią się głównie padliną. Potrafią pokawałkować znalezione zwłoki jelenia, renifera lub łosia. Nie jest to dla nich wielki kłopot, gdyż mają bardzo mocne szczęki. Kawałki ukrywają w różnych, czasami bardzo oddalonych od siebie miejscach. Chowają je tak, że żadne inne zwierzę nie jest w stanie się do nich dobrać. Poza tym pamiętają te miejsca i potrafią do nich wrócić nawet po kilku miesiącach. Być może właśnie stąd wzięła się historia o ich żarłoczności. Tylko że one nie jedzą, ale magazynują. Ponieważ na coś takiego jak padły renifer na północy jest wielu amatorów, nic dziwnego, że rosomaki są czasami agresywne i od swej zdobyczy potrafią odpędzić niedźwiedzie, wilki czy lisy. Rosomaki również polują. W lecie zjadają ptaki i gryzonie, zimą mogą zabić renifera, ale tylko osłabionego. Opowieści o tym, że zagryzają olbrzymie łosie, należy raczej włożyć między bajki. Z dogonieniem renifera nie mają kłopotów, szczególnie w głębokim śniegu, w którym ren się zapada, a rosomak może po nim biec dzięki wielkim niczym rakiety śnieżne łapom, a dzięki pazurom potrafi się całkiem nieźle wspinać. Pomimo że bardzo chciałbym zobaczyć rosomaki na wolności, szansa na to jest niewielka. Nie dlatego, żebym się ich bał. Te tajemnicze zwierzęta mają olbrzymie terytoria, po których się ciągle przemieszczają. Terytorium samicy może mieć do kilkuset kilometrów kwadratowych, a samca – nawet do 1500 km kw.

Samice rodzą wiosną dwa lub trzy młode, które pozostają z matką przez rok.

Ścierwnik

Neophron percnopterus (ang. *Egyptian vulture*)

Może nazwa tego ptaka jest niezbyt zachęcająca, ale za to jest to jedyny znany mi europejski ptaszek, który używa narzędzi.

Widziałem je w Hiszpanii. Siedziały sobie na suchym drzewie razem z sępami kasztanowatymi i gapiły się na resztki zdechłych krów. Od razu je poznałem, bo ścierwniki to najmniejsze z sępów. Na dodatek ich ubarwienie zupełnie nie przypomina sępa. Otóż sępy są na ogół ciemno ubarwione, a ścierwniki są całe białe. Czarne mają tylko lotki, czyli pióra skrzydeł. Sępia jest jedynie naga, żółta głowa. Poza tym dość łatwo poznać je po nastroszonych piórach na karku przypominających coś w rodzaju czuprynki. Młode ścierwniki wyglądają zupełnie tak samo jak dorosłe, tylko są ciemne, wręcz szaroczarne.

Jak sama nazwa wskazuje, te ptaki żywią się ścierwem, czyli padliną. Podobnie jak sępy ścierwniki patrolują okolicę, szybując bardzo wysoko. Co ciekawe, gdy dostrzegą w miarę świeżo padłe zwierzę, nie rzucają się na nie od razu, ale czekają na sępy płowe i kasztanowate. O co chodzi? Ścierwniki mają dość słabe i cienkie dzioby i nie są w stanie rozerwać nim skóry np. jelenia. Sępy płowe mają za to dzioby niezwykle mocne. Ścierwniki więc albo czekają, albo szukają miejsc, gdzie sępy już są. Ponieważ znajdowanie takiej padliny wcale nie jest łatwe, zjadają też inny pokarm, którym zwykłe sępy raczej gardzą. Do ich diety należą odchody, śmieci, małe zwierzęta, takie jak płazy czy gady, oraz czasami owoce. Ale to nie wszystko – przepadają za jajami. Małe jajo łatwo rozbić, po prostu podnosząc je i uderzając o coś twardego, np. kamień. Ale jak rozbić jajo strusie? Co prawda w Europie nie ma strusi, ale europejskie ścierwniki latają na zimowiska na południe od Sahary, a tam już strusie są. Ścierwniki nie są w stanie, jak się domyślacie, unieść takiego wielgachnego jaja. Co więc robią? Znajdują sobie odpowiedni kamyczek, biorą go w dziób i walą nim niczym młotem w skorupę jaja, dopóki nie pęknie. Co ciekawe, wiedzą, jak to się robi, nawet te, które na oczy strusich jaj nie widziały. Kiedyś oglądałem w telewizji, jak grupa hiszpańskich naukowców pokazała młodym ścierwnikom, które wędrówkę do Afryki miały dopiero przed sobą, wykonane z gipsu sztuczne strusie jaja. Młode od razu znalazły odpowiednie kamienie i zaczęły nimi rozbijać te jaja.

Ścierwniki można zobaczyć w krajach Morza Śródziemnego, takich jak Hiszpania, południowe Włochy, Grecja, Bułgaria i południe Francji. Do życia potrzebują skalnych urwisk, gdzie mogłyby założyć gniazda, w których składają dwa jaja. Ponieważ o pokarm jest im dość trudno, zwykle wychowuje się tylko jedno młode. Podobnie jak inne sępy ścierwniki są w Europie, gdzie o padlinę jest dość trudno, szalenie rzadkie.

ŚCIERWNIK

WAGA
od 2 do 2,4 kg

ROZPIĘTOŚĆ
SKRZYDEŁ
1,5 m

Renifer

Rangifer tarandus (ang. *reindeer*)

RENIFER

WAGA
od 40 do 150 kg

DŁUGOŚĆ CIAŁA
do 2 m

WYSOKOŚĆ W KŁĘBIE
do 120 cm

W grudniu święta i wszystkich odwiedzi św. Mikołaj, który – jak wiadomo – jeździ saniami zaprzężonymi w renifery. Warto więc nieco o nich napisać.

Te przemiłe zwierzęta można spotkać już na północy Szwecji, Norwegii i Finlandii, przy czym nie trzeba jeździć aż za koło polarne. Wystarczy się do niego nieco zbliżyć. Pierwszy raz renifery widziałem właśnie w Szwecji, i to z okien samochodu. Małe stadko w najlepsze pasło się przy drodze, nie przejmując się ani samochodami, ani turystami, którzy zatrzymywali się, by je obejrzeć. Muszę wam powiedzieć, że byłem zaskoczony, bo okazało się, że wcale nie są wielkie. Na dodatek renifery nie były jak na obrazkach, tylko jakieś takie szarobrązowe. Bieli w tym wszystkim widziało się niewiele. Oczywiście takie ubarwienie renifery mają tylko latem, bo na zimę bieleją i stają się szarobiałe. Byłem zawiedziony, ale wkrótce okazało się, że renifer to zwierzę wyjątkowe. Otóż w przeciwieństwie do wszystkich znanych mi jeleniowatych, takich jak łosie, jelenie czy sarny, u reniferów panuje równouprawnienie i zarówno samce, jak i samice mają poroża, i to bardzo rozłożyste. Nie wiem, do czego im one potrzebne, być może za ich pomocą coś sobie wygrzebują spod śniegu. Problem w tym, że samce tracą swe ozdoby i zrzucają poroże już w grudniu czy styczniu, czyli wtedy, gdy zima szaleje w najlepsze.

Wspomniałem już, że renifery bieleją zimą, ale nie jest to ich jedyne przystosowanie do życia w skrajnie ciężkich warunkach. Otóż mają bardzo szerokie kopyta, dzięki którym nie grzęzną w śniegu, a latem – w bagnach tundry. Poza tym ich nozdrza są niezwykle obrośnięte włosami, co powoduje, że do płuc nie dostaje się lodowate powietrze.

Renifery trzymają się na ogół w stadach. Latem są one mniejsze i składają się głównie z samic i młodych, które pilnują się matek nawet do dwóch lat. Maluchy, które chodzą już dwie godziny po urodzeniu, rosną bardzo szybko. Mleko reniferów jest pożywne – zawiera aż 20 proc. tłuszczu i około 10 białek. Zimą formują olbrzymie stada i razem ruszają na poszukiwanie pokarmu. Najczęściej wędrują na południe, czyli z tundry, terenów otwartych, do lasów, czyli tajgi. Takie wędrówki mogą trwać całymi tygodniami, podczas których przemierzają setki kilometrów. Żywią się wszystkim, nawet mchami i porostami znalezionymi na skałach. To nie wszystkie ciekawostki. Renifery są jedynymi udomowionymi jeleniowatymi. Bez ich mleka, skór i mięsa ludy Północy, takie jak Lapończycy, nie przetrwałyby w tych arcyciężkich warunkach. Większość reniferów w Europie jest udomowiona i stanowi własność Lapończyków.

Warto wiedzieć

Poroże może mieć nawet 130 cm wysokości. Samce są większe od samic. W czasie wędrówek mogą przemierzać nawet 150 km dziennie. Młode, które rodzą się po trwającej około 230 dni ciąży, ważą od 4 do 8 kg. Jedna samica ma zwykle jedno młode.

Flaming (czerwonak)

Phoenicopterus ruber (ang. *flamingo*)

Jak za oknem robi się zimno, deszczowo i niesympatycznie, to myślę o ciepłych krajach i o zwierzakach, które tam widziałem. A takim symbolem ciepłych krajów jest na pewno flaming zwany inaczej czerwonakiem.

Czerwonaki widziałem na południu Hiszpanii. Chodziły całym stadkiem z godnością po małym jeziorku, a kiedy zbliżyłem się do nich, poderwały się do lotu. Z długimi szyjami i jeszcze dłuższymi nogami – i jedno, i drugie w czasie lotu flamingi mają rozprostowane, co wygląda niesamowicie, bo ich skrzydła są dużo krótsze. Oczywiście poza superdługimi nogami i szyją w oczy rzuca się ich barwa. Może być bladoróżowa – niektórzy twierdzą nawet, że jest to barwa biała z różowym nalotem, ale może też być niemal czerwona. Flamingi mają wszystkie odcienie różu, aż po czerwień. Nie oznacza to, że koniecznie muszą być to różne gatunki. W Europie występuje akurat tylko jeden. Wszystko związane jest ściśle z pokarmem, jaki te ptaki jedzą. Czarne u flamingów są tylko końcówki skrzydeł i dziobów, a przez kontrast z tą czernią wydają się jeszcze bardziej różowe.

Flamingi żywią się planktonem, który za pomocą zakrzywionych dziobów odcedzają z wody. Mają bardzo podobną technikę do tej, którą stosuje wiele kaczek, ale ponieważ dzioby mają zakrzywione, to gdy pochylą swą długą szyję, odcedzają wodę w kierunku do siebie, a nie tak jak kaczki – przed sobą. Jak się domyślacie, również długie nogi, dzięki którym flamingi sprawiają wrażenie ptaków niezwykle zgrabnych, służą im do brodzenia w wodzie właśnie w poszukiwaniu planktonu. Co ciekawe, jak tłumaczyli mi kiedyś hiszpańscy naukowcy, im bardziej słona woda, tym więcej plankton ma w sobie karotenu, czyli czerwonego barwnika. Od niego właśnie czerwienieją pióra flamingów. Jeżeli więc flaming odcedza sobie jedzenie w słonych zbiornikach, to jest bardziej czerwony od tego, który to robi w wodzie niezbyt zasolonej. A to czerwienienie jest zapewne jednym z powodów, dla których nazywamy je czerwonakami.

Flamingi jadają zresztą nie tylko w słonych jeziorkach i lagunach. W miejscach, gdzie zatrzymuje się morska woda, budują również gniazda. To bardzo specyficzne środowisko, nie ma tam zbyt wielu roślin. Co robią więc flamingi? Budują gniazdo przypominające kopczyk z zagłębieniem z błotka. Taki kopczyk albo – jak kto woli – wysepka zabezpiecza jaja przed zalaniem. Ale najdziwniejsze jest to, że w kolonii flamingów może być takich kopczyków setki, a nawet tysiące, a rodzice i tak trafiają bezbłędnie do swoich dzieci. Jak to robią? Otóż malucha rozpoznają po głosie.

W Europie czerwonaki możecie spotkać na południu Francji i Hiszpanii. Samica jest nieco mniejsza od samca.

FLAMING

DŁUGOŚĆ CIAŁA
około 120 cm

ROZPIĘTOŚĆ
SKRZYDEŁ
150 cm

Leming właściwy i leming leśny

Lemmus lemmus (ang. *Norway lemming*)
i Myopus schisticolor (ang. *wood lemming*)

LEMING WŁAŚCIWY

WAGA
około 130 g

DŁUGOŚĆ CIAŁA
do 15 cm

DŁUGOŚĆ OGONA
do 2 cm

Te zwierzaki są znane z tego, że pojawiają się co jakiś czas w olbrzymich liczbach. Kiedyś twierdzono nawet, że jeśli robi im się tłoczno, niektóre skaczą ze skał do morza.

Chyba każdy słyszał o lemingach, ale nie wszyscy wiedzą, że w Europie mamy aż dwa gatunki: leminga właściwego oraz leśnego. Obydwa o krępej budowie ciała, dużych głowach i bardzo krótkich ogonkach, przypominają nieco chomika, choć nie są z nim spokrewnione. Pierwszy – większy – żyje w tundrze, czyli otwartych terenach Dalekiej Północy. Drugi jest mniejszy i zamieszkuje lasy świerkowe Półwy-

spu Skandynawskiego oraz północnej części Rosji. Leming właściwy ma szarobure futerko z lekkim rudawym nalotem, leśny jest rudawy, ma czarny grzbiet i czarną maskę. Przez grzbiet i po bokach tułowia idzie czarna pręga. Zwierzaki te znakomicie przystosowane są do życia w zimnym klimacie, ponieważ mają gęste futerko. Podobnie jak wszystkie nornikowate lemingi są roślinożercami. Przy czym ten z lasu zajada się głównie mchami, a ten z otwartych przestrzeni – trawami. Obydwa gatunki kopią też podobne norki. To właśnie na lemingach oparte jest funkcjonowanie niemal całego zwierzęcego świata w tundrze. W czasie krótkiego polarnego lata samica może być nawet sześć razy w ciąży, a w każdym miocie może mieć nawet do 13 młodych (zwykle od pięciu do ośmiu). Samiczki są dojrzałe już po dwóch tygodniach, a samczyki po trzech. A skoro potrafią się tak szybko rozmnażać, może ich być bardzo dużo.

W tzw. dobrych latach lemingowych zagęszczenie lemingów wynosi nawet ponad 300 zwierzaków na hektar. Zdarza się to co cztery lata. A potem nagle zwierzątka znikają i ich liczebność nie przekracza od trzech do pięciu na hektar. Skąd takie różnice? Naukowcy sądzą, że może mieć na to wpływ ilość pokarmu albo stres (im więcej zwierząt, tym większy tłok, a tego nikt nie lubi). Teoria stresu mówi, że właśnie dlatego lemingi ruszają na wędrówkę. W czasie jej trwania przemierzają też skaliste zatoki. Kiedyś twierdzono, że lemingi popełniają wtedy samobójstwo, bo nie mogą wytrzymać takiego zagęszczenia. Ale to nieprawda. Po prostu część słabszych zwierzaków tonie. Lemingi to także pokarm lisów polarnych, sów oraz soboli. Gdy jest ich dużo, drapieżniki mają się wspaniale i również ich przybywa. Zresztą nie tylko drapieżników. Naukowcy odkryli, że w latach lemingowych, gdy wielkie polarne sowy śnieżne mają młode, lepiej jest również gęsiom. Dlaczego? Otóż gęsi zakładają gniazda w pobliżu gniazd sów. Broniące młodych sowy są niezwykle agresywne i potrafią zaatakować pazurami nawet lisa. Lisy nie zbliżają się do miejsc, gdzie sowy mają gniazda, dzięki czemu i gęsi mają więcej młodych. A jak lemingów nie ma, to sowy nawet nie zabierają się do składania jaj.

Lemingi, na które poluje wiele zwierząt, żyją bardzo krótko. Zwykle około dwóch lat.

LEMING LEŚNY

WAGA
do 45 g

DŁUGOŚĆ CIAŁA
do 11 cm

Wychuchol pirenejski
i wychuchol ukraiński

Galemys pyrenaicus (ang. *Pyreneau desman*)
i Desmana moschata (ang. *Russian desman*)

**WYCHUCHOL
UKRAIŃSKI**

WAGA
od 100 do 200 g

DŁUGOŚĆ CIAŁA
od 18 do 21 cm

DŁUGOŚĆ OGONA
do 20 cm

Koleżanki, i to dwie, nie dają mi spokoju. – Napisz o wychucholu – zawracają głowę. No to dobrze, napiszę, ale od razu o dwóch, bo tyle gatunków tego zwierza o dziwnej nazwie żyje w Europie.

Kiedy pierwszy raz usłyszałem nazwę „wychuchol", byłem przekonany, że koleżanki coś sobie wymyśliły i że takie zwierzaki żyją tylko w bajkach. Ale okazało się, że wcale tak nie jest. Zresztą nie tylko nazwa jest dziwaczna, bo zwierzaki te nazywano też chochołami. Czyli zupełnie tak samo jak snopki siana, które przypominają ludzkie syl-

wetki. Oczywiście obydwa gatunki wychucholi mają mało wspólnego z chochołami i są jak najbardziej realnymi zwierzakami, które rzeczywiście są bardzo dziwne.

Obydwa mają bardzo długie ruchliwe ryjki, maleńkie oczka i są zupełnie pozbawione małżowin usznych. Które ze znanych wam zwierząt przypominają najbardziej? Myślę, że bardzo jest do nich podobny kret lub ryjówka, właśnie z powodu długiego pyszczka. Zresztą wychuchole oraz krety i ryjówki zaliczamy do zwierząt owadożernych. A jeśli chodzi o tryb życia, to najbardziej wychuchol przypomina sporą ryjówkę – rzęsorka rzeczka. Podobnie jak rzęsorek obydwa gatunki wychucholi związane są ze środowiskiem wodnym. Świetnie pływają i nurkują. Umożliwia im to gęste futerko, które nie namaka, pokryty łuską spłaszczony ogon, który działa jak wiosło i ster, oraz niewielkie błony pławne łączące palce tylnych kończyn. Wychuchole żywią się głównie drobnymi zwierzętami, które znajdują w wodzie za pomocą trąbkowatego pyszczka. Na ich dietę składają się małe ryby, żaby, kijanki, owady i ich larwy oraz mięczaki. Obydwa gatunki kopią nad brzegami zbiorników wodnych nory. Każdy wychuchol może mieć ich nawet kilka, bo służą mu nie tylko do rozrodu, lecz także do odpoczynku. Mogą mieć młode dwa razy w roku, jest ich zwykle nie więcej niż cztery. Ciąża trwa około 40 dni. No i obydwa gatunki są już zwierzętami ginącymi. Wychuchola pirenejskiego nigdy nie było dużo. Natomiast ukraiński był łapany ze względu na piękne futro i piżmową wydzielinę z gruczołów podogonowych, z której robiono perfumy.

Zastanawiacie się pewnie, skąd tyle podobieństw między zwierzakami, które żyją na dwóch różnych krańcach Europy. Wychuchol ukraiński mieszka w Rosji i na Ukrainie, a pirenejski we Francji i Hiszpanii. Kiedyś przodkowie wychucholi żyli w całej Europie. Ich szczątki znaleziono nawet w Polsce. Jednak gdy tysiące lat temu na Europę nasunął się lodowiec, wychuchole zostały raz na zawsze rozdzielone. Zupełnie oddzielnie obydwa gatunki ewoluowały i dziś nikt nie ma kłopotów z ich odróżnieniem. Ten ukraiński zamieszkuje niziny i jest dwa-trzy razy większy od pirenejskiego, którego można spotkać wyłącznie nad strumieniami wysoko w górach.

WYCHUCHOL PIRENEJSKI

WAGA
od 50 do 80 g

DŁUGOŚĆ CIAŁA
od 11 do 15 cm

DŁUGOŚĆ OGONA
do 15 cm

Pustułeczka

Falco naumanni (ang. *lesser kestrel*)

Kiedyś w pięknym hiszpańskim mieście – Sewilli – podniosłem głowę i zobaczyłem całe stada małych sokołów uwijających się po niebie.

Bardzo mi przypominały ptaki, które znałem z Warszawy. „Chyba pustułki" – pomyślałem, ale po pierwsze, tych pustułek było strasznie dużo, a po drugie, były jakieś takie małe. Wtedy sobie przypomniałem, że w południowej Europie żyje pustułeczka, która jest czymś w rodzaju siostry bliźniaczki naszej powszechnie znanej pustułki. Jest ona jednak nieco mniejsza i smuklejsza.

Ale na pierwszy rzut oka wygląda niemal tak samo. No, może poza tym, że samiec ma grzbiet rdzawy, który nie jest, tak jak u samców pustułki, nakrapiany. Nakrapiana jest za to rudawa pierś. Głowa samca pustułeczki jest też o wiele bardziej popielata niż pustułki. Poza tym pazurki pustułeczki są jasne, a nie ciemne. Samica jest rdzawa, z ciemnymi cętkami, zupełnie jak samica pustułki. Ale pustułeczki są niemal dwa razy mniejsze niż ich kuzyni. Natomiast środowiska życia obu ptaków są bardzo podobne. Lubią otwarte tereny, gdzie łowią ofiary, a gniazda zakładają w podobnych miejscach, czyli w szczelinach i zakamarkach budynków, na półkach skalnych. Pustułeczka zamieszkuje też dziuple drzew, co naszym pustułkom się nie zdarza. Podobnie jak pustułka pustułeczka – samica jest nieco większa od samca – znosi najczęściej pięć jaj, które są wysiadywane około miesiąca. Zwykle jednak przeżywają tylko dwa pisklęta, które w gnieździe przebywają miesiąc. Napisałem, że pustułeczki polują na terenach otwartych. Ich ofiary, które przynoszą do gniazda, są nieco inne niż te, które łowią pustułki. Otóż pustułeczki rzadko polują na gryzonie, częściej na duże owady. To właśnie nimi karmione są młode. Techniki polowania są podobne jak u pustułki. Pustułeczka poluje, czatując na jakimś wysokim miejscu i rozglądając się po okolicy lub szybko machając skrzydłami i zwisając niczym helikopter nad otwartymi terenami. Znacznie częściej można zobaczyć jednak pustułeczki polujące w locie.

W Sewilli widziałem właśnie te małe sokoły uwijające się dziesiątkami przy oświetlonych wieżach kościelnych. Było to o tyle dziwne, że sokoły polują raczej w dzień. Ale reflektory przyciągały swoim światłem tysiące owadów. To, że pustułeczka jest sokołem głównie owadożernym, powoduje, że nawet z południa Europy udaje się na zimowiska na południe Afryki. Odlatuje we wrześniu, a wraca w marcu. Pustułeczki czasami pojawiają się również w Polsce. Niestety, w krajach takich jak Austria czy Węgry, gdzie jeszcze kilkanaście lat temu żyło całkiem sporo tych ptaszków, wymierają. Naukowcy sądzą, że to, że w rolnictwie używa się coraz więcej chemii, zmniejszyło liczbę owadów, które są przecież przysmakiem pustułeczki.

PUSTUŁECZKA

WAGA
do 150 g

DŁUGOŚĆ CIAŁA
około 30 cm

ROZPIĘTOŚĆ
SKRZYDEŁ
do 75 cm

Kameleon pospolity

Chamaeleo chamaeleon (ang. *Mediterranean chameleon*)

Są tu i tam – Mariano wskazywał mi palcem liście na drzewie. – Nie widzę! – mówiłem, bo przecież nie o liście chodziło.

W końcu Mariano zdenerwował się, chwycił za gałąź i podstawił mi ją pod nos. Wtedy wreszcie zobaczyłem, że Mariano – badacz kameleonów – ma co robić. Na gałęzi wśród liści siedział sobie wielki kameleon oraz dwa małe. Zastanawiacie się, gdzie to było? Może na Madagaskarze, wyspie kameleonów? O nie, to było w Hiszpanii, bo w Europie też mamy te ciekawe gady. Oczywiście cechą powszechnie znaną kameleona jest to, że potrafi zmieniać kolory. Może się zrobić rdzawy, brązowy, ciemnozielony, szarobłękitny albo żółtozielony. Co więcej, gdy zmienia się światło albo tło, kameleon potrafi bardzo szybko zmienić barwę. Po co kameleonowi takie przystosowanie? Z kilku powodów. Po pierwsze, taka szybka zmiana kolorów w zależności od otoczenia pozwala ukryć się przed okiem drapieżnika. Kameleony potrafią się szybko wspinać po drzewach i krzewach, ale tylko wtedy, gdy jest bardzo ciepło. Zdenerwowany samiec, robiąc się niebieskawy, odstrasza przeciwników. A co najważniejsze, dzięki świetnemu maskowaniu kameleon jest bardzo dobrym łowcą. Siedzi wśród liści, od których trudno go odróżnić nie tylko dlatego, że zmienia barwy, ale również dlatego, że jego spłaszczone bocznie ciało bardzo przypomina duży liść. Siedzi i czeka. Ruszają się tylko oczy umieszczone po obu stronach głowy. Każde z nich porusza się zupełnie niezależnie i niezależnie wypatrują ofiary. No i wreszcie, gdy jakiś owad niechcący zbliży się do kameleona na odległość kilkunastu centymetrów, ten go wcale nie goni, ale z niezwykłą prędkością wyrzuca w jego stronę język, cienki i długi, zakończony lepką bulwą.

Ale te ciekawe gady nie siedzą na drzewach przez całe życie, choć ich dłonie i stopy wskazują na to, że do niczego innego poza chwytaniem gałązek nie są przystosowane. Palce są zrośnięte, tak że tworzą jakby szczypce. Również długi ogon jest chwytny. Samice raz do roku schodzą z drzew i przednimi łapkami wykopują norkę. Składają do niej zwykle około 30 jaj. Potem starannie ją zasypują i zamaskowują suchymi liśćmi. Na takie gniazda wybierają miejsca bardzo ciepłe, bo od temperatury zależy, jak szybko wykluą się młode. Zwykle trwa to od pięciu do dziewięciu miesięcy. Maluchy są jasnozielone i bardzo małe – mają zaledwie 5 cm. Oczywiście, jak przystało na kameleony, od razu znakomicie się wspinają.

Na głowie kameleony mają kostny, sterczący w tyle wyrostek. Ten, jak to mówią naukowcy, hełm jest większy u samców.

Warto wiedzieć

Naukowcy sądzą, że do Europy kameleony przywieźli z Afryki Rzymianie. Chcieli mieć coś, co będzie skutecznie tępiło owady w ich ogrodach. Dziś kameleony żyją w południowej Hiszpanii i Portugalii oraz na Krecie. Nie należy ich trzymać w niewoli. Są niezwykle wymagające i delikatne i bardzo dużo ich ginie, gdy trafią w ręce człowieka.

Orka

Orcinus orca (ang. *orca lub killer whale*)

Przez lata ludzie niezbyt przepadali za orkami. Uważano je za krwiożercze i niebezpieczne zwierzęta. Na szczęście to się zmieniło, zapewne dzięki filmowi „Uwolnić orkę".

Nie będę wam za dużo tłumaczył, jak wygląda orka, bo przecież dobrze to wiecie właśnie z filmów. Ten czarno-biały waleń (walenie to wszystkie wieloryby i delfiny razem wzięte) ma bardzo charakterystyczną ostrą płetwę grzbietową, która wystaje nad wodę, gdy płynie tuż pod powierzchnią. Nie pomyli się ona nikomu ze znanymi wszystkim również z telewizji płetwami rekinów, bo jest bardzo długa i nie tak bardzo zakrzywiona. Poza tym płetwa grzbietowa każdego rekina to maleństwo w porównaniu z płetwą orki.

Ale wróćmy do głównego problemu, czyli dlaczego ludzie bali się orek, choć ten wielki ssak morski prawdopodobnie nigdy nie zaatakował człowieka. Otóż dlatego, że jest on czymś w rodzaju morskiego wilka – jest drapieżnikiem. W paszczy orki może być od 20 do 28 bardzo ostrych stożkowatych zębów, których długość może dochodzić nawet do 14 cm. Orki potrafią upolować uchatkę, fokę, delfina, morświna i różnego rodzaju ptaki i ryby. Co więcej, te żyjące w stadach liczących zwykle od kilku do kilkunastu osobników zwierzęta stosują wilczą strategię. Potrafią nawzajem naganiać sobie ofiary prosto do olbrzymiej paszczy. A niektóre za ofiarami potrafią zapędzić się niemal na brzeg. Robią to tak, że rozpędzają się w wodzie i wyjeżdżają na piasek, gdzie akurat wygrzewa się foka lub uchatka. A gnać potrafią nawet z szybkością 60 km na godzinę. Potem cofają się, gibiąc niezgrabnie i wykorzystując powracającą falę. Orki to naprawdę świetnie przystosowany i inteligentny myśliwy. Dlatego zapewne pierwsi żeglarze, gdy widzieli ich popisy, myśleli, że gdyby obok nich w wodzie znalazł się człowiek, na pewno podzieliłby los ryby lub morświna, i stąd do orek przylgnęła nazwa – „wieloryby mordercy". Ale okazało się, że te wielkie ssaki wcale nie dybią na nasze życie. Ataki na człowieka zdarzały się bardzo rzadko i wynikały z tego, że orka myliła nurka z foką. Na ogół ludzie mogą przebywać w pobliżu orek na małej łódce lub nurkować zupełnie bezpiecznie. Co więcej, okazało się, że orki trzymane w niewoli bardzo łatwo się oswajają i dziś można je zobaczyć w wielu delfinariach na świecie. Ale prawdziwe przeżycie to zobaczenie orek na wolności. Jest to niesamowity widok, tym bardziej że co jakiś czas te giganty wyskakują nad wodę na wysokość nawet 2 m! Można je zobaczyć właściwie w każdym oceanie. Najbliżej nas pojawiają się u wybrzeży Norwegii, gdzie polują na dorsze i śledzie. Bardzo rzadko zdarza im się zawitać do Bałtyku.

Płetwa grzbietowa ma od 60 do 180 cm, u samic jest mniejsza i lekko zakrzywiona. Płetwa ogonowa może mieć nawet 2,5 m rozpiętości. Samice stają się dorosłe między 8. a 10. rokiem życia, samce w wieku 15-16 lat. Orki mogą żyć od 50 do 80 lat. Ciąża trwa rok, a mierzące 2 m maleństwo przychodzi na świat zimą. Ssie mleko matki przez kolejny rok.

ORKA

WAGA
około 6 t

DŁUGOŚĆ CIAŁA
samice do 6,5 m
samce do 9,5 m

DŁUGOŚĆ PŁETWY
GRZBIETOWEJ
od 60 do 180 cm

Makak magot

Macaca sylvanus (ang. *Barbary ape*)

Oczywiście jesteście przekonani, że w Europie można zobaczyć małpy tylko w ogrodzie zoologicznym. Ja też tak myślałem przez jakiś czas, a potem z zaskoczeniem odkryłem, że mamy nasze własne europejskie małpy.

Naturalnie nasze europejskie małpy, czyli makaki magoty, nie występują tylko w Europie. Można je również spotkać w Maroku i w Algierii, gdzie zamieszkują góry Atlas. Co ciekawe, makaki żyjące w Afryce są od siebie odizolowane i nie mają kontaktu ze sobą. Oczywiście nasze europejskie makaki mieszkające na skałach Gibraltaru są od swych afrykańskich kuzynów odizolowane na dobre. Jedna z teorii o pochodzeniu makaków na południu Europy mówi, że kiedyś było ich więcej i tu, i w Afryce, a te porozdzielane grupki to tylko resztki dawnej wielkiej populacji. Jednak niektórzy naukowcy przypuszczają, że makaki nie mieszkały na tym najbardziej wysuniętym na południe skrawku Europy od zawsze.

MAKAK MAGOT

WAGA
od 10 do 15 kg

DŁUGOŚĆ CIAŁA
60-70 cm

Podejrzewa się, że ktoś je tam przywiózł w starożytności i osiedlił. Kto to był i kiedy się to dokładnie zdarzyło, nie wiadomo, ale makakom spodobało się na Gibraltarze. Dlaczego? Bo ten skrawek Europy bardzo im przypomina ich afrykańskie środowisko. Makaki magoty to nie są małpy szczególnie lubiące drzewa. Znacznie bardziej od nich wolą skały i góry. W nocy kryją się w jaskiniach i skalnych szczelinach, a za dnia wygrzewają się na kamieniach. Jak wszystkie małpy żywią się owocami i nasionami, które odnajdują w krzaczastych zaroślach. Czasami zjadają drobne zwierzęta i jaja ptaków. Tego akurat na skałach Gibraltaru nie brakuje. Makaki zapewne szczególnie zadowolone są z życia na Gibraltarze, od kiedy na początku XVIII wieku ten skalny cypel odebrali Hiszpanom Brytyjczycy. Otóż Brytyjczycy – jak przystało na naród lubiący wszelkie legendy – wymyślili sobie, że ten strategiczny skrawek Półwyspu Iberyjskiego tak długo będzie ich, jak długo skakać po nim będą makaki. Wzięli je więc pod specjalną opiekę i do dziś zajmuje się nimi brytyjska armia. Małpy są strzeżone jak oko w głowie, no i oczywiście dokarmiane. Dzięki temu makaki mają się świetnie, a poza tym zupełnie przestały bać się człowieka, grzebią w śmieciach i czasami napastują turystów. Nie jest to zbyt przyjemne, bo te małpy są bardzo towarzyskie i żyją w grupach, które liczą od kilku do kilkunastu osobników. To, co nie jest przyjemne dla ludzi, pozwala przetrwać małpom. Otóż w ich stadzie najważniejsze są dzieci. Młodymi zajmuje się każdy, i to niezależne od płci i wieku. Nawet samce są niezwykle troskliwe wobec maluchów, co jest bardzo rzadkie u małp.

W ostatnich czasach makaki zaczęły się też pojawiać w różnych miejscach na południu Hiszpanii. Wcześniej część z nich przesiedlono również do specjalnego rezerwatu we Francji.

Samica po trwającej pół roku ciąży rodzi zwykle jedno młode, które staje się samodzielne po roku. Makaki żyją do 25 lat.

Szakal złocisty

Canis aureus (ang. *golden jackal*)

**SZAKAL
ZŁOCISTY**

WAGA
od 7 do 15 kg

DŁUGOŚĆ CIAŁA
do 1 m

DŁUGOŚĆ OGONA
około 20 cm

WYSOKOŚĆ W KŁĘBIE
0,5 m

W Europie mamy aż kilka gatunków zwierząt blisko spokrewnionych z naszymi psami. To oczywiście wilk, przodek naszych psiaków, lis oraz na południu kontynentu szakal złocisty.

Ta jakby miniaturka wilka nie zamieszkuje tylko Azji i Afryki. Można ją spotkać również w północnych Włoszech, na Bałkanach i w Grecji. Czym różni się od naszego wilka? Otóż jest mniejszy, znacznie szczuplejszy. Poznać go można po spiczastym pysku i dość dużych uszach. Właśnie wielkość uszu w stosunku do reszty głowy rzuca się w oczy, gdy patrzymy na szakala i porównujemy go z wilkiem. Poza tym szakal nie jest szarobury jak wilk, ubarwienie jego sierści jest żółtawe i stąd nazwa „złocisty". Również środowisko różni się od wilczego. Szakale wcale nie potrzebują do życia gęstych lasów i zamieszkują tereny otwarte przypominające stepy. Mogą to być nawet pola albo łąki z niewielkimi zakrzaczeniami. W przeciwieństwie do wilków szakale bardzo rzadko zabijają duże ofiary. Ich dieta przypomina raczej dietę lisa. Często polują na gryzonie, młode jelenie lub sarny czy ptaki. Ale nie gardzą też padliną i tym, czego w naszym świecie nie brakuje, czyli śmieciami. Znajomi z Grecji opowiadali mi, że aby zobaczyć szakala, najlepiej wybrać się na wysypisko śmieci. Poza tym zwierzęta te dość często zajadają się owocami. Zdarza się, że zakradają się do winnic, gdzie podjadają winogrona. Dieta świadczy o tym, że szakal raczej nie jest łowcą, tylko zbieraczem. Taki tryb życia powoduje, że nie musi tworzyć wielkich grup (czyli watah) tak jak wilki, które aby zabić duże zwierzę, jak łoś albo jeleń, muszą ze sobą współpracować. Czasami zdarzają się grupy szakali liczące pięć osobników, a do rzadkości należą liczące kilkanaście. Częściej jednak grupa to po prostu samiec i samica wychowujący młode. Te przychodzą na świat w lecie po trwającej dwa miesiące ciąży w głębokiej i dobrze ukrytej norze. Zwykle są to dwa do czterech szczeniaków. Przez trzy tygodnie zostają w norze pod troskliwą opieką samicy. Rosną bardzo szybko – już gdy mają niecały rok, są w stanie założyć własną rodzinę.

Szakale są zwierzętami nocnymi i dość skrytymi, więc zobaczyć je trudno. Na szczęście uwielbiają dawać o zmierzchu i w nocy prawdziwe koncerty szaleńczego wycia. W ten sposób dają znać innym szakalom, że to terytorium jest już zajęte, albo nawołują się między sobą w okresie godowym, który zwykle zaczyna się wczesną wiosną.

Szakale dożywają w niewoli wieku 16 lat.

Norka europejska

Mustela lutreola (ang. *European mink*)

To chyba najbardziej zagrożony wyginięciem ssak na naszym kontynencie. Być może przyszłe pokolenia już nie będą mogły oglądać tego gatunku, bo wymiera w zastraszającym tempie.

Pamiętacie, pisałem wam kiedyś o norce amerykańskiej. Tego łasicowatego ssaka, sprowadzonego z Ameryki w latach 30. ubiegłego wieku, dziś można spotkać właściwie w całej Europie. Ale jeszcze w XIX w. norek amerykańskich u nas nie było, a zamiast nich żyły tu norki europejskie. Teoretycznie obydwa gatunki są bardzo podobne. Ich życie związane jest z wodą – świetnie pływają i nurkują. A czym się różnią? Otóż norka europejska jest mniejsza od amerykańskiej kuzynki. Inaczej też jest ubarwiona i wokół czubka pyszczka, tuż przy nosie, ma białą plamkę. Plamka u norki europejskiej obejmuje górną i dolną wargę i tym właśnie to zwierzątko różni się od norki amerykańskiej, która ma plamkę tylko przy dolnej wardze. Przez lata polowano na norki europejskie, tak że już w połowie XIX w. było ich bardzo mało. Na dodatek zabijano też bobry, z którymi ten ssak był bardzo związany. Norki dość często używały bobrowych żeremi jako zimowych mieszkań. W rezultacie już w latach 30. ubiegłego wieku norki europejskiej prawdopodobnie nie było w Polsce. Ale prawdziwa tragedia przyszła, gdy przez Europę swój marsz zaczęła sprowadzona do hodowli dla futer norka amerykańska. Obydwa gatunki mają bardzo podobną dietę. Żywią się tym, co złapią nad małymi rzeczkami i strumieniami. Jedzą ryby, płazy, owady, jaja ptaków oraz wodne gryzonie, takie jak karczowniki czy piżmaki. Problem w tym, że znacznie większa i bardziej agresywna norka amerykańska po prostu wygania z łowisk europejską. Na dodatek amerykańska może mieć znacznie więcej młodych. U europejskiej rodzi się od czterech do pięciu młodych, podczas gdy amerykańska może mieć dwa, trzy więcej. Jakby tego było mało, norka europejska bardzo źle znosi towarzystwo innych norek, natomiast norka amerykańska może żyć nawet w całkiem dużych zagęszczeniach.

Norka europejska przetrwała tylko w kilku miejscach: na północnym zachodzie Francji, północnym wschodzie Hiszpanii i północnym wschodzie Białorusi. Ale tam też pojawia się norka amerykańska, więc liczba norek europejskich stale spada. Czy jest dla nich jakaś nadzieja? Naukowcy sądzą, że tak, ale bardzo niewielka. Na Bałtyku wybrano pewną estońską wyspę na coś w rodzaju arki, która ma uratować europejski gatunek przed amerykańskim. Wyspa ta jest wolna od norek amerykańskich i osiedlane są na niej norki europejskie z hodowli w ogrodach zoologicznych oraz z Białorusi. Nie wiadomo jednak, czy taki projekt się powiedzie, bo na wyspie nie można umieścić przecież zbyt wielu norek. Poza tym Bałtyk czasami zamarza i może się zdarzyć, że na teoretycznie bezpieczną dla norek europejskich wyspę dotrze norka amerykańska.

Norka europejska może żyć w niewoli do 10 lat.

NORKA EUROPEJSKA

WAGA
od 500 do 800 g

DŁUGOŚĆ CIAŁA
30-40 cm

DŁUGOŚĆ OGONA
do 19 cm

Niedźwiedź polarny

Ursus maritimus (ang. *polar bear*)

NIEDŹWIEDŹ POLARNY

WAGA
300-700 kg

DŁUGOŚĆ CIAŁA
do 2,5 m

WYSOKOŚĆ W KŁĘBIE
do 160 cm

Wiecie, jaki jest największy drapieżnik lądowy Europy? To niedźwiedź polarny. Ciekawe tylko, dlaczego uznaje się go za drapieżnika lądowego, skoro większość życia spędza na morzu…

Opisywać niedźwiedzia polarnego chyba nie muszę, bo każdy go widział, jeśli nie w zoo, to w telewizji lub książce. Ja miałem okazję spotkać te wielkie drapieżniki na Spitsbergenie. Coś niesamowitego. Miś polarny idzie przez zwały lodu, jakby płynął. No właśnie, większość niedźwiedzi, które widziałem, wcale nie łaziła po suchym lądzie, ale po skutym lodem oceanie. Zresztą, jak się okazało, te zwierzęta potrafią chodzić naprawdę na wielkie odległości, przemierzać zamarznięty ocean między Grenlandią a Spitsbergenem i Ziemią Franciszka Józefa, a to przecież tysiące kilometrów. Dlaczego niedźwiedzie polarne chodzą po morzu, a nie po lądzie? Bo na suchym lądzie nie miałyby czego szukać. Owszem, zdarza im się zjadać ptaki lub ich jaja albo renifery. Ale ich główny pokarm to foki. Misie podkradają się cicho niczym koty do odpoczywających na lodzie fok i jednym uderzeniem potężnych łap je zabijają. To wcale nie jest proste polowanie, bo foki są niezwykle czujne.

Niedźwiedzie świetnie pływają i potrafią pokonywać całkiem spore odległości w lodowatej wodzie. Dlaczego zaliczono je więc do ssaków lądowych? Myślę, że stało się tak dlatego, że nawet one nie potrafią siedzieć w wodzie non stop, a pokryty lodem ocean arktyczny rzeczywiście bardziej przypomina środowisko lądowe – coś w rodzaju pustyni – niż wodne. Poza tym niedźwiedzie nie przychodzą na świat na morzu, ale właśnie na lądzie. Ciężarna samica, gdy czuje, że nadchodzi czas rozwiązania, udaje się na ląd. Najczęściej na jakimś zaśnieżonym zboczu wykopuje jamę, w której przychodzą na świat młode. Zwykle dwa. Młode rodzą się w grudniu i są niewiele większe od świnki morskiej. Razem z mamą siedzą w gawrze do kwietnia. Przez te parę miesięcy niedźwiedzica nie opuszcza schronienia i nie poluje. Korzysta z zapasów tłuszczu zgromadzonych jesienią. Ponieważ nie rusza się zbyt dużo, a w gawrze panuje temperatura powyżej 10 st. C, zapasy tłuszczu starczą dla niej samej i do produkcji mleka dla młodych. Kiedy jednak nadchodzi polarna wiosna, samica musi wyjść z młodymi na lód i zacząć polować. Maluchy trzymają się matki nawet przez dwa-trzy lata.

Niedźwiedzie polarne jeszcze do niedawna były masowo wybijane dla pięknych skór. Dopiero od 1973 roku objęto je całkowitą ochroną. Dziś szacuje się, że na zamarzniętym wokół bieguna Oceanie Północnym żyje 20-30 tys. tych zwierząt. Od jakiegoś czasu ich środowisko życia się kurczy. Ocieplanie się klimatu powoduje, że zmniejszają się lodowe pola, na których te piękne zwierzęta mogą żyć i polować.

Największy znaleziony niedźwiedź polarny ważył nieco ponad tonę. Samice są o jedną trzecią mniejsze od samców.

Białozór

Falco rusticolus (ang. *gyrfalcon*)

Nigdy, nawet w najśmielszych marzeniach, nie przypuszczałem, że kiedyś uda mi się zobaczyć tego króla europejskich sokołów. Aż się udało zupełnie przypadkiem, gdy byłem na dalekiej Grenlandii.

Szliśmy przez zamarznięty ocean z moim kolegą Wojtkiem Moskalem, gdy nagle coś nad naszymi głowami zakwiliło i tak jakoś zaskrzeczało. Spojrzeliśmy w górę i zdębiałem. To były dwa białozory. Ptaki, o których zobaczeniu marzyłem całe życie. Są to największe sokoły na naszym kontynencie, a jednocześnie najdziwniej ubarwione, bo niemal całe białe. To znaczy z tych, które zobaczyłem, jeden był śnieżnobiały z czarnymi końcówkami skrzydeł, a drugi białoszary i mocno nakrapiany czarnymi plamkami. Z początku myślałem, że to stary ptak przegania młodego i że ten młody to ten nakrapiany. Okazało się, że był to samiec i samica w swym locie godowym. Nie oznacza to jednak, że tylko samice mają ciemne ubarwienie. Samce w niektórych regionach też potrafią być bardzo ciemne. Jak więc rozpoznać białozora? Przede wszystkim jest bardzo duży. O wiele większy od sokoła wędrownego. Końcówki skrzydeł nie są tak ostro zakończone jak u sokoła wędrownego. I co najważniejsze, im dalej na północ, tym większa szansa, że to, co widzimy, to białozór. Ptaki te poza Grenlandią występują na Islandii, w Szwecji i Norwegii. Jak w przypadku innych sokołów są znakomitymi myśliwymi, które potrafią wypatrzyć ofiarę z olbrzymich odległości. Albo polują z powietrza i atakują, spadając niczym kamień na niczego niespodziewające się ofiary, albo wypatrują ich z jakichś wysokich czatowni, takich jak skały lub góry lodowe. Białozory najchętniej polują na pardwy, czyli polarne kuropatwy. Nie gardzą ptakami morskimi. W ich diecie można też znaleźć niewiele większą od wróbla śniegułę. Czasami zdarza się im upolować zająca polarnego lub leminga.

Po jakimś czasie udało się nam namierzyć ich położone na skalnej półce gniazdo. Podejrzewam, że było to stare gniazdo kruka, nieco tylko poprawione przez te drapieżne ptaki. Składały się na nie gałązki, ale też kawałek liny holowniczej, która urwała się z jakiejś łodzi. Właśnie skała, dość często znajdująca się w pobliżu brzegu morskiego, jest najbardziej typowym miejscem gniazdowania białozora. W gnieździe samica składa trzy-cztery jaja, które wysiaduje ponad miesiąc. Młode przebywają tam półtora miesiąca. Karmieniem samicy i młodych na ogół zajmuje się samiec, natomiast po opuszczeniu gniazda młode przez jakiś czas pozostają pod opieką obojga rodziców.

Gdy nadchodzi polarna zima, białozory z terenów wysuniętych na północ wędrują na południe. Te ze Skandynawii najczęściej pozostają na swych terenach łowieckich. W Polsce pojawiają się niezwykle rzadko, głównie jesienią i zimą. Młode i jaja białozorów dość często są wybierane z gniazd przez kłusowników. Dlaczego? Te wspaniałe ptaki polarne są niezwykle cenione przez sokolników z krajów arabskich. W gorącym klimacie nie żyją jednak zbyt długo.

Samice są większe od samców. Białozór może żyć do 20 lat.

BIAŁOZÓR

WAGA
od 1 do 1,7 kg

ROZPIĘTOŚĆ
SKRZYDEŁ
do 130 cm

Ryś iberyjski
(pardel, ryś hiszpański)

Lynx pardinus (ang. *Iberian lynx lub Pardel lynx*)

**RYŚ
IBERYJSKI**

WAGA
około 10-13 kg

DŁUGOŚĆ CIAŁA
około 1 m

DŁUGOŚĆ OGONA
13 cm

Pisałem wam kiedyś, że nigdy nie widziałem rysia. Owszem, nie widziałem naszego rysia euroazjatyckiego, ale za to widziałem znacznie rzadszego od niego rysia iberyjskiego.

Było to parę naście lat temu, gdy odwiedziłem Park Narodowy Doñan w południowej Hiszpanii. To niezwykłe miejsce. Można tam zobaczyć mokradła, gigantyczne wydmy i coś, co nazywa się lasem śródziemnomorskim. To mieszanina sosny śródziemnomorskiej, dębu korkowego oraz masy bardzo gęstych i bardzo kłujących krzaków. Ale wróćmy do wydm. Właśnie na jednej z nich dostrzegłem zwierzę przypominające naszego rysia, lecz o wiele mniejsze. Było daleko, ale przez lornetkę widziałem wyraźne czarne cętki i dużą głowę. Później miałem okazję zobaczyć to zwierzątko w zagrodzie należącej do parku. Jest to jakby karykatura naszego rysia, ale nie brzydka, tylko bardzo ładna. Ryś iberyjski ma wielgachne bokobrody i bardzo wyraźne pędzelki na uszach. Cętki są takie, jakby ktoś namalował je czarnym flamastrem olejnym. W dodatku na jego wielkiej głowie błyszczy się para pięknych zielonkawych oczu.

Skąd się wziął taki ciekawy kot? Otóż ewoluował na Półwyspie Iberyjskim oddzielony od zwykłego rysia pasmem Pirenejów. Stąd też nazwa, bo nigdzie indziej nie występuje.

Niestety, wszystko wskazuje na to, że ryś iberyjski zniknie już niedługo z powierzchni ziemi. Dlaczego? Czyżby polowano na te ginące zwierzęta? Obecnie się tego nie robi i rysie są ściśle chronione. Niestety, człowiek przyczynił się do ograniczenia liczebności głównej ofiary tego drapieżnika. Rysie iberyjskie polują na ptaki, czasami na sarny lub młode daniele albo na gryzonie, ale ich główny pokarm stanowią króliki. No i w latach 60. pewien francuski doktor, któremu króliki niszczyły ogród, sprowadził z Ameryki specjalnego wirusa. Doktor szybko pozbył się królików, bo zaczęły chorować i umierać. Choroba rozprzestrzeniła się jednak niemal po całej zachodniej Europie, dotarła też do Hiszpanii i Portugalii. Biedne rysie powoli zaczęły tracić swe pożywienie. Dziś naukowcy próbują nawet szczepić króliki przeciw zarazie, by uratować ginące drapieżniki. Ale to nie wszystkie zagrożenia, jakie czyhały na rysia. Otóż w latach 70. i 80. ubiegłego stulecia na Półwyspie Iberyjskim wybudowano masę dróg i autostrad. Populacja rysia podzielona została na małe mikropopulacyjki, a wiadomo, że takim małym grupkom zawsze trudno przetrwać. Co więcej, cała masa rysi ginęła pod kołami samochodów i dziś jest to główna przyczyna ich śmiertelności. Jaki los czeka to piękne zwierzę? Raczej nie najlepszy. Jeszcze w latach 60. na półwyspie żyło około tysiąca rysi. Dziś jest ich zaledwie 250 i prawdopodobnie jest to najbardziej zagrożony wymarciem kot, jaki żyje na naszej planecie.

Okres godowy rysi iberyjskich przypada na styczeń-marzec. Młode w liczbie dwóch-trzech przychodzą na świat w maju, najczęściej w gęstych krzewach lub w dziuplach dębów korkowych.

Mors

Odobenus rosmarus (ang. *walrus*)

Żeby zobaczyć morsy, musiałem się nieźle nałazić po Arktyce. Aż w końcu zawitałem do pewnego trapera, który powiedział: „Są tam". I podsunął mi lunetę pod nos. To, co zobaczyłem, przeszło moje najśmielsze oczekiwania.

Czy były wielkie? Były tak olbrzymie, że choć wiedziałem, że są to największe europejskie płetwonogi, to i tak ich rozmiary bardzo mnie zaskoczyły. Olbrzymia góra mięsa powleczona grubą brązowawą skórą, z wielkim jak na foki łbem robi wrażenie. A przy pysku wielkie kły, najbardziej chyba charakterystyczna cecha morsów. Do czego one im służą? Nikt tego dokładnie nie wie. Te u dorosłych samców są wielkie, samice też mają kły, tylko nieco mniejsze. Jedna z teorii głosi, że za pomocą tych kłów morsy wygrzebują w mule swój główny i ulubiony pokarm, czyli różnego rodzaju arktyczne małże. Ale czy tak jest naprawdę? Trudno powiedzieć. Tak czy inaczej, mors to nie lada żarłok, bo zjada dziennie nawet 45 kg pokarmu. Prócz małży są to głowonogi, ryby i podobno też foki. Tak jest, wiele wskazuje na to, że to powolne i sprawiające wrażenie ociężałego na lądzie zwierzę pod wodą potrafi być szybkim i niebezpiecznym łowcą. Inną charakterystyczną cechą morsów są twarde, długie wąsy, niewielkie oczy i maleńkie uszy. Te wąsiska zapewne pozwalają im na wyszukiwanie przysmaków na dnie, a że jest tam ciemno, to oczy nie odgrywają zbyt ważnej roli. Tym bardziej że morsy mogą schodzić na głębokość nawet 80 m. Te wielkie zwierzęta są ściśle związane z dryfującym lodem morskim, bo właśnie tam, gdzie jest lód, jest najwięcej planktonu, a jak jest plankton, to i małży, i ryb nie brakuje. Tylko w niektórych miejscach morsy odpoczywają na stałym lądzie, tworząc coś w rodzaju wielkich kolonii. Na takich plażach może leżeć mors przy morsie, i to tak ściśle do siebie przylegając, że nie ma mowy o wsadzeniu szpilki. Niestety, takie widoki bardzo trudno dziś zobaczyć. Morsy były w przeszłości wybijane dla mięsa, tłuszczu, no i kłów, których wartość była podobna do wartości kości słoniowej. Z większości miejsc, takich jak na przykład Spitsbergen, zniknęły stada liczące tysiące osobników. Na położonej na południe od Spitsbergenu Wyspie Niedźwiedziej po morsach zostały tylko kości. Wybito je w XVII w., gdy pojawiła się broń palna na tyle mocna, że kula była w stanie przebić się przez warstwę tłuszczu i bardzo grubą skórę. Morsy odradzają się dziś bardzo powoli. Co prawda nie poluje się już na nie, ale człowiek masowo wyławia małże – ich ulubiony pokarm. Ile trzeba będzie czekać, aby morsy wróciły do liczebności z dawnych czasów? Zapewne bardzo długo.

Samica może rodzić młode w wieku 14-16 lat raz na dwa-trzy lata. Zwykle po trwającej 15 miesięcy ciąży na świat przychodzi jeden maluch – od razu waży 60 kg. Stado morsów składa się zwykle z kilku samic i samca. Samce są większe niż samice. Morsy występują w całej Arktyce. Rozróżnia się podgatunek atlantycki i pacyficzny.

MORS

WAGA
samce do 2 t, samice około 850 kg

WYSOKOŚĆ
samce ponad 3 m, samice około 2,7 m

KŁY
samca 75 cm, samicy 50 cm

Syczek

Otus scops

Ta sowa jest niezwykle charakterystyczna. Otóż z piórkami na głowie, które niektórzy niesłusznie nazywają uszami, przypomina małego diabełka. Takie niby-uszy, które uszami nie są, ma jeszcze puchacz, sowa uszata oraz sowa błotna.

Największą szansę, żeby zobaczyć syczki, macie w takich krajach jak Hiszpania, Chorwacja, Włochy, Grecja czy Turcja, czyli tam, gdzie jest bardzo ciepło. Ale zobaczyć je nie jest łatwo. Po pierwsze dlatego, że są naprawdę maleńkie. Nie tak jak sóweczki, które są zaledwie wielkości szpaka, ale na pewno są nieco mniejsze od pójdźki. Na dodatek to maleństwo jest ubarwione tak, że może bez trudu zlać się z tłem, takim jak spękana kora starego drzewa oliwnego albo południowych gatunków dębu. Jego cętki i kolory – wyróżniana jest odmiana szarawa i rudawa – sprawiają, że można koło niego przejść, myśląc, że to jakiś maleńki złamany konar. Żeby było jeszcze trudniej, to te sówki wyruszają na łowy nocą. Polują wtedy głównie na to, czego

SYCZEK

WAGA
93 g

DŁUGOŚĆ CIAŁA
20 cm

ROZPIĘTOŚĆ
SKRZYDEŁ
50 cm

na południu Europy nie brakuje, czyli na owady, takie jak cykady, chrząszcze czy wielkie pasikoniki. Czasami zjadają też bardzo małe ptaki albo ssaki, ale ponad 90 proc. ich diety stanowią w obszarze Morza Śródziemnego właśnie owady. Syczki chwytają zdobycz i w locie, i na ziemi. Kiedy nadchodzi okres godowy, na południu Europy jest to maj, samce śmiesznie popiskują. Przypomina to głos fujarki i nie ma nic wspólnego z syczeniem, na co wskazywałaby nazwa gatunku. Samczyk pokazuje samiczce dziuplę i kiedy ta się zdecyduje, zakładają rodzinę. Przy czym samica ma zwykle tylko jednego partnera, za to pan może mieć kilka żon. W takiej dziupli, rzadziej w opuszczonym gnieździe innych ptaków, np. srok, samica składa po kolei zwykle cztery jaja, które zaczyna wysiadywać już od pierwszego. Ponieważ odstępy pomiędzy zniesieniem każdego wynoszą dwa dni, młode, które się wykluwają, będą różnej wielkości. Z początku młodymi opiekuje się tylko samica, której samiec donosi jedzenie do dziupli. Z ojcem widzą się dopiero po 18 dniach, czyli tuż przed wylotem z gniazda. Po trzech tygodniach maluchy opuszczają dziuplę, a po paru dniach potrafią już latać. Gdy nadchodzi zima, syczki, jak większość polujących na owady ptaków, wędrują do Afryki. Na przykład syczki z południowej Syberii lecą do Etiopii, czyli pokonują około 8 tys. km

Zastanawiacie się, dlaczego piszę wam o syczkach, których w Polsce raczej nie powinno być? Otóż dlatego, że istnieją przesłanki, by sądzić, że ta śmieszna sówka zakłada gniazda również u nas. Domyślacie się, że musi być to najbardziej wysunięta na południe część naszego kraju, czyli Bieszczady, ale była też widziana nie tak dawno na Mazowszu.

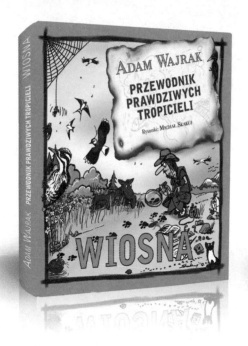

PRZEWODNIKI PRAWDZIWYCH TROPICIELI:
WIOSNA, LATO, JESIEŃ, ZIMA

Fascynujące opowieści o mieszkańcach puszcz, lasów i zagajników.
Odkryj pilnie strzeżone tajemnice zwierząt.

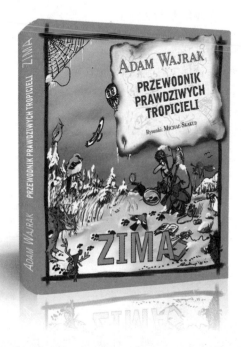

REDAKCJA
Marta Śliwińska

KOREKTA
Emilia Niedzielak

PROJEKT GRAFICZNY OKŁADKI
Anna Klonowska

PROJEKT GRAFICZNY MAKIETY I SKŁAD
PANCZAKIEWICZ ART.DESIGN – www.panczakiewicz.pl

PRZYGOTOWANIE RYSUNKÓW DO DRUKU
Michał Odolczyk

REDAKTOR NACZELNY
Paweł Goźliński

PRODUCENCI WYDAWNICZY
Małgorzata Skowrońska, Robert Kijak

KOORDYNACJA PROJEKTU
Katarzyna Kubicka

WYDAWCA
Agora SA
ul. Czerska 8/10
00-732 Warszawa
www.wydawnictwoagora.pl

ISBN 978-83-268-1338-2

DRUK
Drukarnia Perfekt